ソ連という実験

国家が管理する民主主義は可能か

松戸清裕
Matsudo Kiyohiro

筑摩選書

ソ連という実験——国家が管理する民主主義は可能か　目次

第四章　犯罪との闘い――大規模な「協働」の試み　281

ソ連という実験——国家が管理する民主主義は可能か

まえがき

一九五三年三月のスターリンの死、そして「スターリン批判」のおこなわれた一九五六年二月のソ連共産党第二〇回大会を経て、ソ連のあり方は大きく変化していった。この変化を経験していった時期のソ連が本書の対象である。

大まかに言えば、社会主義の思想と運動は一九世紀において資本主義批判と社会改良に重要な役割を果たし、二〇世紀には社会主義国家を生んだ。世界最初の社会主義国家であるソ連の歴史は、計画に基づく生産と分配、自由と平等の両立、実質的な民主主義の実現、国家と社会のあるべき関係の創出、多民族の共生といった様々な理想を掲げた「実験」の歴史だったと見ることができるが、掲げた理想と現実は大きく乖離《かいり》し、著しい無駄や損失や犠牲を出し、最終的には社会主義を放棄せざるを得ないところにまで至った挙句にソ連という国家自体が解体された。この「実験」が失敗に終わったことは明らかだが、それでもこの「実験」の過程では一定の成果も示されたのであり、掲げられた理想と達成された成果は、多くの国々、多くの人々に直接間接の影響を与えた[1]。

筆者はこれまで、ソ連の「実験」はいかなるもので、ソ連の人々はこの「実験」にどのように関わったのかを描こうと努めてきたが、本書の執筆に当たっては、本書の読者が何かを考えるきっかけを得られるような、この意味で何かを学ぶことができるような叙述をおこなうことも常に意識した。

このように述べると、今さらソ連の歴史から学ぶことなどあるのかという疑問を感じる人もいるかもしれない。この疑問に対してはまず前著『ソ連史』で記したことを繰り返しておきたい。

> 人文科学・社会科学では基本的に実験ができない以上、歴史上の経験という貴重な「実験」から学び得ることは学び尽くすべきではないかと考えている。……ソ連の歴史はまさに壮大な「実験」の歴史であった。……この「実験」は、多大な困難と犠牲を自国民に（時には他国民にも）強《し》いた末に失敗に終わったのであって、繰り返されるべきではない。だからこそ、「モデル」、「他山の石」、「反面教師」のいずれとしてであっても、ソ連の歴史に学び得ることを見出だし、学び尽くす努力をすべきであると思う（松戸 a: 8-9）。

筆者は今もこのように考えているが、もう少し具体的に次の二点を付け加えておく。

第一に、社会主義を称する国は現在も存在しているが、一九八九年の「東欧革命」と一九九一年のソ連解体によって、ソ連に限らず社会主義国全般の「実験」は失敗に終わったと言ってよい。東西冷戦という形でおこなわれた資本主義陣営と社会主義陣営の競争も、社会主義陣営の敗北で終わった。この事実が、かつては社会主義に期待や希望を抱いた人々の多くを諦めさせ、さらには幻滅させたのであり、現在の日本には社会主義の考え方が多くの人々を惹《ひ》きつける状況はない。

しかし、資本主義陣営が社会主義陣営との競争に勝利したことは、資本主義に問題や否定的な面が存在しないことを意味しているわけではない。社会主義が資本主義を批判する思想として生まれ、資本主義の欠陥の克服と現状の改善を求める運動として発展したことを思えば、資本主義が存在し、そこに問題が存在する限りは、社会主義的な考え方が完全に廃《すた》れることはないだろう。経済状況や社会状況によっては、近い将来に再び社会主義の考え方が一定の支持を受けることもあるかもしれない。そのような時が来るとすれば、社会主義の考え方を支持するか否かを問わず、ソ連の「実験」について熟知しておいたほうがよいだろう。

第二に、本書の対象時期のソ連は「平和共存」を訴え、西側諸国との「平和競争」に挑んでいた。ここでソ連と西側諸国は経済成長や国民の生活水準の向上といった「共通の土俵」の上で体制の優劣を競っていたのであり、この点で、ソ連の経験のなかでも特に本書の対象時期の経験は、西側諸国と比較したり、そこから学んだりすることのできる可能性が大きいと言うことができる。

これに関連して言えば、この時期のソ連の経験を、現在の日本のあり方と比較する意味もあると筆者は考えている。たとえば現在日本政府と地方自治体の財政状況は全般に悪く、人口減少と高齢化が進行しているため、行政に一層多くのことが求められる一方で実際の行政の活動は限定されざるを得ないだろう。その場合、住民の自助努力の必要性、行政と住民の共同作業（協働）の重要性が今にも増して強調されてゆくのではないだろうか。本書で見るように、こうした住民の自助努力や行政と住民の協働は、本書の対象時期のソ連で大いに推奨されていたのである。

また、近年唱えられている「新しい公共」という考え方では、市民は「サービスを受ける客体」であると同時に「サービスを提供する主体」でもあるべきだとされているが、ここにはソ連で求められていた市民のあり方に通ずるものがある。もちろん、本書で述べるように、ソ連の場合は共産主義理念が関係していたという点で今日の日本とは事情が異なるが、市民が求められている内容には共通性を見ることもできるのであり、ソ連の経験と比較すること、ソ連の経験から学ぶこともできるだろう。

繰り返しておこう。ソ連では様々な理想を掲げた「実験」が大規模におこなわれた。この「実験」は全体として見れば失敗に終わったが、部分的または短期的には成果を上げた例もあった。自然科学と違って社会科学では基本的に実験をすることができない。近年は日本でも社会実験がおこなわれるようになったが、その性格上一般に小規模であり、失敗した場合は実生活において不利益が生じる。自然科学の実験のように条件を様々に変えて実験を繰り返すことも難しい。このため歴史上の経験は依然として社会科学にとっての貴重な「実験」なのであり、成功からはもちろん失敗からも学ぶことはできるから、ソ連の「実験」から学べることは学び尽くすべきである。この意味で本書の執筆に当たっては「教訓としての歴史」、「(そこに自らの姿を映し出す)鏡としての歴史」という歴史のあり方を意識した。

とはいえ基本的には筆者自身が何かの教訓を語ったり、ソ連の歴史という「鏡」に映して現在の日本を論じたりするものではない。歴史からいかなる教訓を得るかは教訓を引き出そうとする者にかかっており、鏡に自分の姿のどこをどのように映し出すかは鏡を見る者にかかっていると考えるからである。筆者としては、本書で描いたソ連の姿が何かの教訓を引き出す手がかりとなったり、何かを映し出す鏡の役割を果たしたりするよう願うばかりである。

なお、註については、巻末註を確認する煩雑さを減らすため、典拠を示すだけの註はすべて丸括弧（　）で本文に挿入した。典拠の示し方は巻末の参考文献冒頭の説明を参照してほしい。

また、法令や決定について、論を進めるうえで制定された日付を特に確認する必要がない場合は、法令や決定の名称のあとに制定日を［　］に入れて略記した（たとえば一九七八年七月六日付で制定されたソ連最高会議の選挙法は、ソ連最高会議の選挙法［1978.7.6］と記した）。

序章

スターリン死後のソ連

第一節　非スターリン化から共産主義建設へ

一　非スターリン化の取り組み

スターリン期のソ連では社会に対する統制が強まり、社会の自発性と活力が発揮されにくい状況が作り出されていたが、この状況は一九五三年三月のスターリンの死を経て変化し始めた。新しい政治指導部には、社会に対する抑圧を緩和し、経済の復興を果たし、人々の生活水準を向上させなければ体制が持たないとの強い危機感があり、囚人の釈放や名誉回復、農業生産向上や消費財生産増大への取り組み、各種公共サービスの改善、賃金制度や社会保障制度の改善などが急ぎ進められた。

一九五六年二月のソ連共産党第二〇回大会は、こうした政策転換の意義を強調すると同時に一層の変化の必要性を訴えた。政治、経済、社会生活の幅広い分野での民主化と勤労者の参加の拡大、その実現へ向けた社会の活性化を求めたのである。社会主義的適法性を遵守すべきことも強調され、非公開ながら「スターリン批判」もおこなわれてスターリン期の不法な抑圧が非難された。関係する報告や決定の内容を簡単に見ておこう。

第二〇回党大会で中央委員会報告をおこなった中央委員会第一書記フルシチョフは、われわれが立脚しなければならないのは主として人民の常に増しつつある物質的文化的需要であると述べ、「わが国にはまだ消費財の完全な充足はなく、住宅は足りず、勤労者の物質的豊かさの向上に関わる多くの深刻な問題がまだ解決されていない」と率直に認めた。そして、常に増大する人民の需要に適《かな》う高みまで生活水準を向上させるために多くをなさなければならないと述べたうえで、「この活動の特別な重要性は論拠を必要としない。人民の死活的利益に関することだからだ。人民の幸福に関する配慮は、わが党とソヴェト政府の注意の中心に常にあったし、常にある」と強調した（XX съезд: 1/73-74, 81）。

中央委員会報告に関する第二〇回党大会の決議は次のように指摘した。大会は、中央委員会によっておこなわれたソヴェト的適法性の強化、市民の諸権利の厳格な遵守のための方策を完全に承認し、「全党機関および全ソヴェト機関に対し、適法性を注意深く守り、無法および恣意《しい》のあらゆる現れならびに社会主義的法秩序の侵犯を断固としてかつ峻厳に阻止することを義務づける」（XX съезд: 2/423）。

こうした言明には建前や宣伝という面もあったと考えるべきだが、すべてが建前であり、宣伝に過ぎなかったと理解するのは適切ではない。第二〇回党大会で掲げた目標を政治指導部はおそらく真剣に実現しようとしていた。

そのことは、第二〇回党大会の約五か月後、一九五六年七月一六日付で中央委員会が全党組織に宛てて非公開書簡「ソ連共産党第二〇回大会諸決定の審議結果と大会諸決定の遂行過程について」を送ったことからもうかがえる。外部への公表を前提としていないこの書簡で中央委員会は、第二〇回党大会の諸決定が各地で実現されていないことを厳しく批判していたのである（松戸e:308-314）。

イタリア共産党の機関紙『ウニタ』の記者で第二〇回党大会当時モスクワ特派員だったボッファは、のちに発表した著作で次のように記している。「第二〇回党大会は、全体として、それがなかったら結局圧しつぶされるか失われてしまったであろう貴重な人間的エネルギーをソヴェト社会に取りもどさせるだけの力があった」。「フルシチョフと彼の緊密な協力者のあいだには、第二〇回党大会でなされた、より多くの民主主義をという公約自体、国民福祉の本質的な進歩ののちにはじめて維持されるという考えが広まった」。「……フルシチョフは信じこんだ。世界中の共産主義思想の進歩も、とくに経済的に進んだ国々では、ソ連邦が他の国民よりもより良い生活を自国民にあたえることができることを実証してみせてはじめて、現実に可能となるにちがいない、と」。フルシチョフが「『われわれは民主主義を実践することを学ばなければならない』と力説したとき、そのまじめさを疑うわけにはゆかない」（ボッファ：185, 236, 265）。

次のような捉え方もある。リードによれば、増大する消費の約束は、スターリン後の政権が大衆的正統性を新たにして権力を独占し続けるうえで中心的役割を果たした。フルシチョフは農業問題の解決を試み、住宅問題克服を約束し、人口一人当たりの消費で合衆国を追い越すと約束して大衆の生活水準の改善に取り組み、資本主義に対する社会主義の優位性の説得力あるモデルとなることを求めた。ソ連の幸せな市民と生活水準の高さを見れば、国外の人々は発展途上国のみならず資本主義諸国においても「ソ連が社会主義をおしつけるどんな必要もなしに進んで社会主義を採用するだろう」(Reid: 221, 224)。

このようにスターリン死後のソヴェト政権と共産党には国家と国民を豊かにしなければならないと考えるいくつもの理由があり、実際にそのための努力をしたのである。

ボッファとリードの指摘にも見られるが、ここにはスターリンの後継者争いで勝利しつつあったフルシチョフという政治指導者の個性、彼の個人的な発意も関わっていた。この点に関する指摘をさらにいくつか紹介しよう。

一九五一年三月四日に『プラウダ』に掲載されたフルシチョフの論文「コルホーズにおける建設と整備について」(「農業都市」の建設を唱えて批判された論文)について次のような指摘がある。この論文でフルシチョフは、農村は物質的な面で非常に劣悪であること、コルホーズ農民もまた人間であり、良い暮らしをしたいことを述べた。これこそが彼の論文の主要な主張だった。フルシチョフがコルホーズ農民の生活水準を上げる必要性について率直に述べたことがスターリンらを不安にさせたのだ[1](Шестаков: 113-114)。

フルシチョフのこうした「消費主義的態度」こそがこの『プラウダ』論文が批判された理由だったが、フルシチョフの態度はその後も基本的に一貫していた。

一九二〇年代末から一九三〇年代半ばにかけて進められた農業集団化は大規模で近代的な農業と農村を作り出すはずだったが、スターリン期には工業化が優先された。その原資を得るために農村は収奪の対象とされ、農村の近代化には力が入れられていなかった。

農村の積極的な近代化のきっかけとなったのは、フルシチョフの下で一九五七年に提起された大規模建設プログラム（ソ連における住宅建設の発展に関する一九五七年七月三一日付ソ連共産党中央委員会・ソ連閣僚会議決定）だったとされる。一九五八年一二月の党中央委員会総会におけるフルシチョフの報告では農村の再建の分野での党の路線の基本的な考え方が示された。「優れた生産施設、設備の整った住居とクラブ、学校と寄宿学校、図書室と生活サービス企業、良好な道路、電灯、ラジオ、テレビ、これらは遠くない将来におけるソヴェト農村の現実の特徴である」（Мазур: 27）。

フルシチョフに関する指摘をもう一つだけ紹介しよう。「フルシチョフはソヴェト国家の政治に人間性を持ち込もうとした」。官僚層は抽象的な国家の利害についてだけではなく、具体的な人々の必要についても考えるよう強いられた。数千万の市民がアパートや生活条件の改善にフルシチョフの恩恵を受けた。「党内生活の民主化が起こり、人々は胸に秘めた考えを口に出すことを恐れるのをやめた。大量抑圧や政治的な処刑の実践は終わった……。フルシチョフの下で良き時代が訪れた」。フルシチョフの時期は、「自国に心からの誇りを持ち、指導部を信頼し、幸せな明日を信じていた人民が多大な期待を抱いていた時期」だった（Бондаренко: 286-288）。

フルシチョフのこうした個性もあって、政権の態度の変化に人々は敏感に反応し、スターリン期に抑圧されていた社会は急速に活力を取り戻していった。

二　共産主義建設を目指して

この時期ソ連共産党は社会主義をすでに建設したとの立場をとり、共産主義建設を現実の課題として掲げた。一九五六年の第二〇回党大会でも共産主義建設の課題は掲げられていたが、一九五九年に開かれた第二一回党大会は、社会主義から共産主義への移行の合法則性を改めて確認し、ソ連は共産主義建設に取り組み始める段階に入ったと宣言した（XXI съезд: 1/93; 2/429）。

さらに、一九六一年の第二二回党大会で採択された党綱領は、「今後一〇年間（一九六一～一九七〇年）」にソ連が人口一人当たりの生産高でアメリカ合衆国を追い越す、「その次の一〇年間（一九七一～一九八〇年）」の結果、共産主義の物質的技術的基盤が作り上げられ、全国民にはあり余るほど物的財貨と文化財が保障されるようになる、ソ連では基本的に共産主義社会が建設されると宣言した[2]（XXII съезд: 3/276）。

資本主義国家では経済体制と社会のあり方とは直結しない。いわゆる先進国では資本主義と市民社会が揃っていることが多いが、資本主義と市民社会が直接に結びついているわけではない[3]。

これに対し、ソ連で建設が目指された共産主義は、資本主義に対置される経済体制であるだけではなく、「共産主義的モラル」を身につけた人々によって作られる独特の社会をも指しており、共産主義社会の建設によって国家が死滅し、社会による自治が実現されるはずだった。

このため、第二二回党大会で採択された党綱領には「共産主義者のモラルコーデックス」が盛り込まれていた（XXII съезд: 3/317-318）。「共産主義者のモラル」を身につけた「新しい人間」による新しい社会の建設が目指されたのである。

こうして、ソ連が共産主義建設に取り組み始めたと宣言されたことによって、共産主義建設の前提となる経済発展だけでなく、共産主義社会の担い手となる新しい人間の創出も重視されることになった。

一九六三年六月に開かれた、イデオロギー問題に当てられたソ連共産党中央委員会総会で報告を担当した党中央委員会書記イリイチョフは次のように述べた。「われらが祖国は全面的な共産主義建設をおこなっている。……共産主義的モラルでの人々の教育なしに、精神的に刷新された人間なしに共産主義社会を建設することはできない。共産主義的な社会的生産と分配という特徴自体が、新たな人間、労働と自らの社会的責務への新たな態度、新たな規律、新たなモラルを要求している」。「ソ連の人間は働き手であるだけではなく、社会的政治的活動家でもある。社会主義的共同生活の基礎の強化、生産と生活における理性的な規律の教育に向けられた数千の日々の事業から、共産主義的自治も成長するのである」（Пленум: 24-25, 46）。

こうした考え方は、共産主義建設を一層難しいものとしたと言えるだろうし、「科学的」、「合法則的」との主張にもかかわらず「共産主義建設」がユートピア的（と同時に反ユートピア的）色彩を帯びた一因をここに見出だすこともできるだろう。

実際、人々の共産主義に関する理解はユートピア的であることが少なくなかった。この点についてすでに第二〇回党大会でフルシチョフは次のように批判していた。「わが国には、社会主義から共産主義への漸次的移行に関するテーゼをこの段階での共産主義社会の原則の直接の遂行の呼びかけと理解している働き手もいる。何人かの熱血漢が、社会主義建設はすでに完全に達成されたと決定し、共産主義への移行の詳細な予定表を作り始めている」。こうしたユートピア的理解の土壌に、物質的利益は労働の結果に基づくという社会主義の原則を軽視した態度が根ざし始めている。「ソヴェト商業を直接の物々交換に替えることを促進する必要性に関する根拠のない提案が現れている」（XX съезд: 1/115）。

しかしこの批判ののちにも人々の間には、単純な、ある意味ではユートピア的な共産主義理解が見られた。たとえばドンバスの炭鉱労働者の間では共産主義について次のように語られていたという。「われわれの誰が共産主義の下で暮らすことを夢見ないだろうか!? 普通の人間は共産主義をどう理解しているのか？ 最新機器、自動化、あり余るほどのあらゆる食品と商品、そして、できる限りで、もっと短い労働日。そしてすぐにこのすべてを手にするのだ！ そのうちではなく、ほんのすぐ、もう一九六五年にはだ……」（ПЖ: 1958/22/17）。

アルタイクライ（クライについては三八頁を参照）で多大な収益を上げていたコルホーズの勤労者は一五〜二〇年ほどで共産主義が実現すると確信し、老齢故にこの輝かしい日まで生き長らえる可能性のない老いたコルホーズ員夫婦に将来の共産主義の果実を現世で味わってもらうせめてもの形として、必要な食料品や商品をコルホーズの商店から無償で提供するという決定を採択した。この例は「共産主義の萌芽」として感動と歓喜を呼び起こしたという（XX съезд КПСС: 272）。

このようなユートピア的な態度が見られた一方で、フィールドによれば、人々は共産主義的モラルを無視したり、共産主義的モラルを自己の利益や私的生活を守るために用いたりしていた。フィールドは、離婚訴訟で被告が共産主義者のモラルコーデックスを引用して家庭を守るべきだと主張した例を挙げ、これは個人的利益を守る強力な言語であり、彼らは自身の目的のために共産主義的モラルを用いたと主張している（Field a: 610; Field b: 102）。

また、共産主義建設の宣伝が盛んになされたにもかかわらず必要最小限の日常的な需要が満たされていなかったため、社会的な緊張が増した例もあったことが指摘されている。コルホーズの班長は「土小屋に家畜と一緒に暮らしている時に、いったいどんな共産主義を建設するのか」と率直に述べていた（XX съезд КПСС: 282）。

ただ、これらの例もまた、人々が共産主義建設を意識していたことを示している。共産主義建設は共産党が主張していただけの、大多数の人々とは無縁のものではなかったのである。

第二節　社会の統制から社会との「協働」へ

一　国家と社会の「協働」

ソヴェト政権と共産党の考えによれば、共産主義は国家権力だけによって作り上げられるものではなく、国家とともに社会が、そしてすべての国民がこの目標のために取り組むことが不可欠とされた。たとえば第二〇回党大会の中央委員会報告に関する決議には「共産主義建設の偉大な課題は、勤労者の創造的活発さと発意の一層の向上、国家管理における、あらゆるその組織・経済活動における大衆のより広範な参加を要求する。このためにはあらゆる手段を尽くしてソヴェト民主主義を発展させること、中央と地方におけるすべてのソヴェト機関の活動を粘り強く改善すること、ソヴェト機関と大衆との結びつきを強化することが不可欠である」と記されている（XX съезд: 2/422-423）。

ソ連の体制は本書の対象時期においても西側諸国と較べると国民に対する統制が相当に包括的で強力だったが、政権は体制に従順なだけの国民を求めていたわけではなく、主体的積極的に活動する人々を求めていた。政権には一種の予定調和的な発想があり、主体的積極的に活動する人々の存在と国民に対する強い統制とは矛盾するものではなく、主体的積極的に活動する人々が政権と党の指導の下で国家との「協働」に邁進《まいしん》することを期待していたのである。[4] このため、スターリン期のように統制によって社会を封じ込めるのではなく、統制の存在を前提としつつ社会が活性化すること、活性化した社会と主体的積極的に活動する人々が国家と「協働」することを求めるようになったのであり、これは大きな転換だった。[5]

第一～三章で描くように、ソヴェト政権は社会を活性化させる役割を議会に当たるソヴェトの代議員に求め、そのためソヴェトと代議員の活動の活発化を求めた。こうした様子は一九五四～一九五五年にも見られたが、より本格化したのはこれもまた一九五六年二月の第二〇回党大会でソヴェトの活発化が謳《うた》われたのちだと言ってよい。この党大会での決定を受けて、一九五七年一月二二日付でソ連共産党中央委員会決定「勤労者代議員ソヴェトの活動改善およびソヴェトの大衆との結びつきの強化について」が採択された。

この決定はまず、ソヴェトには国のすべての民族の一五〇万人を超える労働者、農民および知識人が選出されていること、この他に数百万人の勤労者がソヴェトの常設委員会、様々な委員会、支援団体などの活動に活発に参加していること、第二〇回党大会の決定を遂行して党と政府はソヴェト民主主義の一層の発展を首尾一貫して粘り強く実行していることを指摘し、これらすべてがソヴェトの活動の一定の活発化を呼び起こしていると述べる（КПСС: 9/156-157）。

しかし決定はその一方で、勤労者の切実な需要が、これを満たす条件と物質的可能性が存在しないためではなく、人民との結びつきを失い、書類のせいで生きた人々を見ないソヴェト勤務員の官僚主義、事務遅滞および無責任さのためにしばしばお粗末にしか満たされていないと指摘する。そして、党は、地方ソヴェトの活動の巨大な欠陥に直接の責任を有しているとし、党機関が多くの場合ソヴェト機関の行政管理活動に干渉し、経済およびその他の問題の決定においてソヴェト機関に成り代わっていると述べている（КПСС: 9/162-163）。

そしてこの決定は、党中央委員会はすべての党組織に対して、ソヴェトとその執行委員会の活動に対する不要な後見と瑣末《さまつ》な干渉を断固として終わらせ、ソヴェトの活動における発意と自主性の一層の発展を保障することを義務づけると記した（КПСС: 9/163-164）。

こうして党と政権はソヴェトの活発化を進め、活発化したソヴェトとその大勢の代議員が中心となって社会を国家との「協働」に向かわせること、これを通じて国民の生活水準を高め、人々の要望に応えることを重要な課題と位置づけていった。折りに触れて言及された「ソ連共産党は人民のために存在し、人民に奉仕する」との自己規定（一九七七年憲法では第六条に定められた）には一党支配を正当化する建前という面もあっただろう。実際この条項は、共産党の指導的役割を定めたものでもあった（Конституция: 7）。それでも支配を正当化し安定化するためには人々が実感できる成果が必要だったのであり、党と政権はそうした成果を得るために努力した。この意味で、ソ連の指導者たちが国民の生活水準の向上を訴えたのは決して単なる建前や偽りではなかった。

先に紹介したように、第二〇回党大会での中央委員会報告でフルシチョフは、常に増大する人民の需要に適う高みまで生活水準を向上させるために多くをなさなければならないと述べていたが、この報告でフルシチョフはこうも述べていた。社会主義から共産主義への漸次的移行がおこなわれている時に特に重要なのは、単にマルクス主義の古典を学び、マルクス・レーニン主義の理論を説明することではなく、「実際に理論を実現すること、大量の物質的文化的恵みを作り上げ、市民の共産主義的意識を増大させることである。生産増大のため、勤労者の福祉の向上のための日々の実際的な闘いなしに、ただプロパガンダのみによって共産主義が作り上げられ得ると考えている者は、教条主義と浅薄な半可通の道へ転落している」（XX съезд: 1/74, 113）。

フルシチョフは、共産主義を実現することが人々の幸せだと確信していた。この意味でフルシチョフは国民の生活水準向上の必要性についてもまた確信していたことだろう。[6] こうした課題を実現するために党と政権は社会との「協働」を必要としていた。

これまで述べてきたように、ソヴェト政権と共産党は、党が責任を持ってソヴェトを活発化し、ソヴェト民主主義を発展させ、その活動に広範な大衆を引き入れ、ソヴェトとその代議員が中心となって共産主義建設、より具体的には人々の生活水準の向上に取り組むよう求めていた。そしてこのために国家と社会の「協働」を実現しようとしていた。党とソヴェト政権は人々の理解と協力を必要としていたのであり、この点で共産党の一党支配でありながらもソヴェト政権は民意を無視した政権というわけではなかった。このことを踏まえて本書では、「一党制民主主義」、国家と社会の「協働」という二つの観点からスターリン死後のソ連の様子を描く。

第一章では「一党制民主主義」という論争的な観点からソヴェト政権にとっての選挙と民意の意味について論じ、第二章では様々な形で求められたソヴェトおよびその代議員と人々の間の擬似的な対話について論ずる。第三章ではソヴェトと代議員を中心とする国家と社会の「協働」の様子が論じられる。第四章では国家と社会の「協働」が大規模に展開された具体的な事例として「犯罪との闘い」における「協働」の様子について詳述する。

第一章

ソヴェト政権と民意——「一党制民主主義」

第一節　「一党制民主主義」

一　「一党制民主主義」

現在では複数政党制と競争選挙の存在が民主主義の前提であると考えるのが一般的だろうし、選挙による政権交代の可能性のない一党制と民主主義を組み合わせた「一党制民主主義」とは語義矛盾だと思われるかもしれない。

しかし、ソ連のソヴェト政権と共産党は自己認識としては民主主義を重んじ、民主主義を実現しようとし、民主主義を一層発展させようとしていた。

もちろん、ソ連が一党制だった以上、そこで主張された民主主義は現在この語で連想されるだろう自由主義的民主主義（リベラルデモクラシー）ではなかった。ソヴェト政権と共産党は自由主義には否定的で、リベラルやリベラリズムという語もソ連ではもっぱら「寛大過ぎる」、「放任」といった否定的な意味で用いられていた。

その一方で、ソ連で民主主義が否定されたことはなく、民主主義や民主的、民主主義的といった語は常に肯定的な意味で用いられていた。そして、一党制の下での民主主義は可能だと考え、これを実現しようとしていたのである。ここではこうしたソ連の政治制度を「一党制民主主義」と捉え、その「民主主義」の実情を描くことに努めてみたい。[1] なお、ソ連では民主主義は政治制度だけの問題とは考えられていなかったが、[2] 本章では政治制度に限定し、ソヴェト制度を中心に論ずることにする。

一般的な議会制と同様にソヴェト制度も代議制だが、この制度が創出された際には直接民主主義が強く意識されており、代議員を選出する人々の意思を直接反映することができるような制度となるよう期待されていた。ソヴェトの起源は一九〇五年革命の際に工場などで組織された合議体であり、こうしたソヴェトが地域単位、さらには全国単位で組織化されてゆく際に、下級のソヴェトが上級のソヴェトの代議員を選出する積み上げ式の選挙制度が採用された。一九一七年の十月革命後もこの制度が基本的に維持され、一九一八年制定のロシア共和国憲法、一九二四年制定のソ連憲法にも引き継がれた。

こうしたソヴェト制度のあり方は一九三六年制定のソ連憲法によって大きく変更され、連邦に置かれた最高会議（最高ソヴェトとの訳もある）から末端の行政区画である村ソヴェトに至るまでのすべてのソヴェトが選挙人の直接選挙で選出されることになった。この変更によってソヴェトの選挙制度は一般の議会制の選挙制度に近づいたが、直接民主制を意識していた当初の理念が否定されたわけではなく、ソヴェトや代議員のあり方には議会制と異なる特徴が存在していた。その様子は本章の次項以降と第二章で扱うことにし、ここではソヴェト政権と共産党がこうしたソヴェト制度は西側の議会制民主主義や大統領制民主主義よりも一層民主主義的であり、より優れた民主主義制度であると主張していたことを確認するにとどめる。

念のため強調しておくが、筆者はソヴェト政権のこうした主張を支持せず、ソ連の実態は「より民主主義的」でも「より優れた民主主義体制」でもなかったと考えている。

しかし、ソ連の実態を理解しようとするのであれば、ソ連でも民主主義的であることは望ましいことだと捉えられていた点、これと関連して社会主義と民主主義を切り離すことはできず、社会主義である以上は民主主義的でなければならないと考えられていた点、そして、ソヴェト政権は自らの主張する民主主義を実現しようと努力していた点を無視することはできないとも考えている[3]。このため、こうした点について本章ではソヴェト制度における選挙に注目して捉え直してみたい。

ソ連ではその歴史のほぼすべての時期において一党制で政権選択の可能性がなかったうえに、選挙に際しては定数一の選挙区に一人の候補者しか登録されなかったため代議員を選択する可能性もなかった。このため、実質的な複数政党制と競争選挙の存在を民主主義の前提とするならば、ソ連の政治体制が民主主義ではなかったことは明らかである[4]。

とはいえ、敢えて論争的な問題を提起してみたい。選挙には、多様な民意を具体化かつ単純化した形で表出させ、利害の対立を議会選出の局面に限定し、議会内での利害の調整を可能なものとするという役割があるとされる。選挙のこの機能が民主主義の一つの側面だとすれば、この局面では「一党制民主主義」はあり得るのではないか。すなわち、一党制である以上、対立する利害を代表する政党や議員は存在しないが、それでも政権党が選挙を通じて多様な民意を汲《く》みとり、利害の調整を図るのであれば、民主主義たり得るのではないか。

あるいはまた、民主主義の国民主権という面に注目し、主権者である国民の意思に基づくのが民主主義だと捉えるならば、一党制であっても国民という「プリンシパル」の意思を政権と共産党という「エージェント」が実現する役割を果たすのであれば、そこには民主主義の側面もあると言えるのではないか。

一般に現代の民主主義においては、なんらかの政治理念を持つ集団である政党が、その理念の実現に向かうと信ずる政策を提示し、有権者の支持を獲得すべく宣伝し、この過程において有権者の間に存在する様々な関心や利害を選別しつつ汲みとり、政策に反映させてゆくといった手続きがとられることだろう。このあと見てゆくように、ソ連共産党は特定の政治理念を持つ集団であり、その理念の実現に向かうと信ずる政策を提示し、選挙人の支持を得るべく宣伝し説明していた。この過程で、人々の様々な問題意識や利害を選別しつつ汲みとるように政策を修正して、より広い民意を実現しようともした。そうではない場合もあったが、このような例は確かにあった。この一点だけに注目するならば、ソ連共産党は「一党制民主主義」を実現しようとしていた面もあると言えるのではなかろうか。

もちろんそこには党の路線から逸脱していない限りという限界があったが、実質的な複数政党制と競争選挙の存在する国家であっても、国民のあらゆる意見や要望がすべて同等の重みで考慮されて政策に反映されるわけではない。政権与党の路線に沿う民意は反映されやすく、沿わない民意は反映されないか、少なくとも反映されにくいだろう。そうであるならば、党の路線に沿わない民意は反映されなかったとしても、ただちに非民主主義的であるとは言えないのではないか。

一定の理念を持つ集団が、その理念を実現すると信ずる政策を提示し、世論の支持を得るべく説明し、世論を考慮しつつ政策を修正してより広く民意を反映するような政治をおこなおうとするのが民主主義における政党のあり方だとすれば、ソ連共産党にはそれに合致する面もあった。

ただしこれはあくまで合致する面があったということに過ぎない。一党制のソ連においては、「プリンシパル」であるはずの国民が選挙を通じて「エージェント」であるはずの政権と政権党を交代させることはできなかった。[5] この点は極めて重大であり、ソ連の政治制度を何の留保もなしに民主主義的と呼ぶことはできない。そしてまた、ソ連共産党が通常の意味での政党ではなかったという事実も無視することはできない。[6]

しかし、一党支配が確立していて、有権者の支持を求めて他党と競争する必要がないにもかかわらず、ソヴェト政権と共産党が選挙に大きな意味を付与していたこともまた事実なのである。

詳しくは後述するが、政権選択の機能のない選挙の実施に共産党と政権は膨大な資源と労力を注ぎ込んでいた。選挙当日だけを見ても、投票時間は早朝から深夜まで長く設定され、投票所に隣接してビュッフェが設けられて普段品薄な菓子などが用意されたり、投票所が文化啓蒙施設や娯楽施設であれば新聞雑誌や書籍の充実が図られたりチェスなどのボードゲームが備えられたりコンサートがおこなわれたりと、人々が投票所に足を運びたくなるようにする方策もとられていた。すべての選挙人に投票の権利を保障するため、空港や駅や列車でも投票できるように準備がなされ、身体障害その他の理由で投票所に来られない選挙人に対しては、送迎を手配したり、自宅に投票箱を運んだりした。

これらは投票率を高めるための方策であり、その狙いは民主主義的な外観を装ってソヴェト政権の正統性を主張することだという捉え方があるだろう。実際、選挙のたびに九九％を超える投票率での当選が誇らしく語られたのであり、ソヴェト政権がこれによって正統性を示そうとしていたことは確かだろう。

しかし、こうした数字は、対外的な宣伝としては諸外国の投票率の低さなどの指摘と合わせてある程度の効果を持ったとしても、共産党の一党支配の下で定数通りの候補者しかいない選挙を現に経験しているソ連の国民にはどれほどの意味を持ち得ただろうか。実際、人々からは定数より多い候補者を立てるべきだとの要望、選挙もソヴェトも形骸化しているとの批判が政権へ寄せられることも少なくなかったのである[7]。

それにもかかわらず共産党と政権が、複数政党制や競争選挙は避けつつも選挙を重視したという点はこの体制について考えるうえで重大な論点であり、同時に民主主義や選挙について考えるうえでも重要な論点となり得るのではないだろうか。

二　選挙制度の概要

多民族国家だったソ連では、共和国を構成主体とする連邦制を採用すると同時に共和国内に少数民族の自治領域を設けていたため、行政区画は複雑だった。時期によっても共和国によっても違ったが、本書の対象時期に一応一般的と言える形では、共和国の下にクライ（地方と訳されることが多い行政区画だが、地方全般と混同しないようクライと記す）や州が置かれ、その下に市や地区が置かれたが、共和国直轄の市もあった。クライや州の区分のない共和国もあり、そうした共和国では、共和国の下に市や地区が置かれた。大きな市の場合は市の内部に地区が置かれる例もあった（主として農村部に置かれた地区と区別するため本書では「区」と記す）。地区の下には村ソヴェトや都市型居住区が置かれていた。[8]少数民族の自治領域が設けられている場合は、クライや州と同じレベルに自治共和国が、その下のレベルに自治州や民族管区（一九三六年憲法下）や自治管区（一九七七年憲法下）が設けられた。連邦、連邦構成共和国および自治共和国には国会に当たる最高会議が、クライ、州、地区、市、区、村ソヴェトおよび都市型居住区には地方議会に当たるソヴェトが置かれ、いずれも選挙人の直接選挙で代議員が選ばれた。

本書の対象時期は、一九三六年制定のソ連憲法と一九七七年制定のソ連憲法が有効だった時期で、前者に基づく選挙規程と後者に基づく選挙法では内容にいくつか違いがあるが、なるべく簡潔に選挙制度の概要を説明しておこう。

一九七七年制定のソ連憲法では第九五条で「すべての人民代議員ソヴェトの代議員の選挙は、普通、平等および直接の選挙権に基づいて秘密投票でおこなわれる」と定められていた。そのうえで、第九六条第一項で「代議員の選挙は普通選挙、すなわち一八歳以上のすべてのソ連市民は、法律の定める手続きによって精神病者と認められた者を除いて選挙権および被選挙権を有する」[9]、第九七条で「代議員の選挙は平等選挙である。各選挙人が一票を持ち、すべての選挙人は平等な基準に基づいて選挙に参加する」、第九八条で「代議員の選挙は直接選挙である。すべての人民代議員ソヴェトの代議員は、市民によって直接に選挙される」、第九九条で「代議員の選挙の際の投票は秘密投票である。選挙人の意思表示に対する点検は禁止されている」と改めて定めていた（Конституция: 21）。一九三六年憲法にも第一三四条から第一四〇条にかけてほぼ同様の条文があった（Сборник: 1/22-23）。

連邦制を採用していた関係でソ連最高会議は連邦会議と民族会議からなる二院制で、民族会議については共和国と自治領域に所定の定数が割り当てられた。一九七七年憲法第一一〇条第三項によれば、連邦構成共和国に各三二、自治共和国に各一一、自治州に各五および自治管区に各一の選挙区が設けられ、各選挙区から一人ずつ代議員が直接選挙で選出された（Конституция: 22）。一九三六年憲法では第三五条に同様の定めがあった（Сборник: 1/8）。ただし一九三六年の制定時は連邦構成共和国の定数は各二五で、一九六六年に各三二と改められた。また自治管区は民族管区と呼ばれていた。

連邦の民族会議以外は、連邦最高会議の連邦会議から村ソヴェトに至るまで、所定の基準に基づいて選挙区が設けられ、各選挙区から一人ずつの代議員が直接選挙で選出された。

たとえば連邦会議は、一九三六年憲法では第三四条で人口三〇万人ごとに一つの選挙区と定められていたため、人口の増加に伴って定数は増えていった。一九七七年憲法では第一一〇条第一項で民族会議と同数の代議員を選出するとされ、先ほど見た第一一〇条第三項の定めでは民族会議の定数が連邦全体で七五〇となるので、連邦会議の定数も七五〇となった（Сборник:1/8;

Конституция: 23)。

　地方ソヴェトの選挙区については、たとえば一九七七年ソ連憲法に基づいて一九七八年に制定されたロシア共和国憲法下での選挙法［1979.8.3］では第一四条第一項で、クライソヴェトと州ソヴェトでは一五〇から五〇〇、モスクワ市ソヴェトは八〇〇、レニングラード市ソヴェトは六〇〇、自治州ソヴェトは一〇〇から二五〇、自治管区ソヴェトは七五から二〇〇、地区ソヴェトは七五から一五〇、クライ、州または管区の管轄の市の市ソヴェトは七五から五〇〇、地区管轄の市の市ソヴェトは五〇から一五〇、区ソヴェトは七五から三五〇、居住区ソヴェトと村ソヴェトは二五から七五と定められた（ただし一九八七年三月二〇日付で修正されたもの）。また第一四条第四項には、例外としてロシア共和国最高会議幹部会の許可を得て本条の定めより少ないまたは多い選挙区を設けることができるとの定めがあった（Свод: 85-86）。

　上記のいずれの場合も、すべての選挙区は同数の人口を持つように設定すると定められていた。たとえばソ連最高会議の選挙法［1978.7.6］の第一四条では「ソ連最高会議連邦会議選挙のための選挙区はソ連全土で同数の人口を有する選挙区が設けられる」とされ、第一五条では「ソ連最高会議民族会議の選挙のための選挙区は次の基準で設けられる。各連邦構成共和国に三二、各自治共和国に一一、各自治州に五、各自治管区に一。民族会議の選挙区はそれぞれの領域において同数の人口を有する選挙区が設けられる」とされた（Конституция: 58）。

　同様に、ロシア共和国最高会議の選挙法［1978.8.8］の第一四条では「ロシア共和国最高会議の代議員の選挙のために九七五の選挙区が設けられる。ロシア共和国最高会議幹部会によってロシア共和国全土で同じ人口を有する選挙区が設けられる」とされ（Свод: 67）、ロシア共和国の地方ソヴェトの選挙法［1979.8.3］は第一四条第三項で「当該ソヴェトの執行委員会によって全領域で同じ人口を有する選挙区が設けられる」と定めていた（Свод: 86）。

任期は、一九三六年憲法下では連邦、共和国および自治共和国の最高会議は四年、地方ソヴェトは二年、一九七七年憲法下ではそれぞれ五年と二年半とされていて、この任期ごとに選挙がおこなわれた。

このように憲法では普通、平等、直接の選挙権と秘密投票が定められており、選挙規程や選挙法の規定には複数の候補者が存在することを想定した規定があった（投票用紙にすべての候補者の名が記載されていて、投票する候補者以外の名を消す投票方式など）。そして、制度としては競争選挙を妨げる規定は存在しなかったが、実際にはペレストロイカ後半に至って複数の候補者による競争選挙が実現するまでは、すべての選挙区に候補者は一人ずつしかいなかった。

これはあくまで「慣行」に過ぎなかったが[10]、これが可能となったのは、代議員の候補者は推薦制とされていたこと、推薦の権利はソ連共産党、労働組合および全連邦コムソモール（青年共産主義同盟）の組織、協同組合およびその他の社会団体、勤労集団ならびに軍の部隊ごとの軍勤務員集会に属するとされていたこと、候補者の登録のためには候補者推薦集会における出席者の過半数の同意が必要だったことなどによっていた。

なお、実際には候補者が一人しかいなかったことによって、投票する候補者以外の名を消す投票方式は、反対投票をするうえでの心理的な障壁となったと指摘されている。候補者の名を消すにはそのために設けられたブースに入らなければならず、候補者が一人の場合はその特定の候補者の名を消すためにブースに入ることになるので、反対投票をすることが周囲に明らかとなってしまうというのである（賛成票を投ずる場合は受け取った投票用紙をそのまま投票箱に入れればよい）。

ヒルによれば、これは秘密投票を定めた憲法と選挙法に矛盾しているとの指摘や、この問題を解決するため賛成の場合も投票用紙に印をつけるようにするとの提案が当時のソ連においてもなされていた（ヒル：34-36）。

ただ、ヒルも言及しているが、賛成投票をする場合も投票用紙に様々な書き込みをしていた例が多数あった。この場合ブースに入ることになる。そして、投票用紙に書き込みをした例が多数あることは広く知られていた[11]。このことを考慮するならば、反対投票をするためにブースに入る心理的障壁がどれくらいのものだったかは一概には言えないし、本当は反対投票をしたいのにブースに入る心理的障壁の故に賛成投票をしていた人々がどれだけいたのかを明らかにすることはできないだろう。

第二節　選挙の準備と実施

一　選挙区と投票区の設定

　ソ連の行政区画は上記のように複雑だったため、選挙の準備と実施は複雑で困難な課題であり、毎回の選挙はまさに国を挙げての大事業だった。

　選挙の準備としては、まず代議員を選出する選挙区を設定する必要があった。先に見たように、同数の人口を有する選挙区を設けるのが原則だったため、人口の増減などに基づいて選挙のたびに選挙区を設定しなければならなかった。この作業を、地方ソヴェトの選挙の場合はクライ、州、民族管区（または自治管区）、地区、市、区、村ソヴェトおよび居住区のソヴェトの選挙のためにそれぞれおこなわなければならなかった。さらに、連邦、共和国および自治共和国最高会議の選挙が重なった場合はこれらの選挙の選挙区も設けなければならなかった。

　たとえばロシア共和国では一九七五年三月一八日の最高会議幹部会が、六月におこなわれる共和国および一六自治共和国の最高会議ならびに六クライ、四九州、五自治州、一〇民族管区、一六八〇地区、九七五市、三三七区、二万二七〇八村ソヴェトおよび一九五七居住区のソヴェトの選挙の選挙区について検討し、それぞれ次のように設定されることになった。

　共和国最高会議の選挙では、前回より一〇多い九〇四選挙区が設けられることになった。人口増によってモスクワ市で二つ、レニングラード市、クラスノダールクライ、ヴォルゴグラード州、イルクーツク州、クイブィシェフ州、マガダン州、モスクワ州、ロストフ州、ダゲスタン自治共和国、タタール自治共和国およびヤクート自治共和国で一つずつ選挙区が増やされる一方で、人口が著しく減ったカリーニン州、スモレンスク州およびタムボフ州で各一選挙区が減らされることになった。

自治共和国最高会議選挙の選挙区の数は、合計で一三〇増やされて、二六六〇選挙区となった。地方ソヴェトの選挙区の数は基本的には一九七三年の選挙の水準のままとなったが、人口増および新たな地区と市の形成のため地区ソヴェトと市ソヴェトの選挙で若干選挙区が増やされた(ГАРФ А: 13/3605/32-33)。

こうした作業を最高会議では四年または五年に一度、地方ソヴェトでは二年または二年半ごとにおこなっていたのである。

選挙区内には投票と開票がおこなわれる単位である投票区が設けられた。投票区も人口を基準に設定されたが、投票区ごとに投票所が設けられたため、選挙人の投票に便宜を図る様々な定めがなされていた。やや細かな話になるが、投票区に関する規定を確認しておこう。

一九五〇年一月九日付で制定された「ソ連最高会議選挙規程」は、第二九条で「投票区は人口五〇〇～三〇〇〇人に一つ設ける」との原則を定めた一方で、「人口五〇〇人未満で一〇〇人以上の村には投票区を設けることができる」(第三〇条)、「遠方の北方および東方の地区、山岳地帯では人口一〇〇人未満、五〇人以上で投票区を設けることができる」(第三一条)、「軍区では五〇人以上三〇〇〇人未満で投票区を設ける」(第三二条)、「二五人以上選挙人のいる航行中の船舶に投票区を設けることができる」(第三三条)、「五〇人以上の選挙人のいる病院、産院、サナトリウム、障害者の家に投票区を設けることができる」（第三四条）、「長距離列車、大きな鉄道駅、空港に投票区を設けることができる」（第三五条）との例外規定を設けた（Сборник: 1/135-136）。このうち第二九〜三一条と第三五条は一九六六年一二月二七日付ソ連最高会議幹部会令によって追加されたものだが（Сборник: 1/135）、第三三条と第三四条は一九五〇年の制定時からあったこと、一九四五年一二月一二日付ソ連最高会議幹部会決定では「選挙人が交通事情により投票所を訪れることができない場合、例外として個々の選挙人のいる場所で投票用紙を受け付ける」と定められていたことから（Сборник: 1/150）、選挙権の行使を保障するため選挙人が投票しやすいように投票区を設けるという考え方はスターリン期からあったと考えてよい[12]。

遠隔地などにいる選挙人に便宜を図るソ連最高会議幹部会決定はその後も続き、「極北の離れた地区の越冬地にいる選挙人が交通事情により投票所を訪れることができない場合、三人以上の選挙人のいる越冬地で直接投票用紙を受け付けることを許可する」［1958.2.17］、「投票日に航行中の二五人未満の選挙人のいる船舶での投票区の形成についての各地から届いた要望に関連して、例外として二五人未満、二〇人以上の選挙人のいる船に投票区を設けることを許可する」［1962.2.6］、「学術調査その他で遠方の往来困難な地区にいて投票所を訪れることのできない選挙人について、三人以上いるならば現在地で投票用紙を受け付けることができる」［1966.5.23］と定められた（Сборник: 1/151-154）。

以上は一九三六年憲法下の定めだが、一九七七年ソ連憲法に基づいて制定されたソ連最高会議の選挙法［1978.7.6］でもこうした定めがほぼ引き継がれ、次のように整理された。

まず第一六条で「投票の実施と票の集計のため選挙区に含まれる地区、市、区の領域は、ソ連最高会議連邦会議と民族会議の選挙に共通の投票区に分けられる。投票区は軍区にも設けられ、その軍区のある場所の選挙区に含まれる。サナトリウム、休息の家、病院およびその他の入院医療施設、大きな鉄道駅、空港、海港、河港、極地観測所ならびに投票日に航行中の船舶には投票区を設けることができる。これらの投票区は、それがある場所の選挙区または船が登録されている港のある場所の選挙区に含まれる」と投票区について全般的に定めた（Конституция: 58）。

投票区を設ける基準については、第一八条の第一項で「居住区域または複数の居住区域のまとまりには一〇〇人以上三〇〇〇人未満の人口を有する投票区が設けられる」、第二項で「小さな居住区域のある、遠く離れた北方および東方の地区、山岳地帯の地区、極北の島々、極地観測所ならびに投票日に航行中の船舶では二〇人以上の選挙人がいれば投票区を設けることができる」、第三項で「軍区では二〇人以上三〇〇〇人未満の投票区が設けられる」、第四項で「サナトリウム、休息の家、病院およびその他の入院医療施設では五〇人以上の選挙人がいれば選挙区を設けることができる」と定めた（Конституция: 59）。さらに第五二条第四項では「例外として、健康状態または交通事情により投票所を訪れることのできない選挙人に対しては、彼らの要請によって選挙管理委員会は一人または数人の委員にこれらの選挙人の所在地での投票を組織するよう依頼することができる」ことも定められた（Конституция: 70）。

また、この一九七八年選挙法は第二三条で「選挙人名簿縦覧と投票日の間の期間に選挙人の所在地が変わる場合、選挙人の要請により投票権証明書が発行される。……投票権証明書に基づいて選挙人は、選挙日にいる場所のどの投票区でも追加の選挙人名簿に加えられる」と定めた（Конституция: 61）。一九五〇年一月の選挙規程では第二〇条に概ね同様の規定を置いており（Сборник: 1/133）、上述の船や駅や空港の投票区（そこに設けられた投票所）ではこの投票権証明書を用いて投票することになっていた。

地方ソヴェトの選挙に際しても同様に投票区が設定されていた。選挙区は各級のソヴェトで異なっていたが、投票区は同一で、たとえば農村住民であれば自分の住む領域を管轄する村ソヴェト、地区ソヴェト、州ソヴェトおよび共和国最高会議の選挙に参加する例が多かったが、これらの選挙区は重なってはいても異なっていたのに対して、投票区は同一であり、この投票区に設けられた投票所でこれらすべての投票をおこなうことになった。

選挙区と投票区に関する定めはこのようなものだったが、実態はどうだったのかロシア共和国の史料に基づいて確認しよう。

一九七一年三月一五日のロシア共和国最高会議幹部会では、同幹部会議長が次の共和国最高会議選挙の選挙区を一〇増やすことを報告し、具体的には次の例を挙げた。モスクワ州では人口が急激に増え、選挙区を増やさないといくつかの選挙区で人口が三〇万人に達し、その場合、憲法に基づき各代議員は一五万人から選ばれることになるという状況となったため選挙区を増やす。トゥヴァ自治共和国では選挙区を一つ増やすことが予定されている。従来通り自治共和国全体で一選挙区のままとすると一選挙区に約三〇万人となってしまうので、選挙区を増やさなければならない[13]（ГАРФ А: 13/2982/296-298）。

このように人口に基づいた選挙区という原則を守ることが意識されていたが、常にこの原則が守られていたわけではなかった。

一九六五年二月二五日のロシア共和国最高会議幹部会では、ペンザ州と沿海クライにおける地方ソヴェト選挙の準備について審議された。現地での点検に基づいて準備された最高会議幹部会決定の案には、ペンザ市では州ソヴェト、市ソヴェトおよび区ソヴェトの選挙の選挙区と投票区が選挙規程の定める人口に応じてではなく選挙人の数に応じて設けられたこと、それにもかかわらず選挙区の選挙人の数は均等ではないことが批判的に記されていた（ГАРФ A: 13/1941/40）。

幹部会での審議では決定案のこの記述をめぐって議論となった。まず報告したペンザ州執行委員会副議長が、決定案に選挙区が人口に応じてではなく選挙人の数に応じて設けられたと記されていることに同意できないと述べた。副議長は、点検をおこなった同志は形式主義を犯しているとまで述べて、投票区の境界内に住民をより適切に配置する必要があったが、選挙規程に違反しているとは記してほしくないと要望した（ГАРФ A: 13/1941/401-402）。

形式主義を犯していると批判された最高会議幹部会職員[14]は、州執行委員会のあるペンザ市で市ソヴェト選挙の選挙区が選挙規程の定める人口に応じてではなく選挙人の数に応じて設けられたと真っ向から反論した。さらにペンザ市にある三つの区の執行委員会のすべてが区ソヴェト選挙の選挙区と投票区を設定する際にこの誤りを繰り返した。州執行委員会はこれを知っていながら誤りを克服する方策をとらず、ペンザ市に四四ある州ソヴェト選挙の選挙区も選挙規程に違反して設けられた。このように指摘してこの職員は、これらすべては、州執行委員会とその部局が下級ソヴェトの執行委員会の活動に対する監督を十分おこなっていないことで説明されると批判した（ГАРФ А: 13/1941/411）。

この批判に対してもペンザ州執行委員会副議長は、決定には選挙規程に違反したと書かないよう要望したが、幹部会員たちからは、違反の事実がある、これについて書く必要がある、これはまさしく選挙規程違反だといった指摘が口々になされた。

するとペンザ州執行委員会副議長は、人口に応じてでも選挙人の数に応じてでも違反はない、すべて規程に厳格に従っている、選挙規程に違反しているということには同意できないと反発した。このため最高会議幹部会議長が、彼は原則的な問題を提起した、これは選挙規程に違反するか否かとソヴェト活動部部長に訊ね、同部長は、われわれは重大な違反だと考えていると答えた（ГАРФ А: 13/1941/428-429）。

速記録にはこれに対する反応は記されていないが、ペンザ州執行委員会副議長もさすがにこれで引き下がったようだ。問題となった決定案については基本的に採択し、幹部会での議論を踏まえて文案を確定することとされたが、その後公表された決定には「沿海クライおよびペンザ州には地方ソヴェト選挙の準備に本質的な欠陥がある。ペンザ市では州ソヴェト、市ソヴェトおよび区ソヴェトの選挙の選挙区および投票区が、選挙規程の定めるように人口によってではなく選挙人の数によって設けられている。この際、同一のソヴェトの選挙区で選挙人の数は均等ではない。沿海クライではいくつかの地区の勤労者代議員ソヴェトの選挙の選挙区で人口が均等ではない」と記されていた（Ведомости РСФСР: 1965/9/185）。なお、ここで沿海クライへの言及があるのは、沿海クライについてもいくつかの地区ソヴェトと村ソヴェトの執行委員会が、選挙区と投票区を住民数の情報なしに見当で設定したり、前回の選挙の際に定められた境界を基に設定したりしたと指摘されていたためである（ГАРФ А: 13/1941/405）。

一九七五年五月一五日のロシア共和国最高会議幹部会では同年六月におこなわれる共和国最高会議、自治共和国最高会議および地方ソヴェトの選挙の準備についての審議がなされたが、その過程で、ヤロスラヴリ州のヤロスラヴリ市ソヴェトの選挙区が基準では人口一一〇〇人に一つなのに人口が八〇〇人の選挙区や一九〇〇人の選挙区が設けられていたことが批判され、是正が求められていた（ГАРФ А: 13/3613/54-55）。

同様の指摘は、一九七七年五月二八日のロシア共和国最高会議幹部会で審議されたウドムルト自治共和国における地方ソヴェト選挙の準備についての報告書でもなされていた。いくつかのソヴェトの執行委員会は同一のソヴェトの選挙のためのいくつかの選挙区で人口に「本質的な違い」を設けており、たとえばヴォトキンスク市では市ソヴェトの選挙区の人口が一八二人から四二七人までの間で違っていた。こうした事実はサラプル市でも見られることも指摘された（ГАРФ А: 13/4264/26）。

ロシア共和国中央選挙管理委員会による共和国最高会議選挙の準備に関する一九六三年二月二六日付報告書には次のように記されていた。中央選挙管理委員会委員が自分の暮らす自治共和国、クライおよび州での選挙準備を調べるとともに（これらがどこかは記されていない）、アルハンゲリスク州、アストラハン州、ベルゴロド州、ムルマンスク州、オレンブルグ州およびチュメニ州へ出張して点検した。旅行中または遠隔地などにいるすべての選挙人の投票への参加を保障するため、飛行機を用意したり、船舶や列車に投票区を設けたりしている。飛行機の乗り継ぎ客と乗員の投票への参加を保障するため三九の空港に投票区が設けられた。投票日には九〇〇を超える船が遠洋にあり、四万二〇〇〇人以上の選挙人が乗っている見通しで、このすべての船に投票区が設けられている。北極と南極で活動している八七の集団の投票も保障する。投票日に旅行中の選挙人から投票用紙を受け付けるため長距離旅客列車二〇九本、主要駅二四にも投票区が設けられた。このように選挙の準備が進められていることが確認された一方で、投票区の境界が不正確に設定された例があることも指摘された（ГАРФ А: 13/1681/1-4）。

一九六六年五月二四日に開かれたロシア共和国最高会議幹部会ではコストロマ州とノヴォシビルスク州におけるソ連最高会議選挙の準備状況が審議され、報告したコストロマ州執行委員会議長は、この選挙は夏におこなわれるため追加的な困難があると指摘した。その困難とは次のようなものだった。通例六月にはコストロマ州に休暇の人々が大勢訪れる。その全員が証明書を持ってくるだろうか。全員ではないならば、現地ですべてを明らかにするために村ソヴェトと居住区ソヴェトの執行委員会委員による当直を組織する必要がある。投票日の六月一二日は休日だ。夜のうちから出かける釣り愛好者をヴォルガ川や他の川で探さなければならない。郊外への大規模なハイキングが組織されるかもしれない。これらが追加的な困難を生むことも考慮しなければならない（ГАРФ А: 13/2063/235）。

続いて報告したノヴォシビルスク州執行委員会議長は次のように述べた。勤労者の休息の場には十分な数の投票用紙を用意して、投票権の証明書を持っているすべての選挙人に足りるようにする。投票日には一六本の列車がノヴォシビルスク州を通過する。複数の汽船も通るし、地理の調査隊も通過する。これらを迎えるため各駅と埠頭に選挙への参加を呼びかけるポスターを掲げる（ГАРФ А: 13/2063/242）。

こうした報告を受けてロシア共和国最高会議幹部会議長は、休暇や出張に出かける勤労者が忘れずに投票権の証明書をもらうよう説明活動をおこなうべきだと述べ、ソ連の市民の一人一人が投票するという自身の義務を果たす可能性を与えるようにわれわれはこの活動をおこなわなければならないと議論を締《し》め括《くく》った（ГАРФ А: 13/2063/245-246）。

この発言からは、選挙での投票は憲法上は権利だが、政権側には義務と捉える人々がいたことがわかる。しかし、上記のやりとりからもわかるように、人々はこの「義務」におかまいなしに釣りへ行ったり、ハイキングへ行ったり、船や飛行機や列車で移動したりしていたのであり、政権側はそのような状況であってもすべての人々が投票するような条件を整えることに努めていた。

一九六九年二月二〇日のロシア共和国最高会議幹部会では三月一六日投票の地方ソヴェト選挙の準備状況が議題となり、幹部会ソヴェト活動部の部長が次のように報告した。共和国全体で前回の選挙より三七八多い二万七三四三の地方ソヴェトが選出される予定で、前回より一三％多い一〇九万二七六一の選挙区が設けられている。投票区は九万四三三八で、前回よりおよそ一二〇〇多い。投票日には二三七本の長距離列車が運行している予定で、このうち五三本の列車には投票区が設けられるが、一八四本の列車の乗客については大きな駅に設けられた投票区の選挙管理委員会が対応する（ГАРФ А: 13/2865/149, 151, 154）。

一九七三年五月二一日のロシア共和国最高会議幹部会では六月一七日投票の地方ソヴェト選挙の準備状況について審議され、ソヴェト活動部部長が、共和国全体で計九万七〇〇〇ほどの投票区が設けられている、一九六九年三月の選挙と較べると二五〇〇以上多く、これは主として選挙が夏期におこなわれるためだと報告した。投票日にどこにいるかにかかわらずすべての選挙人に投票への参加を保障するため、海洋と河川を航行する船舶、漁撈船隊の船舶、駅、空港、サナトリウムおよび休息の家などにも投票区が設けられるのが慣例だったが、夏期のためその数が多くなったというのである。具体的には次の説明がなされた。航行中の船一万四〇〇〇隻以上の乗客と乗員計一九万人以上が投票に参加する予定で、投票日に航行中の船一八八六隻には投票区が設けられた。投票区の設けられていない小さな船では、船の登録のある場所の岸か他の船に設けられた投票区で投票する。投票日には北極と南極にある六六の極地観測所に二〇〇〇人以上の選挙人がいる予定で、いくつかの大きな観測所には投票区が設けられる。空路の乗り継ぎ客のため空港に六〇の投票区が設けられている。投票日に四七六本の列車が運行の予定で、乗客はおよそ一四万人の見込みである。列車にいる選挙人の投票用紙の受付は、一七〇の駅に設けられた投票区の選挙委員会がおこなう。様々な学術調査、放牧、木材調達およびその他で遠方にいて投票所を訪れることのできない選挙人の集団がいる。二〇〇〇を超える地質調査隊が活動しており、総勢三万人を超える。ロシア共和国最高会議幹部会決定［1971.5.18］に従って、投票区選挙管理委員会は例外としてこれらの選挙人から直接現地で投票用紙を受け付けることができる（ГАРФ А:

13/3538/90-93）。

ソヴェト活動部部長のこの報告ののちソ連通信省次官が通信関係の準備状況について報告し、すべての通信企業に対して「選挙の」のコードの電話と電報を特別扱いするよう指示を出したこと、郵便の最も早い配達を保障するため郵便の経路を部分的に変更したこと、選挙日に設けられる配置での市外電話と電信の通信訓練と通信線の点検がおこなわれていること、投票区では無線機器の設置が終了し、選挙区と投票区の選挙管理委員会に電話が臨時に敷設されたことを説明した（ГАРФ A: 13/3538/99-101）。

続いてソ連交通省旅客総管理局局長が説明し、やはり「選挙の」と記された書類の特別輸送が保障されていると述べた。投票日に旅客が投票に参加しなければならない列車はロシア共和国で四七六本、ソ連全体では六五三本の予定で、すべての列車の点検ののち投票区委員会の代表が列車に投票所を設置することも紹介した（ГАРФ A: 13/3538/103）。

ロシア共和国自動車交通相は、輸送業務などで国外で働いている人々が投票するための手順を作成している、こうした人々はわれわれの省で三〇〇〇人を超えると説明し、ソ連民間航空省輸送管理局次長は、空港に七五の投票区が設けられること、投票結果を集めるために飛行機一四一機とヘリコプター九三機が提供されること、投票日には二四時間の当直が組織されることを述べた[15]（ГАРФ A: 13/3538/107, 109）。

これまで述べてきたことからもうかがえるように不在者投票の制度はなく、投票日に出かけていた選挙人は投票資格証明書によって出先で投票することになっていた。先ほど紹介したように、すべての選挙人が証明書を持ってくるか危ぶむ指摘もなされていたが、たとえば一九七四年のソ連最高会議の選挙の際にはモスクワ市で九八万六〇〇〇人が証明書を交付されていた（ГАРФ А: 13/3571/106）。証明書を受け取って投票するよう政権が働きかけているとはいえ、これだけ多くの人が事前に証明書を受け取っていたということは、選挙に参加させようという政権の側の意思だけではなく選挙に参加しようという人々の意思も存在していたと見るべきではないか。

投票日当日しか投票できないこととも関係して、三交代勤務の労働者などへの便宜のため投票時間は朝六時から夜一二時までに設定されていた。これは選挙を実施する側にとって負担となるが、選挙を実施する側が投票時間の短縮を求めた例を筆者は確認していない。その一方で市民からは、多くの選挙人は一八時までに投票するのだから終了時間は早めてもよいと提案する手紙が寄せられていた。実際に大多数の選挙人は日中の時間帯に投票していたため、一九六六年三月一九日付ソ連最高会議幹部会令によって投票時間は夜一〇時までと改められた[16]（Сборник: 1/149）。

注目すべきは、投票時間短縮の周知徹底が重要な課題とされたことである。一九六六年五月二四日のロシア共和国最高会議幹部会ではソ連最高会議の選挙の準備状況が審議され、幹部会議長が二度にわたってこの点を強調した。最初の報告者の報告を受けて幹部会議長は、「今回の選挙での投票時間の変更に注意を促したい」と発言を始め、「人民がこれについてよく知っているようにする必要がある」、昨日ソ連最高会議幹部会で「夜一〇時に投票が終わることをまだすべての選挙人が知っているわけではない」との報告があった、夜一〇時に投票が終わることを「すべての住民に知らせるようにあらゆる方策をとる必要がある」、狩人にも釣り愛好者にもだと述べた。その後、二人目の報告者の報告後にも幹部会議長は、投票は夜一〇時に終わる事実について「すべての住民にできるだけ早く知らせるよう特別な注意を向けなければならない」と述べたのである（ГАРФ А: 13/2063/236, 244）。

二　選挙管理委員会の選出

選挙区と投票区が設定されると、選挙の準備と実施を担う選挙管理委員会が原則として各行政区画、選挙区および投票区に設けられることになっていた。

ソ連最高会議の選挙法［1978.7.6］では選挙管理委員会は「ソ連共産党、労働組合、全連邦コムソモールの組織、協同組合およびその他の社会団体、勤労集団ならびに軍区の軍勤務員集会からの代表で設けられる」（第二五条）と定められており、連邦に議長、副議長および書記各一名と二六名の委員からなる中央選挙管理委員会が設けられること（第二六条）、連邦構成共和国、自治共和国、自治州および自治管区にそれぞれ議長、副議長および書記各一名と一二～一六名の委員からなる民族会議選挙管理委員会が設けられることが定められていた（第二七条）。この他に、連邦会議の選挙区と民族会議の選挙区ごとに議長、副議長および書記各一名と委員一二名からなる選挙管理委員会が（第二八条）、投票区ごとに議長、副議長および書記各一名と四～一六名の委員（選挙人が一〇〇〇人未満の投票区では議長および書記各一名と委員一～三名）からなる選挙管理委員会が設けられると定められていた（第二九条）（Конституция: 61-62）。

ロシア共和国の地方ソヴェトの選挙法［1979.8.3］によれば、クライ、州、モスクワ市およびレニングラード市の選挙管理委員会は議長、副議長および書記各一名と一〇～一四名の委員、自治管区、地区、市および区の選挙管理委員会は議長、副議長および書記各一名と八～一〇名の委員、居住区と村ソヴェトの選挙管理委員会は議長、副議長および書記各一名と四～八名の委員で構成されると定められていた（第二五条）。これに加えて、クライ、州、モスクワ市およびレニングラード市のソヴェトの選挙のための選挙管理委員会が各選挙区で議長、副議長および書記各一名と六～一〇名の委員で構成され、自治共和国、地区、市および区のソヴェトの選挙のための選挙管理委員会は各選挙区で議長、副議長および書記各一名と四～八名の委員で構成されると定められていた（第二六条）。さらに、投票区でも議長、副議長および書記各一名と四～一六名の委員（選挙人一〇〇人未満の投票区では議長および書記各一名と一～三名の委員）からなる選挙管理委員会を選出しなければならず、必要な場合は、鉄道の駅、空港、海港と河港、投票日に航行中の船、小さな居住区のある地域および調査隊のいる地域の投票区で選挙管理委員会の人数を増やすことができるとされた（第二七条）（Свод: 90-91）。

このように、選挙のたびにまずは選挙管理委員会を設置するために大勢の人々を選出しなければならなかった。しかも選挙管理委員会には幅広い階層や属性の人々が選出されることが望ましいとされていた。

一九七三年六月一七日投票の地方ソヴェト選挙の準備状況がロシア共和国最高会議幹部会で審議された際には、チュヴァシ自治共和国最高会議幹部会議長が、同自治共和国では前回の選挙よりも五三六多い一万三〇九九の選挙区が設けられ、投票区の選挙管理委員会を除いて選挙管理委員会に四万六七一四人が加わっていること、そのなかには約一万一〇〇〇人の労働者、二万人を超えるコルホーズ員がおり、三分の二は非党員で、多くの女性と若者がいることを報告した。続いてイルクーツク州執行委員会議長が、同州では一九七一年より二五六多い一万八一二八の選挙区が設けられ、選挙管理委員会の仕事には一〇万人を超える労働者、コルホーズ員およびインテリゲンツィアが引き入れられていると報告した。（ГАРФ А: 13/3538/69-70, 85）。

その後ロシア共和国全体の状況についてソヴェト活動部部長が報告した。報告によれば、新たな市、地区および居住区ができたため一九七一年の選挙の際と較べると選挙区は一万〇〇一五増えて一一〇万二七六五となった。クライ、州、民族管区、地区、市、区、村ソヴェトおよび居住区に選挙管理委員会が二万七〇〇〇以上設けられ、約一五万九〇〇〇人が加わっている。その五二・七％は労働者とコルホーズ員、約半数が女性で、四分の一は三〇歳未満である。選挙区に九六万九七五三の選挙管理委員会が設けられ、三六〇万人以上が加わっている。その四一・八％が労働者、一八・四％がコルホーズ員で、四八・一％が女性、六七・二％が非党員だった（ГАРФ А: 13/3538/87-90）。

これらの情報を肯定的に紹介した一方でソヴェト活動部部長は、選挙区と投票区が設けられる前にこれらの選挙管理委員会の構成員を推薦する集会が開かれた例が複数あったこと、選挙管理委員会が一つの勤労集団の代表だけで形成された例のあったこと、選挙管理委員会に代表を推薦する集会のいくつかは低い出席率でおこなわれたことを批判した（ГАРФ А: 13/3538/96-97）。

ここで批判された例はチュヴァシ自治共和国とイルクーツク州で事前におこなわれた点検の報告書に具体的に記されている。イルクーツク州での点検の報告書では次のような批判がなされていた。いくつかの市と地区で選挙区と投票区が設定されるずっと前に選挙管理委員会への代表の推薦がおこなわれた。選挙区選挙管理委員会への労働者代表、技術人員代表、職員代表、党組織代表、コムソモール代表および労働組合代表の推薦が一つの勤労集団の一回の総会で同時になされた例がある。多くの選挙区選挙管理委員会が一つの組織、企業または施設だけから選出された。選挙管理委員会に代表を推薦する勤労集団の総会の議事録がいいかげんで、当該代表の選出先、代表の名と父称と生年、総会の出席者数や開催日が記されていない例がある。いくつかの執行委員会が選挙管理委員会を十分支援していない結果、多くの地区、市、村ソヴェトおよび居住区の選挙管理委員会と選挙区の選挙管理委員会の職務遂行が大幅に遅れている（ГАРФ A: 13/3538/139-140）。

チュヴァシ自治共和国での点検の報告書でも、一つの勤労集団や組織だけ、一つの村の住民だけの代表によって選挙管理委員会が形成された例があると指摘されていた。選挙管理委員会への代表の推薦が、選挙人の出席者が少なく積極性が乏しい状況でなされた例、小さな勤労集団から多くの代表を選ぶ例があったことも指摘された。たとえばある中等学校の二〇人しかいない教職員集団が、一五人出席の集会で選挙区選挙管理委員会に一〇人の代表を推薦したことが批判された。多くの執行委員会が選挙管理委員会の適切な時期の活動開始を保障していないことも批判された（ГАРФ A: 13/3538/141-143）。

こうした批判にもかかわらず同様の問題はその後も指摘された。たとえば一九七七年五月二八日のロシア共和国最高会議幹部会において地方ソヴェト選挙の準備状況が審議された際には、選挙管理委員会設置の「本質的な欠陥」として労働者、職員および農民の集会からの代表がほとんど登用されていないことが指摘された。具体的には二〇〇〇人以上が働く工場で市ソヴェト選挙の選挙区選挙管理委員会に、党委員会によって二一人、労働組合の工場委員会によって一一人、コムソモールの委員会によって一二人が選出されたのに対し、労働者と職員の集会ではわずか七人しか選出されなかった例が批判された。自身の役割を正確に知らず、権限外の問題を検討している選挙管理委員会があることも確認されたとの批判もなされた（ГАРФ А: 13/4264/20）。

こうした批判がなされていたとはいえ、大勢の人々が各級の行政区画、選挙区および投票区ごとに設けられた選挙管理委員会の構成員となり、選挙の準備をし、選挙を実施していたのであり、その選出も活動も大変な労力や資金を要した。

このコストは政権側だけが負担したわけではなかった。ほとんどの委員は本務の仕事をしつつ委員の活動を無償でおこなっていた。すなわち委員の活動のコストは委員に選ばれた人々自身が負担していたのである。ただし投票区選挙管理委員会の「議長、副議長または書記」については、選挙の準備と実施の期間に暦で三〇日間本務での平均賃金を得てその業務を免除されることが定められていた[17]。このコスト（業務を免除しての賃金の支払い）はこれらの人々が勤める企業などが負担することになる。

このように多くの労力と人的資源を費やして、クライと州以下の行政区画、選挙区および投票区に選挙管理委員会が組織されていたが、その必要性が疑問視されたこともあった。

ロシア共和国中央選挙管理委員会に届いた苦情などに関する一九六三年三月四日付報告書によれば、一月二五日から二月二五日までに中央選挙管理委員会に一四六七通の手紙や苦情が届き、村ソヴェト、居住区ソヴェトおよび市ソヴェトの選挙については選挙区選挙管理委員会を設けないことが複数の手紙で提案されていた（ГАРФ А: 13/1681/5）。

先に見たように、一九六五年二月二五日のロシア共和国最高会議幹部会ではペンザ州と沿海クライにおける地方ソヴェト選挙の準備について審議された。この議題の審議中に幹部会書記が選挙区の選挙管理委員会は何をするのかと質《ただ》し、この質問の意図について幹部会議長が次のように補足した。彼はこうした質問を党中央委員会に提起し、総じて好意的に受けとめられている。実際、実に多くの何もしない［選挙管理］委員会があるが、党機関はこうした委員会のために人々を選ばなければならない。党機関の全機構が業務の代わりにこれに従事しているのだ（ГАРФ А: 13/1941/396-398）。

このやりとりのあとで報告したソヴェト活動部の職員も、いくつかの選挙管理委員会、特に村ソヴェトと居住区ソヴェトの選挙のための選挙区の選挙管理委員会は実質的に何もせず、候補者を登録するだけだと指摘した（ГАРФ А: 13/1941/407）。

エストニア共和国の村ソヴェトの活動に関するソ連最高会議幹部会ソヴェト活動部による一九六五年六月一〇日付報告書にも、地方の働き手たちは村ソヴェトの選挙では選挙区の選挙管理委員会を設置しないことを提案したとの指摘がある（ГАРФ: 842/8-11）。

このように一九六〇年代半ば頃には、少なくとも村ソヴェトの選挙については選挙区の選挙管理委員会は不要との認識が共有されていったようで、たとえばロシア共和国においては一九六九年一月一〇日付共和国最高会議幹部会令によって、例外として人口一〇〇〇人未満の村ソヴェトでは選挙区の選挙管理委員会を設けないこと、これらの選挙区の選挙管理委員会の職務は投票区の選挙管理委員会へ委ねることが決定され、一九六九年三月一六日投票の地方ソヴェト選挙では共和国全体で四五六六の村ソヴェトで選挙区の選挙管理委員会が設けられなかった（ГАРФ A: 13/2865/153）。

その後、さらに一般的に定める判断がなされたようで、一九七九年制定のロシア共和国の地方ソヴェト選挙の選挙法では、第二六条第一項がクライ、州、モスクワ市、レニングラード市および自治州のソヴェトの選挙の選挙区の選挙管理委員会について、同条第二項が自治管区、地区、市および区のソヴェトの選挙の選挙区の選挙管理委員会について定めていたが、村ソヴェトと居住区ソヴェトの選挙については選挙区の選挙管理委員会に関する定めがなかった（Свод: 91）。

三　各種の文献や投票用紙の準備

選挙区と投票区を設定し、選挙管理委員会の委員を選出する作業と並行して、選挙の実施に必要とされる各種の文献、書類および投票用紙の準備をしなければならなかった。

必要とされる文献とは何か。興味深いことに、ソ連では選挙のたびに連邦、連邦構成共和国および自治共和国の憲法と選挙規程や選挙法の冊子を大量に印刷し、各投票所にまで行きわたらせようとしていた。

こうした文献や投票用紙などはロシア語で印刷された他に各共和国の言語でも印刷され、自治共和国や民族自治領域のある行政区画では当該の民族語でも印刷された。たとえば一九七五年の選挙の際にロシア共和国のタタール自治共和国ではロシア語とタタール語を含む五言語で投票用紙が印刷された（ГАРФ А: 13/3613/29-30）。

こうした文献はどれくらい印刷されたのだろうか。一九六九年二月二〇日のロシア共和国最高会議幹部会では三月一六日投票の地方ソヴェト選挙の準備状況が議題となり、ロシア共和国地方ソヴェト選挙規程は冊子が一二〇万部、ポスターが二〇万部印刷され、ロシア共和国憲法は二〇万部印刷されたこと、自治共和国ではそれぞれの選挙規程と憲法が印刷されたことが報告された（ГАРФ А: 13/2865/150）。

一九七三年五月二一日のロシア共和国最高会議幹部会では六月一七日投票の地方ソヴェト選挙の準備状況について審議され、ロシア共和国憲法の冊子四五万部と地方ソヴェトの選挙規程一一〇万部が出版されたこと、ロシア語でのスローガンのチラシ一〇八点、計五四万八〇〇〇部、選挙規程各種が五〇万部、小冊子九〇万部とポスター二〇万部が刊行されたこと、自治共和国では自治共和国憲法と選挙規程の冊子が民族語とロシア語で出版されたことが報告された（ГАРФ А: 13/3538/95, 105）。

一九七七年五月二八日のロシア共和国最高会議幹部会では、六月一九日におこなわれる地方ソヴェト選挙に向けて、ロシア共和国憲法五〇万部、地方ソヴェトの選挙規程一三五万部が印刷されて各地に送られたこと、地方ソヴェトの選挙規程のいくつかの条文への註釈が三〇万部出版されたこと、この他に自治共和国では自治共和国の憲法と地方ソヴェト選挙の規程の冊子がロシア語およびロシア共和国の他の民族の二四言語で計二九万八〇〇〇部出版されたことが報告された（ГАРФ А: 13/4264/20）。

選挙の準備が進み、候補者が登録されると今度は投票用紙を印刷し選挙区へ送付する作業がおこなわれるが、この作業に関連して、一九七三年五月二一日のロシア共和国最高会議幹部会で報告したソヴェト活動部部長は、地域によっては地方ソヴェトの選挙に合わせてソ連最高会議とロシア共和国最高会議の選挙もおこなわれることに言及し、一九七一年の選挙の際の欠陥を繰り返すことのないよう慎重かつ正確に選挙を実施し、票を集計しなければならないと指摘した。

「一九七一年の選挙の際の欠陥」とは何か。ソヴェト活動部部長の指摘によれば、一九七一年の選挙ではブリャート自治共和国の村ソヴェトの選挙で二人の候補者に対する投票用紙が作成されず、選挙管理委員会はこの二人が候補者となっていた選挙区の選挙人に対して別の選挙区の候補者の姓の記された用紙を配付した。オレンブルグ市ソヴェトの選挙の第一四二選挙区では第三四学校の教師が候補者に登録されたが、投票用紙には同じ学校の別の教師の名が記載されており、誤りが発見されたのは投票終了間近だった。チタ州では村ソヴェト執行委員会議長が同時に二つの選挙区で代議員に選ばれた一方で、同じ村ソヴェトの候補者として登録された一人に対する投票用紙が作成されず、この候補者に関する投票はおこなわれなかった（ГАРФ А: 13/3538/94）。

幹部会での審議のなかで最高会議幹部会議長も、一九七一年に生じた手違いの起こらないようにしなければならない、ソヴェト活動部部長が挙げたのは一九七一年の欠陥の一部に過ぎないと指摘した。そのうえで幹部会議長は、特に注意を必要とする問題がもう一つある、すべての選挙人の投票を保障することだと述べた（ГАРФ А: 13/3538/120）。

しかし、ロシア最高会議幹部会議長は一九七四年五月二二日の最高会議幹部会でマリ自治共和国、ノヴォシビルスク州およびトゥーラ州でのソ連最高会議の選挙の準備について審議した際にも、これまでの選挙では選挙人名簿に誤りのある例が毎回のようにあったと指摘し、選挙人自身が点検するようにできれば間違いを減らす大きな助けになると述べた（ГАРФ А: 13/3571/105）。

選挙規程では選挙人名簿作成後に縦覧期間が設けられることになっていたから、この期間に実際に名簿を選挙人に確認させようという趣旨だったのだろう。しかし、さすがにこれは実現には至らなかったようで、こののちも選挙人名簿に誤りのある例は見られ続けた[18]。

一九七四年五月二二日のロシア共和国最高会議幹部会では幹部会議長は、投票用紙について「全体すべての正しさに、様式だけでなく投票用紙に書き込まれた代議員候補者の姓、名、父称の記載にも特別な注意を払う必要がある」、前回の地方ソヴェトの選挙の際にあったようなことの起こらぬよう「送付先の正しさにも特別の注意を払う必要がある」と何度も念を押していた。この際に前回の地方ソヴェトの選挙であった例として幹部会議長は、投票用紙は正しく記載されていたけれども別の選挙区へ送られてしまい、そこで配付が始められ、その選挙区の投票用紙も他のところへ送られてしまっていた例、二人の候補を審議してそのうちの一人を代議員候補者に推薦することが決められ、この人物が登録されたにもかかわらず投票用紙には推薦しないと決められたほうの人物の姓、名および父称が記載され、候補者ではないこの人物に対して投票がおこなわれた例を紹介した。そして、「私はたまたまこの問題に言及すると決めたのではない。できる限り真剣に、慎重に、投票用紙の記載の正しさを、そして、他の選挙区へ送られることのないよう投票用紙の送付先の正しさを監督し、点検する必要がある」と訴え、現地でも点検が必要なのは明らかであり、投票用紙を受け取った執行委員会は必要な投票用紙を受け取ったか点検する必要があるとも指摘した（ГАРФ A: 13/3571/131-132）。

しかし、ロシア共和国最高会議幹部会議長がこれほどに選挙の準備における欠陥をなくすよう、投票用紙の記載や送付先の誤りをなくすよう訴えても、状況は改まらなかった。

一九七七年七月一九日のロシア共和国最高会議幹部会では、同年六月におこなわれた地方ソヴェト選挙の結果についての審議がなされた。報告は省略することで合意したのち、幹部会議長が、選挙準備の期間に「特別に注意を向けることが必要なあれこれの意見」をしばしば耳にした、「何回の選挙をわれわれはおこなってきたか。地方ソヴェトで合計一六選挙だ。ロシア共和国最高会議、ソ連最高会議の選挙もある。時折り相当有害な判断がある」と発言を始めた。前回の選挙の際にも意見を述べて今後考慮されるよう幹部会員に呼びかけたことを出席者に想い起こさせたうえで幹部会議長は、選挙結果の資料を見るに「実に高い水準で選挙がおこなわれた」と述べつつ、「同時に、この状況でいいかげんさを目にするのはいまいましい。これは、ずぼらと紙一重のいいかげんさだ。選挙実施のすべてのプロセスはまったく機械的な現象だと何人かの同志は考えている。しかしこれはそうではない」、「選挙実施へのいいかげんな態度の多くの例を今日挙げることができるだろう」と指摘した。幹部会議長は、一九七人の代議員候補者が登録後に交代させられたことに言及したのち（この点は後述する）、「こんな例もある」として、村ソヴェトの選挙で候補者ポポヴァの代わりに別の選挙区の候補者ヴァシレンコの名が名簿に加えられた例を挙げて、「この結果、大混乱となった。ヴァシレンコに対して二つの選挙区で投票がなされたのだ。まったく、このいいかげんさは何なのだ？　これは実に重大ないいかげんさだ。どんな投票用紙が配られたのか、この投票用紙にどんな名があるか御覧になることとさえなさらないのだ」と皮肉を交じえて批判した（ГАРФ A: 13/4277/325-327）。

こうした様子からは、おそらくは選挙のたびに投票用紙に関する誤りが発生していたと考えてよいだろう。

四　候補者の推薦と選挙

(一)候補者の推薦と選挙

代議員の候補者は、推薦権を持つ社会団体が推薦する候補者を勤労者総会で選出し、選挙管理委員会に登録することになっていた。先に述べたように、選挙規程や選挙法には複数の候補者の登録を想定した規定が存在していたが、実際には各選挙区には一人の候補者しか登録されなかった。候補者は共産党員とは限らなかったが、非党員の場合も「共産党と非党員のブロック」の候補者と位置づけられ、「官製候補」という性格は変わらなかった。

各選挙区で候補者は一人とはいえ、地方ソヴェトの代議員だけでもソ連全体では一九五〇年代でも一五〇万人以上、一九六〇年代末以降は二〇〇万人以上の候補者を毎回の選挙で立てなければならなかった。[19] 候補者推薦の権利は共産党だけでなく労働組合、コムソモール、協同組合およびその他の社会団体、勤労集団および軍勤務員の集会にも認められていたが、共産党の一党支配である以上は共産党が責任を持ってすべての選挙区に候補者を立てなければならなかった。

そのうえソヴェトには労働者やコルホーズ員が一定の割合で代表されることが求められ、毎回の選挙では三分の一以上の代議員の更新が望ましいとされていたから、[20] 選挙のたびにすべての選挙区に候補者を推薦することは決して容易ではなかった。

しかも、候補者推薦の集会での候補者選出の過程は必ずしも形式的なものではなく、候補者に推薦された人物に対して厳しい批判がなされることもあった。候補者に選ばれるためには集会参加者の過半数の支持を得なければならなかったから、[21] 推薦するのは誰でもよかったわけではなく、この集会での選出に耐える人物でなければならなかった。

候補者について実質的な審議がなされることはソヴェト政権と共産党自身が求めていたことだった。ソ連共産党中央委員会決定「勤労者代議員ソヴェトの活動改善およびソヴェトの大衆との結びつきの強化について」［1957.1.22］では、「党組織は……選挙人集会での代議員候補者の広範な審議を組織しなければならない。……選挙管理委員会での登録の前に各代議員候補者の社会活動および生産活動をよく知り、批判的に評価する可能性を選挙人が有するようにすることが必要不可欠である」と指摘されていた（KПCC: 9/166）。

もちろんこれまでも例があったように、法令や決定で定められていたことが常に実際におこなわれていたわけではない。むしろおこなわれていなかったからこそ法令や決定が何度も出された面もあった。このため問題は、実態がどうだったかである。

候補者推薦集会について言えば、不適当と見られる人物が候補者として推薦されたため出席者から批判がなされた例、その結果として候補者に推薦された人物が辞退したり差し替えられたりした例は少なからずあった。こうした事例は問題視されたが、問題だとされたのは集会で支持を得られない人物を候補者として推薦したことであり、集会で批判が出たことではなかった。批判されたのはそのような人物を推薦した党組織などで、候補者が批判されたり、その結果として候補者の差し替えを余儀なくされたりしたこと自体は好ましい現象だと捉えられていた。

たとえば先にも見た、一九六五年二月二五日開催のロシア共和国最高会議幹部会がペンザ州と沿海クライにおける地方ソヴェト選挙の準備について審議した際に沿海クライ執行委員会議長は、スパススク・ダーリニイ市の修理工場で推薦された候補者が拒否された例に自ら言及した。当初推薦した候補者が拒否された、これに代えて現職の代議員を再び候補者とするよう推薦したところ、工場の同志たちはこの候補者を肯定的に評価したが、別の候補者を推薦するよう提案した。工場にはこれに値する人々がいるというのがその理由だった。このように説明して、沿海クライ執行委員会議長は「ここには悪いことは何もないと考えている」と述べた。

この発言だけでは、候補者選出に失敗したのを正当化しようとしている可能性も考えられるが、この発言を受けてロシア共和国最高会議幹部会議長が、レニングラードでも同様の例があったとして次のように述べていた。レーニン区で区ソヴェト議長である候補者が拒否された。工場の交代班での候補者推薦集会で、彼は粗暴な人物で人々に冷淡に接している、なんだって彼が議長で代議員なのかと指摘され、この候補者の推薦に失敗した。このため工場全体での集会が開かれ、八人が発言し、過半数は反対だった。このように紹介したうえで幹部会議長は「これは肯定的な現象だと私は考えている」と述べた（ГАРФ А: 13/1941/391）。

ロシア共和国最高会議幹部会議長がこの例をわざわざ紹介して正当化しなければならない事情は考えにくいので、推薦した候補者が拒否されることも推薦集会が機能している証として肯定的に捉えられていたと見るべきだろう。

候補者推薦集会での候補者選出に成功したにもかかわらず、登録された候補者が辞退したり、登録を取り消されたりする例もあった。[22]

一九七七年五月二八日のロシア共和国最高会議幹部会において六月におこなわれる地方ソヴェト選挙の準備について審議した際には幹部会議長が、選挙の準備と実施では毎日緊張が必要だと述べ、候補者の選出が始まっていることに言及して、緊張の足りない例として、候補者に推薦されて登録された三日後か四日後には「結婚してこの地域を去るので私の立候補を取り下げるようお願いする」との訴えを送ってくる事実を挙げ、いったいどうやって選ばれたのかと批判した（ГАРФ А: 13/4264/400-401）。

さらに幹部会議長は、前回の地方ソヴェト選挙で二三〇人の候補者の登録を取り消さなければならなかったことを指摘した。「代議員候補者として登録されたことが発表された途端に突如、こうした人々の名誉を傷つける資料を含む手紙が送られてきた」。点検によって手紙の指摘は事実だと確認された。「こうした人々を推薦することができないだけでなく、刑事責任を問うためにしかるべき機関に事を必ず引き渡す必要のある事例が五〇以上あった。……代議員候補者の選抜に特に慎重で、特に注意深い態度をとる必要がある」（ГАРФ А: 13/4264/401）。

しかし、六月の選挙が終わると同じ批判が繰り返されることになった。さきほど紹介したように、一九七七年七月一九日のロシア共和国最高会議幹部会では六月の地方ソヴェト選挙について幹部会議長が「ずぼらと紙一重のいいかげんさ」を批判していたが、その例として幹部会議長は、全部で一九七人の候補者が登録されて代議員候補者の名簿に加えられたのちに名簿から削除され、新たな候補者に代えられたことを挙げたのである。幹部会議長は、交代はいくつもの理由によっておこなわれたが、「五一人の代議員候補者は、刑事事件の着手、不道徳な行為の実行およびその他の評判を落とす出来事との関連で、そしてまた仕事での欠陥および職務上の地位の利用のかどでの就いていたポストからの解任との関連で交代させられたことを言わなければならない」と述べ、「候補者の選抜にどんな態度をとっているのかという問題が生ずる」と批判した（ГАРФ А: 13/4277/375）。

このように候補者の推薦には問題視される例もあったが、ともかくも候補者が推薦されて登録されると、定数一の選挙区に候補者一人でも無投票当選とはならず、必ず選挙がおこなわれた。

そして、選挙の際に反対票がなかったわけではないし、候補者全員が当選したわけでもなかった。当選には一九三六年憲法下では「絶対多数、すなわち有効投票の過半数」が必要とされ（一九五〇年制定のソ連最高会議選挙規程第一〇二条（Сборник: 1/147）など）、一九七七年憲法下では「選挙区の全選挙人の票の過半数」の賛成が必要と定められており（一九七八年制定のソ連最高会議選挙法第五六条第三項（Конституция: 71）など）、この当選要件を満たせない候補者がいたのである。

また、「選挙への参加者が選挙人名簿に記載された選挙人の半数に満たない場合、および選挙区に登録された候補者が一人で候補者が死亡したことによって、選挙は不成立」となることが定められ（一九七八年選挙法第五六条第五項）、「選挙区で候補者の誰も当選しなかった場合または選挙が不成立もしくは無効と認められた場合、再選挙をおこなう」とされた（同法第五九条）（Конституция: 71-72）。

連邦の最高会議の場合は各選挙区の選挙人の数が多かったため（一九三六年憲法下では連邦会議で人口三〇万人に一選挙区）、落選するほどの反対票が集まることはなかったが、反対票は常にあった。地方ソヴェトの選挙では当選要件を満たせずに落選した候補者が毎回のようにいた。具体例を見よう。

一九六九年三月にロシア共和国でおこなわれた地方ソヴェトの選挙では、選挙人名簿に記載されている選挙人の九九・九三%に当たる八三三四万二三〇九人の選挙人が選挙に参加し、共産党員と非党員のブロックの候補者に投票したのは地方ソヴェトのレベルによって選挙に参加した選挙人の九九・三一%から九九・六九%だった。地方ソヴェト全体で一〇九万二九〇〇人の代議員が選出され、一九六七年の選挙と較べると女性と労働者が増え、高等中等教育を受けた代議員が増えたと指摘された。労働者は三八・六％で、前回の選挙より五％増えた。女性は四五・六％になり、若者も増えて、三〇歳未満の代議員が二二・七％を占めた。非党員は五五・六％だった。初めて選ばれた代議員は、一九六七年の選挙では五一・九％だったのに対し五三・二％になった（ГАРФ А: 13/2884/15, 102）。

一九六九年五月七日のロシア共和国最高会議幹部会では、この一九六九年三月の地方ソヴェトの選挙結果についての審議がなされた。選挙の準備の様子は毎回の選挙のたびに審議され、補欠選挙実施の様子もソヴェトの毎年の活動状況と合わせて審議されていたが、この幹部会で報告したソヴェト活動部部長によれば、選挙結果に関する審議が幹部会でおこなわれるのはこれが初めてだった。そして、この幹部会で選挙結果を審議する理由について幹部会議長が「選挙結果を公表した際に新聞雑誌で公表することのできなかったいくつもの問題がある」からだと述べた（ГАРФ А: 13/2884/100）。

ソヴェト活動部部長は、計三〇の自治共和国、クライおよび州で点検をおこなったことを明らかにし、「選挙結果は公式情報に基づいているだけでなく、各クライと自治共和国ごとの事の状況についての幹部会機構の職員たちの多くの観察と幹部会指導部の知識に基づいている」と指摘した。そして、選挙結果について審議するのは「選挙結果を注意深く分析し、肯定的な面だけでなく、ここで犯された欠陥にも注意を向けるため、しかるべき結論を出し、将来の実際の活動で考慮するためだ」と述べた。ソヴェト活動部部長は「何よりまず代議員候補者の選抜に多くの欠陥があった」と指摘し、候補者の登録後に二六一人の候補者が交代させられたこと、その八・五％は信頼できないとわかった者だったことを紹介して、「彼らの登録後に市民から警告や当該候補者の交代を求める手紙が届き始めた。社会団体は当該候補者への異議申し立ておよび他の候補者との交代について問題を提起した」と指摘した。

次いでソヴェト活動部部長は、選挙の結果一一六人の候補者が落選させられたことを挙げ、通例、落選したのは深刻な欠陥があり、欠点を隠していた候補者だったと指摘した。さらに、「欠陥のうちに指摘すべきは……選挙の準備と実施に対する無責任な態度である」と述べ、五つの選挙区で選挙規程違反のため選挙が無効となったことも指摘した。無効となった理由は、三つの異なる選挙区の候補者三人に対して一枚の投票用紙が印刷されたり、候補者とは別人の名が投票用紙に記されたりしていたためだった（ГАРФ А: 13/2884/100-104）。

こうした欠陥は、程度の差はあっても選挙のたびに指摘されていたものであり、この時初めて生じた欠陥ではなかったが、選挙結果が初めて議題とされたことにロシア共和国最高会議幹部会指導部の苛立《いらだ》ちや欠陥克服への意志を見ることができるだろう。

しかし、これ以後も同様の欠陥は指摘され続けた。一九七七年六月一九日にロシア共和国でおこなわれた地方ソヴェトの選挙では、クライソヴェト六、州ソヴェト四九、自治州ソヴェト五、民族管区ソヴェト一〇、地区ソヴェト一六九八、市ソヴェト九八一、区ソヴェト三六〇、村ソヴェト二万二六五二、居住区ソヴェト二〇一〇の計二万七七七一ソヴェトの選挙がおこなわれ、一一万六〇二五人の代議員が選出された。内訳は男性が四九・八％、女性が五〇・二％、党員および党員候補が四二・二%、非党員五七・八%、労働者四七・三%、コルホーズ員一九・五%、三〇歳未満が三二・五%だった。四六%は前回選出のソヴェトでは代議員ではなく、前回の選挙と較べると労働者、コルホーズ員、女性および若者が増えた(ГАРФ А: 13/4277/43-44, 47)。

その一方で、五〇選挙区では候補者が絶対多数の票を獲得せず、代議員に選出されなかった。また、二八選挙区では選挙が実施されなかった。このうち一八選挙区では候補者死亡のため、九選挙区では候補者の評判を落とす事情のため、一選挙区では当該ソヴェトの領域外への候補者の転出のためだった。この他に三選挙区で選挙規程違反のため選挙が無効となった。これらの、候補者が絶対多数を取れなかった選挙区、選挙が実施されなかった選挙区および選挙が無効となった選挙区のすべてで新たな選挙がおこなわれることになった[23](ГАРФ А: 13/4277/47-48)。

(二)リコール

本書の対象時期のソ連では連邦の最高会議から村ソヴェトに至るまでのすべてのソヴェトの代議員に対するリコールの制度があった。

代議員のリコールについては一九三六年制定のソ連憲法第一四二条に定められていたものの「法律によって定められた手続きで」とされていて(Сборник: 1/23)、憲法制定後もこの手続法が制定されなかったために実際にはこの手続きに基づくリコールはおこなわれなかった。

スターリン死後、一九五六年二月の第二〇回党大会における中央委員会報告のなかで党第一書記フルシチョフは、「与えられた信頼に応えなかったソヴェトの代議員は選挙人によってリコールされ得ると憲法で定められている。この規定は選挙人の信頼に応えなかった代議員に対して常に適用されているわけではない」と指摘し、「……ソヴェトと選挙人の結びつきを強化し、憲法で定められたすべての規定を厳格に遵守しなければならない」と訴えた（XX съезд: 1/92）。リコールが適用されていなかったのは手続法が制定されていなかったためだったはずだが、何故フルシチョフがこのような言い方をしたのかはわからない。

しかしその後、一九五七年一月二二日付ソ連共産党中央委員会決定「勤労者代議員ソヴェトの活動改善およびソヴェトの大衆との結びつきの強化について」は、代議員のリコールという憲法で定められた権利が「所定の手続きの欠如故に事実上用いられていないことを考慮し、連邦構成共和国および自治共和国の最高会議幹部会は、地方ソヴェトの代議員のリコール手続きを定めた規程を近いうちに策定しなければならない」と記して（КПСС: 9/161）、手続法が制定されていないこと、そのためにリコールが事実上おこなわれていないことを認め、手続法の制定を指示した。

この党中央委員会決定は共和国と自治共和国に対して手続法制定を指示しているが、まずは一九五九年一〇月三〇日付でソ連最高会議代議員のリコール手続きに関する連邦法が制定された（Сборник: 1/352-354）。この法律の前文では、代議員をリコールする権利は「社会主義的民主主義の主要な定めの一つ」とされ、「勤労者の主権の表れ」であり、「選挙人に対する代議員の実際の責任を保障する」ものと位置づけられていた（Сборник: 1/352）。

その後、一九六一年にかけて各共和国でリコール手続法が制定されていった（稲子：83）。たとえばロシア共和国では、共和国最高会議代議員のリコール手続法が一九五九年一一月二六日付で、地方ソヴェト代議員のリコール手続法が一九六〇年一〇月二七日付で制定された（Свод: 120-124）。ロシア共和国の法律を見る限りでは、ソ連最高会議代議員、共和国最高会議代議員および地方ソヴェト代議員のリコール手続法の基本的な内容は同じで、それぞれの代議員は「選挙人の信頼に応えなかった場合または代議員の名誉ある称号にふさわしくない行為をした場合は、当該選挙区の選挙人の過半数の決定によっていつでもリコールされ得る」とされ（第一条）、リコール請求の権利は候補者推薦と同じく社会団体や勤労者の総会などに認められた（第二条）。

手続法が制定されるとリコール制度は速やかに定着し、「当該選挙区の選挙人の過半数の決定」という厳しい要件[24]を満たして代議員がリコールされる例が各地で見られるようになった。たとえば一九六八年にはソ連全体で五四一人の地方ソヴェト代議員がリコールされ、内訳は州ソヴェトで四人、地区ソヴェトで六九人、市ソヴェトで四六人、区ソヴェトで一二人、村ソヴェトで三七〇人、居住区ソヴェトで四〇人だった（Советы: 1969/5/96）。ロシア共和国では三三九人の地方ソヴェト代議員がリコールされた。内訳は、自治州の州ソヴェトで一人、地区ソヴェトで三九人、市ソヴェトで二八人、区ソヴェトで五人、村ソヴェトで二四二人、居住区ソヴェトで二四人だった（ГАРФ А: 13/2865/45）。

一九七〇年二月二四日のロシア共和国最高会議幹部会で審議された報告書は、リコールの状況について次のように記した。一九六九年に地方ソヴェトから一八五人の代議員がリコールされた。内訳は、民族管区ソヴェトで一人、地区ソヴェトで一八人、市ソヴェトで八人、区ソヴェトで二人、村ソヴェトで一四二人、居住区ソヴェトで一四人だった。リコールの原因は主として代議員にふさわしくない行為とされ、サラトフ州ではリコールされた代議員八人のうち五人は犯罪で刑事責任を問われたこと、三人は日常生活であるまじき言動をしたことが理由とされた。クラスノヤルスククライではリコールされた七人の代議員のうち四人は不道徳な振る舞い、二人は職務上の地位の濫用、一人は交通事故が理由とされた（ГАРФ А: 13/2936/28）。

一九七〇年にはソ連全体で四七六人の地方ソヴェトの代議員がリコールされた。内訳は州ソヴェトで八人、地区ソヴェトで七〇人、市ソヴェトで四三人、区ソヴェトで一三人、村ソヴェトで三〇五人、居住区ソヴェトで三七人だった（Советы: 1971/6/83）。ロシア共和国では二一八人の地方ソヴェト代議員がリコールされ、このうち四人が州ソヴェト、三〇人が地区ソヴェト、二〇人が市ソヴェトと区ソヴェト、一五人が居住区ソヴェト、一四九人が村ソヴェトの代議員だった（ГАРФ А: 13/2982/20）。

一九七二年にはソ連全体で七一八人の代議員がリコールされ、このうち州ソヴェト代議員が六人、地区ソヴェト代議員が八一人、市ソヴェト代議員が六五人、区ソヴェト代議員が一九人、村ソヴェト代議員が五〇五人、居住区ソヴェト代議員が四二人だった（Советы: 1973/5/77）。ロシア共和国では二七一人の代議員がリコールされ、その内訳はクライソヴェトで一人、自治州の州ソヴェトで一人、地区ソヴェトで二八人、市ソヴェトで二七人、村ソヴェトと居住区ソヴェトで二一四人だった（ГАРФ А: 13/3331/20）。

一九七四年にはソ連全体で六五四人の地方ソヴェト代議員がリコールされ、内訳は州ソヴェトで二人、地区ソヴェトで一〇二人、市ソヴェトで三七人、区ソヴェトで一三人、村ソヴェトで四

三六人、居住区ソヴェトで六四人だった（Советы: 1975/5/31）

このように毎年数百人の代議員がリコールされていた。下級ソヴェトの代議員に対するリコールが多くを占めていたのは、代議員の数が圧倒的に多かったためでもあるが、[25] おそらくは選挙区の選挙人がそれほど多くなかったので選挙人の過半数の賛成という成立要件を相対的には満たしやすかったためでもあるだろう。上級のソヴェトほど選挙区当たりの人口が多くなる。たとえばソ連最高会議の連邦会議の場合、一九三六年憲法では選挙区は人口三〇万人に一つと定められていたから、選挙権を持つ一八歳以上の人口はもちろんこれより少なかったとはいえ選挙区の選挙人の過半数の賛成票を集めるのは相当に難しかっただろう。

それでも一九六一年には五人、一九六二年に一人のソ連最高会議代議員がリコールされるなど（稲子：83）、ソ連最高会議の代議員がリコールされる例も見られた。

（三）補欠選挙

代議員がリコールされたり、任期満了前に代議員が辞任したりした場合は法定期間内に補欠選挙をおこなわなければならなかった。こうした補欠選挙の例は多く、実施の際の法定期間が守られない例も多かった。

一九六九年二月二〇日のロシア共和国最高会議幹部会での報告によれば、一九六八年に同共和国の地方ソヴェトの代議員全体の二・一％に当たる二万二五一九人が代議員の職を辞した。選挙規程によれば二か月以内に補欠選挙をおこなわなければならないが、一九六九年一月一日現在で一五六九の選挙区で二か月以上経っても選挙がおこなわれていなかったと指摘された（ГАРФ A: 13/2865/44-45）。

一九七〇年二月二四日のロシア共和国最高会議幹部会で審議された報告書によれば、一九六九年三月の選挙ののち地方ソヴェトの代議員全体の一・六％に当たる一万七八四七人が代議員の職を辞した。いくつかの執行委員会は定められた期間内に補欠選挙を実施せず、一九七〇年一月一日の時点で五二一の選挙区で代議員が辞任してから二か月以上経っていた。報告書は、アルタイクライ、アムール州、トムスク州およびヤクート自治共和国で補欠選挙が適切な時期におこなわれていないことは何年も指摘されているとも記していた（ГАРФ A: 13/2936/27-28）。

その翌年、一九七一年三月一五日のロシア共和国最高会議幹部会では、代議員の補欠選挙の実施における違反を昨年幹部会が再三指摘したにもかかわらず、一月一日現在でなおこの違反があったことが指摘された（ГАРФ A: 13/2982/261）。

一九七二年二月二九日のロシア共和国最高会議幹部会で審議された報告書は、一九七一年の選挙後に様々な理由で九六二三人の代議員が欠員となったことを指摘し、選挙規程では補欠選挙は欠員発生後二か月以内におこなわれなければならないと定められているが、この期間は守られておらず、一九七二年一月初めに一〇六選挙区で二か月以上経っており、自治共和国最高会議幹部会と州執行委員会はこの許しがたい事態に必要な方策をとっていないと批判した（ГАРФ A: 13/3495/15）。

注目すべきことにこの報告書では、補欠選挙の実施期間の侵犯によって選挙人がソヴェトにおける自身の代表を継続的な期間持たないことになり、これによって選挙人の権利が損なわれ、社会主義的民主主義の原則が侵されていると指摘されている（ГАРФ А: 13/3495/15）。競争選挙ではなくとも、選挙人がソヴェトに自身の代表を有することが社会主義的民主主義において重要だと考えられていたのである。

毎年のように繰り返されていた批判の成果なのかはわからないが、一九七四年三月二一日のロシア共和国最高会議幹部会が審議した報告書によれば、一九七三年の選挙後の期間に地方ソヴェトから全体の〇・七％に当たる八二三四人の代議員が抜けて補欠選挙がおこなわれることになったが、補欠選挙の実施期間違反は一九七三年には前年と較べて著しく減り、ロシア共和国全体で二か月以上選挙がおこなわれなかった選挙区は四八だったと指摘された[26]（ГАРФ А: 13/3565/23）。

それでも違反がなくなったわけではない。これは、法規の軽視であり、先の報告書の指摘からすれば社会主義的民主主義の軽視でもあると言うことができるが、現実問題としては、毎年これだけ多くの代議員が辞任して欠員が発生すると、そのすべてについて定められた期間に、定められた通りの手続きで補欠選挙をおこなうのは難しかったという面も無視してはならないだろう。

たとえば一九六三年九月にカザフ共和国最高会議幹部会が開いたクライソヴェトと州ソヴェトの執行委員会書記と組織部部長の会議では、補欠選挙をおこなう資金が足りないと指摘されていた（ГАРФ: 553/51）。

ロシア共和国で一九七五年一〇月におこなわれた地区ソヴェトの補欠選挙では、地区執行委員会が選挙区の選挙管理委員会を設けず、地区執行委員会の委員一人と職員一人に対して村ソヴェト執行委員会と協力して選挙を実施するよう委ねるという選挙実施の手続きの重大な違反をしたことが批判された（ГАРФ A: 13/4203/49）。違反をした理由は示されていないが、定められた手続き通りに補欠選挙をおこなう手間が嫌われたことは考えられるだろう。

補欠選挙に関する定めが遵守されない現状が問題視されたためか、それとも補欠選挙実施の負担に関する訴えが聞き入れられたためかは定かではないが、一九七七年憲法が制定されたのちに定められた選挙法では、補欠選挙の実施に関する定めが若干修正された。

ソ連最高会議の選挙法［1978.7.6］では、「代議員の資格が無効とされたり任期満了前に職を辞したりした場合、三か月以内に新たな選挙がおこなわれる」（第六〇条第一項）と補欠選挙実施の期間がそれまでの二か月以内から延長されたうえ、「任期満了まで一年未満で代議員が職を辞した場合は補欠選挙はおこなわれない」（同条第三項）との新たな定めが置かれた（Конституция: 72-73）。

ロシア共和国最高会議の選挙法［1978.8.8］では、補欠選挙実施の期間は二か月以内とされたが（第五七条第一項）、ソ連最高会議の選挙法に倣って「任期満了まで六か月未満で代議員が職を辞した場合は補欠選挙はおこなわれない」（同第三項）との定めが置かれた（Свод: 81）。

ロシア共和国の地方ソヴェトの選挙法［1979.8.3］では、補欠選挙の実施期間は一か月半以内とされ（第五四条第一項）、「任期満了まで四か月未満で代議員が職を辞した場合は補欠選挙はおこなわれない」（同条第六項）と定められた（Свод: 100-2 -101）。

第三節　一党制における民意

一　選挙と民意

本章第一節で述べたように、ソヴェト政権と共産党は民主主義を否定せず、それどころかソヴェト制度こそが実質的な民主主義を実現する制度であり、西側諸国の形式的民主主義よりも一層民主主義的であると主張していたから、一党支配が確立していたからといって選挙をおこなわないという選択肢はなかっただろう。

しかし、ソヴェト政権と共産党は、民主主義の体裁を取り繕うためだけに選挙をおこなっていたのではないと筆者は考えている。これまで見てきたように、選挙の準備と実施は膨大な作業だった。しかも選挙管理委員会の選出にしても候補者推薦集会の実施にしても形式的におこなうのではなく、広範な人々が参加して活発に活動に取り組むことを求めるなどソヴェト政権自身がいわばハードルを上げていた。このため選挙の準備と実施の作業はすべてつつがなく遂行されていたわけではなく、実際には選挙のたびに問題が生じていた。一党支配が確立していて、政権獲得や政権維持のために選挙に力を注がなければならない状況ではなかったにもかかわらず、何故これほどに膨大で困難な作業を選挙のたびにおこなっていたのか。多大な資源と労力を注ぎ込むだけの実質的で重要な意味が選挙には付与されていたと考えるべきではないだろうか。

では、付与されていたとすれば、それはどんな意義だったと考えることができるだろうか。

まず指摘すべきは、ソヴェト政権と共産党にとって選挙は、住民に対するサービスなどの欠陥を明らかにしてソヴェトの活動の改善を図る機会であり、また手段でもあると位置づけられていたという点である。たとえばソ連共産党中央委員会決定「勤労者代議員ソヴェトの活動改善およびソヴェトの大衆との結びつきの強化について」［1957.1.22］では「ソ連共産党中央委員会は党機関とソヴェト機関に対して、来る地方ソヴェトの選挙をソヴェトのすべての活動の活性化のために利用……することを義務づける」と定められ（КПСС: 9/164）、同決定「勤労者代議員村ソヴェトおよび居住区ソヴェトの活動改善について」［1967.3.8］では「一九六七年三月に地方ソヴェトの選挙がおこなわれる。村ソヴェトと居住区ソヴェトの活動の一層の活発化に、その活動における民主主義的原則の拡大に、広範な住民大衆との結びつきの強化にこの選挙は重要な役割を果たさなければならない」と指摘されるなど（КПСС: 11/165）、様々な決定で選挙をソヴェトの活動改善につなげることが訴えられていた。

ここで注意しなければならないのは、こうした決定で改善が求められたソヴェトの活動範囲は日本の行政の活動範囲よりはるかに広かったということである。住民の生活に関わる組織や企業の活動もまたソヴェトの管轄であり、住民が日々の生活に満足するように組織や企業の活動を監督し、指導することもソヴェトの課題の一つだった。

このため、たとえばロシア共和国中央選挙管理委員会による共和国最高会議選挙の準備に関する一九六三年二月二六日付報告書では、共和国には商業の深刻な欠陥があり、二月初めにベルゴロド州で住民および社会文化施設への石炭の供給に困難が生じ、ムルマンスクで凍ったパンが売られ、いくつもの州でランプのガラス、化粧板、筆記用紙の不足が感じられるとの指摘がなされていた（ГАРФ A: 13/1681/1-4）。

何度か見たように、一九六五年二月二五日のロシア共和国最高会議幹部会ではペンザ州と沿海クライにおける地方ソヴェト選挙の準備について審議された。その際にはペンザ州で点検をおこなった最高会議幹部部会職員が、「周知のように選挙に向けた準備は……地方ソヴェトの活動の試験でもある」と述べたうえで、ペンザ州の生活サービス企業の活動は今日の住民の要求にはなお応えていないと指摘していた（ГАРФ A: 13/1941/412）。この件での最高会議幹部会決定は、沿海クライとペンザ州の地方ソヴェトの執行委員会は文化施設、生活サービス企業、公営事業および交通の活動の深刻な欠陥を克服するために選挙キャンペーンを完全には利用していないと指摘した（Ведомости РСФСР: 1965/9/185-186）。

選挙はソヴェトの活動の試験であり、言い換えればソヴェト政権にとっての「試験」であった。この試験に合格するよう、人々が政権の活動と成果に満足している状況を作り出すことが重要であり、選挙準備の期間は同時に、人々の欲求や需要の充足への配慮を強める期間でもあった。このため選挙のたびに人々に対するサービスの状態、人々の気分についての検討がなされ、問題が指摘された場合は改善が求められた。

一九六六年五月二四日のロシア共和国最高会議幹部会ではコストロマ州とノヴォシビルスク州におけるソ連最高会議選挙の準備状況が審議され、報告したコストロマ州執行委員会議長は、今回の選挙は「良い条件でおこなわれる。労働者、そして農民も気分は良好だ」と述べて、商業は改善し、住宅建設は増え、農村の電化を終え、コルホーズ員の賃金が大幅に増えたことを挙げたうえで、「何より重要なこと」としてコルホーズが月ごとに賃金を支払っていることを指摘した[27]。そして、「連邦最高会議の選挙準備の期間に州の地方ソヴェトは住民に対する文化・生活サービスと商業サービスの問題への注意を強めた」、「選挙人の気分はしばしば生活サービスにかかっていることをわれわれは理解している。このことをわれわれは考慮している」と述べた（ГАРФ А: 13/2063/231-232）。

続いて報告したノヴォシビルスク州執行委員会議長は、ノヴォシビルスク市などでの牛乳やバターの供給が改善され、「勤労者の気分に肯定的に作用し、州に好適な状況を作り出した」と述べたが、文化・生活企業、商業企業、公共生活サービス企業の活動には依然として欠陥があり、勤労者の批判を呼んでいることも認めた。その一方で、全人民の大規模な祭典の準備として投票日の準備をおこなうと述べて、具体的には次のように述べた。役者やアマチュア劇団員の出しものが至るところに組織される。住民への商業サービスに真剣な注意を向け、人々が集まる場所に屋台や出店が追加で開かれる。投票所にはラジオが置かれ、新聞、雑誌やその他の視覚教材が供給される。一〇〇〇以上の投票所にはテレビが置かれている（ГАРФ А: 13/2063/239, 243）。

一九六七年二月二〇日のロシア共和国最高会議幹部会でオリョール州とチュメニ州におけるロ

シア共和国最高会議と地方ソヴェトの選挙の準備状況について審議された際には幹部会書記が、チュメニ州には「パンが三日間販売されなかった居住区が複数ある」、「商店にシャツがないときはまだ大目に見ることができるが、三日間パンを買うことができないときは、その責任で党から除名する必要がある。許しがたい品はあるのだ」と批判した。その後、チュメニ州で点検をおこなった最高会議幹部会職員が報告し、パンがなかったのは「偶然ではない。これは何かの事故や自然災害の結果ではない。これは、勤労者の最も切実な必要に対する地方の指導者たちの無責任な態度のせい、地方のソヴェト権力機関の意向と決定の無視のせいだ」と指摘した（ГАРФ А: 13/2146/284, 292）。

一九七三年五月二一日のロシア共和国最高会議幹部会では地方ソヴェト選挙の準備状況について審議され、イルクーツク州の様子が例として検討された。ある幹部会員からは、イルクーツク州は選挙によく備えている、四か月間の国民経済計画が達成され、労働生産性に関する計画も達成されている、労働における良い指標は当然人々の気持ちに影響し、気持ちを良くするとの指摘がなされた（ГАРФ А: 13/3538/114）。

また、各地で開かれた候補者推薦集会では日々の生活上の不満や問題点について選挙人から多くの指摘や批判がなされ、要望が述べられていた。これに加えて、選挙の投票に際して人々は要望や不満を投票用紙に書き込んだり、あらかじめ書き記した手紙やメモを投票用紙とともに投票箱に入れたりした（ГАРФ А: 13/3571/133など）。投票用紙への書き込みや投票箱に入れられた手紙やメモの内容は開票の際に記録され、各地の選挙管理委員会と党機関を通じてソ連共産党中央委員会まで報告されていた。そして、政権側がこうした書き込みの内容を把握していたことも報じられていた。[28]このため人々は、自分たちの不満や要望を政権に伝える回路と考えて投票箱に「手紙」を投じていたことだろう。

こうした点を踏まえれば、人々の選挙への参加をすべて動員によるものと捉えるのは適切ではない。政権側は、選挙という「試験」に合格するために、そして人々が政権の活動に満足している状況を作り出すために選挙キャンペーンにおいて人々の欲求や需要の充足への配慮を強めていた。その一方で人々の側も、自分たちの不満を解消し要望を実現するための機会や回路として選挙を積極的に利用していた。これは選挙の本来の役割ではないと言うこともできるかもしれないが、ソ連の選挙がこうした役割を果たしていたのは事実である。この意味においてソ連の選挙は、政権が民意を汲みとり、人々が政権に要望を伝える機能、政権と人々を結びつける機能を果たしていたのであり、見せかけだけの無意味なものではなかった。

二　全人民討議

(一)全人民討議

民意を汲みとるためにソヴェト政権と共産党が大々的におこなった方策の一つに全人民討議がある（全人民討論との訳も見られる）。これは、重要な政策や法案について職場や居住地域の単位、市や地区の単位など様々な規模の集会で審議したり、新聞雑誌上で討論が組織されたりするもので、スターリン期にも見られたが（たとえば一九三六年のソ連憲法制定の際におこなわれた）、一九五〇年代後半から頻繁におこなわれるようになった。

たとえば一九五九年の第二一回党大会での採択が予定された七か年計画の目標数字をめぐる全人民討議に際しては、工場、コルホーズ、ソフホーズ、教育施設などで九六万八〇〇〇以上の集会がおこなわれ、七〇〇〇万人以上が参加し、四六七万二〇〇〇人が意見や提案を述べたとされる。新聞雑誌の編集部、党機関やソヴェト機関へは六五万通以上の手紙が寄せられ、そのうち三〇万通以上が新聞雑誌で公表された（XXI съезд: 1/21-22）。

一九六一年の夏から秋にかけては党の新綱領制定に先立って全人民討議がおこなわれた。すべての初級党組織の党員集会から共和国共産党の党大会に至るまでの党の集会が開かれ、九〇〇万人を超える党員が参加した。企業、コルホーズ、施設、労働組合、コムソモールなどでも勤労者による五〇〇万以上の集会が開かれて、約七三〇〇万人が参加した。こうした集会では四六〇万人以上が発言した。党機関、新聞雑誌の編集部、ラジオ局とテレビ局には三〇万通以上の手紙などが寄せられた（XXII съезд: 1/237）。

しかし、全人民討議の法的な位置づけは明確ではなかった。このため一九七六年二月の第二五回党大会での中央委員会報告において党書記長ブレジネフは、新しいソ連憲法案の準備作業に言及して「社会主義的民主主義の一層の強化と発展が新憲法案の主要な特徴の一つとなる」と述べ、「全連邦的法律の案を全人民の討議にもっと回すことが想定されている。これは今日も実際におこなわれているが、法制化されていない」と指摘していた（XXV съезд: 1/112）。

一九七七年五月二四日のソ連共産党中央委員会総会に新憲法案が諮《はか》られ、報告したブレジネフは、新憲法案を全人民討議にかけるよう提案した。その際の課題としてブレジネフは、「憲法案の最大限に広範で自由で真に実務的な討議を保障すること、この事業に大勢の勤労者、住民のあらゆる層の代表を引き入れること」を挙げ、あらゆる経路での勤労者の意見や提案を受けとめる機構を作ることも必要だと述べた（Брежнев: 387-388）。

この際ブレジネフは、憲法草案の全人民討議では党機構、ソヴェト機構および経済機構の活動も勤労者の関心の的になるだろうと述べ、「批判と提案には能率的かつ具体的に対応し、必要なところでは業務状況改善のための措置がとられなければならない」と指摘した。そして、「全人民討議は国の社会生活全体の一層の活発化に役立つ。全人民討議は人民に新しい創造力を呼び起こし……委ねられた仕事に対する各人の責任感を高めるに違いない」と述べていた（Брежнев: 388）。憲法案に関する全人民討議ではあるが、憲法案をより良いものとする目的とは別に、全人民討議をおこなうこと自体に意味があると考えられていたのである。

この党中央委員会総会ののち新憲法案は全人民討議にかけられた。一九七七年一〇月四日のソ連最高会議でのブレジネフの報告によれば、討議はほぼ四か月続けられ、ソ連の成年人口の五分の四以上に当たる一億四〇〇〇万人以上が参加した。企業やコルホーズや軍の部隊や居住地で開かれた約一五〇万の勤労者集会で憲法案が討議され、労働組合、コムソモール、協同組合および創作家の団体の総会、活動家会議、集会でも憲法案が討議された。公開の党員集会も四五万回以上開かれて、三〇〇万を超える人々が発言した。村ソヴェトから連邦構成共和国最高会議までのすべてのソヴェトでも憲法案が審議され、二〇〇万人を超える代議員が審議に参加した。手紙が限りない流れとなって殺到した。このように全人民討議の様子を紹介してブレジネフは、「まさしく全ソヴェト人民が自分の国の基本法の真の創造者となったとわれわれは自信と誇りを持って言うことができる」と述べた（Брежнев: 518-519）。

ブレジネフによれば、全人民討議では約四〇万の提案が出され、草案を作成した憲法委員会はこれを検討した結果、一一〇の条文に変更を加え、新しい条文を一つ追加して計約一五〇の修正をおこなうことを勧告した（Брежнев: 519）。

こうした修正について本章の内容に関わる具体例を二つだけ紹介しよう。ソ連最高会議代議員の被選挙資格年齢とソヴェトへの重複選出の制限についてである。

一九七七年五月二四日の党中央委員会総会での演説でブレジネフは、現行憲法ではソ連最高会議の被選挙権は二三歳、共和国の最高会議の被選挙権は二一歳だが、憲法案では「この可能性を一八歳以上のすべてのソヴェト市民に与えることが提案されている。これはわれわれの社会の青年に対する配慮と信頼の実際の現れである」と述べていた（Брежнев: 379）。

ところが、全人民討議を経た一九七七年一〇月四日のソ連最高会議ではブレジネフは、全人民討議が進むなかで何歳からソヴェトへの被選挙権を持つべきかをめぐって活発な討論が起こったことに言及し、一八歳以上のすべての市民はあらゆるソヴェトへの被選挙権を持つと謳った草案の条文は広範な支持を受けたが、「この年齢を二一歳、二三歳、さらには三〇歳と定めるとの提案もあった」と認めた。そして、ソ連最高会議を除くすべてのソヴェトの被選挙権年齢を一八歳と定めることができるだろうとしつつ、ソ連最高会議は全国家的性格の最も責任ある決定を採択するので被選挙権は二一歳以上の市民に与えることができるだろうと述べて、案を修正することを認めたのである（Брежнев: 522）。

ブレジネフは、人々から多くの提案がなされた箇所を紹介するなかで、「わが国の生活の民主主義的原則の一層の発展についての勤労者の一連の道理に適った正しい他の提案を考慮することも念頭に置かれている」とし、多くの人々が提案したように、市民は原則として三つ以上のソヴェトに同時に選出されてはならないことを書き入れるべきと思われる、「これはわが国の国家機関に新鮮な力を注ぎこみ、国家の事業の管理に参加する人々の範囲を広げることを助ける」とも指摘した（Брежнев: 522）。

このようにそれ自体が全人民討議を経て、その結果として一定の修正を加えられて制定された一九七七年ソ連憲法によって、全人民討議に初めて法的な位置づけが与えられた。

まず第五条で、国家生活の最も重要な問題は全人民討議にかけられ、全人民投票（レファレンダム）にも付されると定められた。また、第一〇八条第四項は、ソ連の法律はソ連最高会議によって、またはソ連最高会議の決定で実施される全人民投票（レファレンダム）によって採択されると定め、全人民投票が立法手続きのなかに明確に位置づけられた。第一三七条第四項で共和国の法律についても同じ規定が置かれた（Конституция: 7, 23, 28）。

ソ連最高会議の連邦会議と民族会議が対立した場合の解決方法についても一九三六年憲法の規定が修正されて、全人民投票が盛り込まれた。

一九三六年憲法第四七条では、連邦会議と民族会議の意見が一致しない場合、まず両会議の協議委員会で検討し、一致した決議の得られなかったとき、または委員会の決議が一方の会議の同意を得られなかったときは両会議で再審議し、それでも両会議の一致した決議が得られない場合は、ソ連最高会議を解散して選挙をおこなうとされていた（Сборник: 1/9）。

これに対し一九七七年憲法第一一五条では、連邦会議と民族会議の意見が一致しない場合、両会議の協議委員会の解決に移され、そののち両会議の合同会議で改めて審議され、この場合も合意が得られないときは、問題はソ連最高会議の次の定例会の審議にかけられるか、または全人民投票（レファレンダム）に移されると定められた（Конституция: 24）。

全人民討議と全人民投票の関係は明確には示されていないが、一九六一年の第二二回党大会で採択された綱領には「国家的または地方的な意義を有する法律およびその他の決定の草案の勤労者による討議が制度化されなければならない。最も重要な法案は全人民投票（レファレンダム）にかけるべきである」と謳われているので（XXII съезд: 3/306）、全人民討議と全人民投票は一対のものと考えられていたのだろう。

そして、一九七七年憲法がこのような全人民討議と全人民投票の規定を設けたことは、人民が自ら承認しなかった法律はすべて無効であり、法律たり得ないとのルソーの主張を持ち出すまでもなく、少なくとも形式的には、第二五回党大会でブレジネフが述べていた「社会主義的民主主義の一層の強化と発展」につながるものと言えるだろう。

(二)全人民討議の組織活動

大規模におこなわれた全人民討議はもちろん自然発生的なものではなく、ソヴェト政権と党によって準備され、組織されたものだった。今見たように一九七七年には新しいソ連憲法の案をめぐってソ連全体で全人民討議がおこなわれたが、ロシア共和国では一九七八年になると今度は新しいソ連憲法に基づく新しいロシア共和国憲法の案に関する全人民討議がおこなわれた。ロシア共和国におけるこの二つの全人民討議を例にとって、全人民討議の組織活動の様子を確認しよう。

一九七七年の全人民討議については、同年七月一九日のロシア共和国最高会議幹部会において「ソ連憲法案の全人民討議の組織に関するハバロフスククライとトゥーラ州の地方ソヴェトの活動について」との議題で審議がなされた。まず、事前におこなわれた現地での点検の報告書と決定案から全人民討議の組織活動の大まかな様子を見ておこう。

ハバロフスククライでおこなわれた点検の報告書には次のように記されている。

一九七七年六月一九日には地方ソヴェトの選挙がおこなわれたため、選挙が告示されてからは選挙の準備と結びつけられながら全人民討議が進められた。この流れで、新たに選出されたソヴェトの定例会での憲法案の審議もなされた。ハバロフスククライの地方ソヴェトの定例会には代議員全体の九三・五%に当たる一万一三六四人が出席し、憲法案の審議では一七九六人(一五・八%)の代議員が発言した(ГАРФ A: 13/4277/32)。

企業、コルホーズ、ソフホーズ、組織、施設および教育施設ならびに市民の居住地ごとの集会の開催のため執行委員会によって著しい活動がなされている。ハバロフスククライのすべての地区と市で集会開催の予定表が作成され、報告者が決められ、勤労者の提案と指摘を登録し概括する委員会が設けられた。ハバロフスククライでは三七〇〇〇を超える集会に二八万人以上が出席し、一万六〇〇〇人が発言して、一万八〇〇〇を超える提案と指摘がなされた（ГАРФ А: 13/4277/33）。

しかしいくつかの定例会では憲法案の審議に際してしかるべき準備がなされず、代議員の活発さが不十分だった。ある定例会では憲法案に関する報告の審議に二人しか参加しなかった。勤労者や住民の集会の準備が遅れている執行委員会もあり、七月一〇日の時点で一つの集会も開かれていない地区が複数あった。集会がおこなわれても、準備が不十分で、報告がなされず、憲法案を読み上げるだけの集会があった（ГАРФ А: 13/4277/35-36）。

一方トゥーラ州でおこなわれた点検の報告書には次のように記されている。

新たに選出された四五四の地方ソヴェトすべてで六月末から七月の初めにかけて定例会が開かれ、憲法案についての審議がなされた。定例会には代議員全体の九二・七％に当たる一万六五四三人が出席し、一二三八五人の代議員が発言して二五六〇の提案や指摘をおこなった（ГАРФ А: 13/4277/38）。

勤労者の集会の開催が続いており、七〇〇〇の集会に七四万人以上が出席、二万一〇〇〇人が発言して、二万二〇〇〇の提案と指摘がなされた（ГАРФ А: 13/4277/39）。

しかし勤労者の集会などが十分な準備なしに、出席率が低く、参加者の活発さが乏しいままおこなわれた例もあった。あるレンガ工場の集会では一人も発言しなかった。ある村の住民総会には六五〇人の住民のうち一二五人しか出席せず、発言したのは一人だけだった。集会の議事録が作成されず、出された提案の分析ができない例もあり、ある地区では五〇以上の集会が開かれたのに、そこで述べられた提案と指摘に関する資料を地区執行委員会はまったく持っていなかった（ГАРФ А: 13/4277/41-42）。

こうした点検結果に基づいて準備された最高会議幹部会決定の案ではまず「クライソヴェトと州ソヴェトから村ソヴェトと居住区ソヴェトまでの執行委員会が党機関の指導の下に全人民討議組織のための活動を展開し、明確な目的を持って進めており、憲法案の広範で自由な審議を保障するため組織活動のあらゆる形態が利用されていた」との評価が示された（ГАРФ А: 13/4277/25）。

しかしその一方で、いくつものソヴェトの執行委員会において勤労集団の集会で表明された提案と指摘の適切な登録がなされていないこと、執行委員会に設立されたグループと委員会は、憲法案に関する提案と指摘を常にてきぱきと概括しているわけではなく、この問題について上級機関に適切な時期に知らせてはいないこと、勤労者と住民の間での説明活動に参加していない文化施設があり、こうした施設では憲法案についての講演やレクチャーなどがおこなわれていないこと、執行委員会とその部局は、ソヴェト機関と経済機関の活動に現存する欠陥の除去に向けた批判的な指摘と提案の実現に緩慢な態度をとっていることなどの欠陥も指摘された（ГАРФ А: 13/4277/30）。

これらの報告書と決定の案に基づいて一九七七年七月一九日のロシア共和国最高会議幹部会で審議がおこなわれた。まず、ハバロフスククライとトゥーラ州の執行委員会議長が、次いで現地で点検をおこなった幹部会職員が報告した。報告書と決定案に記されている情報は省略し、補足となる発言だけ紹介しよう。

ハバロフスククライ執行委員会議長は、クライの地方ソヴェトの執行委員会は「事実上すべての成年人口にまで至るように」憲法案の審議を組織し、選挙区ごとにこの活動に代議員を引き入れ、勤労者の提案を概括していると述べ、「具体的な経済、社会・文化およびその他の問題に関する」勤労者の提案と指摘を遅滞なく検討する委員会がクライのすべての地方ソヴェトの執行委員会に設立されていることも報告した（ГАРФ А: 13/4277/353）。

ハバロフスククライで点検をおこなった幹部会職員は、いくつもの地区で「代議員の日」（一三九頁参照）がおこなわれて、憲法案を住民に行き渡らせるための組織活動への代議員の参加に関わる課題が審議されたことを指摘したが、すべての執行委員会が勤労者や住民の集会に注意を払っているわけではなく、「必要不可欠な準備なしに、勤労者の生活との、勤労者の直面する課題との十分な結びつきなしに」集会が開かれているとも指摘し、「いくつかの地区では集会で憲法案への同意の他にはいかなる提案もなされなかったのはおそらく偶然ではない」と述べた（ГАРФ А: 13/4277/356-357）。

トゥーラ州執行委員会議長は、同州の成年人口の七〇％に当たる八〇万人以上が憲法案の審議に参加したこと、州執行委員会のすべての部局、地区、市、村ソヴェトおよび居住区のソヴェトの執行委員会、多くの企業、施設、コルホーズおよびソフホーズで憲法案の原則的で実務的な審議を保障する方策が策定され、実行されていること、憲法案の審議の過程と、勤労者の述べた提案や指摘の内容について概括した資料が州執行委員会に設けられたグループに一〇日ごとに届けられていること、憲法案の全人民討議の過程で届いた提案、苦情および訴えの速やかな検討のためにとられた方策についての情報を毎月一日までにこのグループに示すよう地区執行委員会、市執行委員会および州執行委員会の部局に依頼したことも紹介した（ГАРФ A: 13/4277/359-360）。

トゥーラ州執行委員会議長の報告が終わると、最高会議幹部会議長が「あなたの州では、この、わが党、国全体が最も大きな注意を向けている実に重要な問題に対するあなた方の上級の環からのしかるべき対応がないという現象が少なからずあるとの印象を抱いた」と切り出した。「州執行委員会は活動を見守り、導き、犯された誤りを見つけ、これを正さなければならない」と幹部会議長は述べて、報告書で指摘されたレンガ工場の例に言及した。「あそこでは憲法案に関する集会が開かれたが、一つの発言もなく、一本の報告があっただけだ。これが新しいソ連憲法の案の全人民討議だったとあなたは考えているのか」と幹部会議長は詰問した。そのうえで幹部会議長は、トゥーラ州について質問したが、「この現象は他のいくつかの州にもある」とも述べた（ГАРФ A: 13/4277/366）。

幹部会議長はトゥーラ州についての批判に戻り、「報告が聞かれる。ちなみに短い報告の場合もある。質問さえ、何もない。報告者への質問さえもだ。……報告が聞かれて、それで終わりだ。一つの質問も、一つの指摘もない。こうした状況をあなたはどう考えるのか」、何故必要な方策をとって状況を改めないのかと指摘した（ГАРФ A: 13/4277/367）。

そして、幹部会議長はトゥーラ州で点検をおこなった職員を報告者に指名した。この職員は、「ソ連憲法案の全人民討議の組織に関するトゥーラ州の地方ソヴェトの活動を総じて肯定的に評価するが、それでも存在する欠陥も指摘しなければならない」と述べて、いくつかの部局、企業、組織および施設はただ集会を開いているだけで、提案や批判的な指摘の分析は十分におこなわれていない、工業企業や農業企業の活動の欠陥克服に向けた速やかな方策がとられていないと批判した。集会の形式的な開催、「……具体的な経済および社会・文化の問題に関する勤労者の提案と批判的な指摘へのいいかげんな態度」がなおも存在しているというのである（ГАРФ А: 13/4277/369）。

この報告のあと、幹部会副議長の発言を挟んで幹部会議長が再び発言し、レンガ工場の例のような「いまいましい不可解なこと」が他にもあることに言及して、「何によってこれが説明されるのか言うことさえ難しい」と述べた。幹部会議長は、これも報告書で指摘された、六五〇人の住人のうち一二五人しか集会に参加しなかった例についても「この現象は何によって説明することができるのか」と述べ、数百人いる勤労集団での集会に一五〜二〇％しか出席しないことも「この現象はいかに説明することができるのか」と批判して、「それとも、勤労者の集会でただ一本の報告だけが読み上げられ、人々はこれを聞いて解散したような現象に甘んずるなどということができるのか」と問い質した。そして幹部会議長は、こうした現象は例外ではなく、「いくつもの州、クライおよび自治共和国にある」と指摘した（ГАРФ А: 13/4277/371-372）。

このロシア共和国最高会議幹部会議長の再三の批判に示されているように、全人民討議は形式的におこなえばよいというものではなく、文字通り全人民が討議に参加し、自分たちの問題として検討し、有益な意見や提案をおこなうこと、そのような全人民討議を実現することが求められていた。先に見たように、新しいソ連憲法案に関する全人民討議後の一九七七年一〇月四日のソ連最高会議でブレジネフは「全ソヴェト人民が自分の国の基本法の真の創造者となった」と述べていた。ロシア共和国最高会議幹部会議長の批判を見れば、これが実態に即していたとは言えないが、そうなるように全人民討議はおこなわれるべきだと考えられていたとは言えるだろう。

こうした政権側の態度は、選挙の際に述べた民意に対する態度に通ずるものがある。ソヴェト政権と共産党は、全人民討議を通じて民意を汲みとることを目指していたのである。

もちろん、そのような態度をとっていると人々に示すことでソヴェト政権や共産党による一党支配を正当化しようという意図があったと言うこともできるが、そうだとしても、政権側が民意を汲みとろうとしていたこととは矛盾しない。むしろ、支配を正当化しようという意図があったからこそ、ソヴェト政権と共産党は真剣に民意を反映しようと取り組み、民意を汲みとっていると人々に感じさせようとしていたとも言えるだろう。

この点との関連で、全人民討議をめぐるロシア共和国最高会議幹部会での審議についてもう一点確認しておくべきは、憲法案とは直接の関係のない、経済活動や社会・文化活動における具体的な問題への対応が求められていたということである。

先ほど紹介したようにロシア共和国最高会議幹部会での審議でもこの点が批判されていたし、この議題の最高会議幹部会決定の案でも、自治共和国の最高会議幹部会および閣僚会議ならびにクライソヴェトおよび州ソヴェトの執行委員会が「憲法案の全人民討議の過程で出された、経済建設および社会・文化建設の具体的な問題に関する市民の提案、訴えおよび苦情を適切な時に検討すること、ソヴェト機関と経済機関の活動における欠陥克服のため手際の良い方策をとる」ことが定められていた（ГАРФ А: 13/4277/30）。

これはたまたま問題とされたのではない。先に見たように一九七七年五月二四日のソ連共産党中央委員会総会に新憲法案を諮《はか》った際にブレジネフは、全人民討議では党機構、ソヴェト機構および経済機構の活動も勤労者の関心の的になるだろう、「批判と提案には能率的かつ具体的に対応し、必要なところでは業務状況改善のための措置がとられなければならない」と指摘していた（Брежнев: 388）。憲法案に関する全人民討議ではあっても人々は日常的に感じている様々な不満を表明し、批判し、改善のための提案をおこなうだろうということが想定され、これに応えるべきだと考えられていたのである。

一九七八年三月一四日のロシア共和国最高会議幹部会では、一九七七年制定のソ連憲法に基づいた新たなロシア共和国憲法の案について審議し、これを全人民討議に諮ること、そのため一九七八年三月一五日に憲法案を中央と地方の各紙で公表することを決めた。これと同時にロシア共和国最高会議幹部会は、「公布対象とせず」と記した決定「ロシア共和国の新憲法（基本法）の案の審議過程で届く提案と指摘の登録と概括に関する活動の組織について」も採択した（ГАРФ А: 13/4336/3, 11, 13）。

この決定で定められた登録と概括の手順については、ロシア共和国最高会議幹部会議長が「ロシア共和国憲法の案についての提案を概括する手順はソ連憲法の案の審議の際と同じままである」と述べており（ГАРФ А: 13/4336/302）、一九七七年のソ連憲法に関する全人民討議の際もこの手順で進められたと考えることができる。

では、どのような手順が定められたのか。この決定はまず、自治共和国の最高会議幹部会および閣僚会議ならびに地方ソヴェトの執行委員会が「勤労集団の集会、居住地での市民の集会、新聞雑誌、ラジオ、テレビでのロシア共和国憲法案の全面的で実務的な審議を組織するための方策をとる」こと、審議の過程で出された憲法案に関する提案と指摘を登録し概括することを求めた。

次いでこの決定は、憲法案の審議過程および憲法案への提案と指摘の内容を概括した情報が最高会議の憲法案準備委員会に送られることを定めた。その送り手としては、第一に、自治共和国の最高会議幹部会および閣僚会議ならびにクライソヴェト、州ソヴェト、モスクワ市ソヴェトおよびレニングラード市ソヴェトの執行委員会が挙げられ、これらによって、企業、ソフホーズ、コルホーズ、組織、施設および教育機関ごとの勤労集団の集会ならびに居住地ごとの市民集会で出された提案と指摘、共和国および地方のソヴェト機関に届いた市民の手紙にあった提案と指摘、そして共和国と地方の新聞雑誌、ラジオおよびテレビの機関に届いた市民の手紙ならびに新聞雑誌、ラジオおよびテレビでの市民の発言にあった提案と指摘についての情報が送られるべきことを定めた。第二に、ソ連内務省および国家保安委員会（КГБ）によって、軍区での軍勤務員集会で出された提案と指摘についての情報が送られることが定められた。第三に、新聞雑誌、ラジオおよびテレビの機関によって、これらの機関に届いた市民の手紙ならびに新聞雑誌、ラジオおよびテレビでの市民の発言にあった提案と指摘についての情報が送られることが定められた。そして、これらの情報は、所定の書式で七日に一度、憲法案準備委員会へと送られると定められた

（ГАРФ А: 13/4336/13-14）。

こうして始められることになったロシア共和国の新憲法案に関する全人民討議の様子については、一九七八年四月七日のロシア共和国最高会議幹部会において憲法案準備委員会議長が次のように報告した。

三月一四日の最高会議幹部会で全人民討議に諮ることが決定され、憲法案は中央と地方の各紙においてロシア共和国の諸民族の二九の言語で総計四〇〇〇万部に公表された。憲法案の説明と宣伝にはテレビとラジオも加わった。企業、施設や組織の勤労集団の集会において、コルホーズ、軍区、教育施設において、居住地ごとの集会において、案が公表された初日から積極的に審議された。四月五日の情報では三〇万を超える集会がおこなわれ、二五〇〇万人を超える市民が参加し、約一二〇万人が発言した。憲法案準備委員会、国家機関、社会団体、新聞の編集部には一万六〇〇〇通の手紙が届いた。全人民討議では多くの提案や修正意見が出され、憲法案準備委員会には九五〇〇通の提案、修正および補足が届いた。全人民討議で出された意見を考慮して、草案には三二か条に四六の修正がなされ、一か条が新たに加えられた（ГАРФ А: 13/4346/20, 22, 25）。

こうした報告に続けて憲法案準備委員会議長は「委員会に届いた提案の多くは憲法の内容に直接の関係を持っていない」と指摘し、こうした手紙はいくつかの種類に分けられることを説明しつつ、「具体的な企業、施設、組織および公務員に宛てた批判的な指摘を含んだ手紙も少なからず届いた」こと、こうした批判は多くの集会でもなされたことを明らかにした。こうした指摘の内容は速やかに関係省庁や地方ソヴェトの執行委員会へと伝えられ、欠陥克服のための緊急対応をとるよう提案されたことも明らかにし、「その遂行に対してはもちろん今後も監督をおこなうことが不可欠だ」、「正しい批判的な指摘および賢明な提案の一つたりとも注意と支持のないままにしないようにすることが実に重要だ」と述べた（ГАРФ А: 13/4346/25-27）。

ロシア共和国最高会議幹部会における憲法案準備委員会議長としての報告のなかでの発言であることに加え、憲法案準備委員会議長ソロメンツェフはロシア共和国首相であり、ソ連共産党中央委員会政治局員候補でもあることを考えれば、この発言は公式の路線に沿った指示だったと考えてよいだろう。

憲法案準備委員会議長の報告のあとの審議のなかでマリ自治共和国での全人民討議の様子を報告した幹部会員は、勤労集団での集会や居住地ごとの集会、地方ソヴェトの定例会において具体的な経済上、社会・生活上およびその他の問題とソヴェトの活動の改善に関する提案や指摘が五六九あったことを紹介し、そのすべてが閣僚会議によって概括され、その実現のための方策が現在とられていると述べた（ГАРФ А: 13/4346/30）。

チェチェン・イングーシ自治共和国での全人民討議の様子を紹介した幹部会員も、「チェチェン・イングーシ自治共和国の共和国と地方のソヴェト機関と経済機関に宛てた多くの批判的指摘を勤労者が述べた」ことを明らかにし、そうした指摘は「これらの機関の活動における欠陥の克服ならびに工業企業、建設現場、コルホーズ、ソフホーズ、商業企業、公営事業企業および住民への生活サービス企業の活動の改善に向けられた」ものだったと指摘した（ГАРФ А: 13/4346/33）。

これまで紹介してきたロシア共和国最高会議幹部会における一九七七年と一九七八年の全人民

討議に関する報告や発言からわかるように、全人民討議は組織されたものであり、組織する側の準備が不十分な場合は集会はまさに形式だけのものとなり、実質的な審議はなされなかった。

しかし、これほど大規模におこなわれた全人民討議のすべてが動員によるもの、人々は自発的に参加したのではなく動員されただけであり、送られた多くの手紙は書かされたものだったと考えるのは適切ではない。紹介したように、「憲法の内容と直接の関係を持っていない」多くの提案がなされていたこと、ソヴェト機関や経済機関や個々の企業などに対する具体的な批判が多く出されていたことは、人々が自分の意見や要望や不満を述べようとして全人民討議に参加したことを示している。選挙の場合と同様に、人々は自分の要望や不満を政権に伝える機会や回路として全人民討議を利用していたと言えよう。

一方、一九七七年憲法の全人民討議のところで指摘したように、政権の側も憲法案に関する全人民討議において憲法とは関係ない具体的な提案や批判が出ることを想定していたのであり、こうした提案や批判に対応することを予定していた。そして、対応に不備があったことも指摘されてはいたが、実際に対応していた。政権の側も、全人民討議をその主題を超えてより広く民意を汲みとる機会と位置づけていたのである。

三　民意と政策

政策が民意に基づいていることは民主主義ならば当然だと考えられることだろう。とはいえ、民意に基づいて政策がおこなわれることが常に肯定的に捉えられるべきなのかは、民主主義というものを考えるうえで重要な論点なのではないだろうか。

本書の対象時期でもソ連ではしばしば抑圧的な政策がとられたが、注目すべきは抑圧的な政策にも国民の間には一定の理解と支持が存在していたということである。反「寄生者」政策や、勤労収入によらない私有住宅の没収に対してさえも国民の支持は存在した。こうした支持は一九七七年憲法の全人民討議でも多数表明されていた（ГАРФ А: 13/4277/27）。

ソ連ではこのような民意に基づき、手続的民主主義を満たして合法的に抑圧的な政策がとられる例が見られた。この場合、民主主義の観点から抑圧的政策が正当化されることになるのか、それとも抑圧的政策がとられたことをもって非民主主義的と捉えられることになるのかは論点となり得るのではないか。

ちなみに、抑圧的な決定がなされても、それが常に速やかに実行されていたわけではなかったということにも注意する必要がある。たとえば勤労収入によらない私有住宅の没収はなかなか進まなかった。人々が反発したためではない。むしろ多くの勤労者はこの決定を支持しているとされていた。そして実際に、複数の住宅やアパートの居室を持っている人々の存在を指摘し、彼らから余分な住居を没収するように求める手紙が地域の住民から多く寄せられていた。それにもかかわらず、各地の地方ソヴェトの執行委員会とこの活動のために設けられた委員会が適切に対応しなかったため、没収はなかなか進まなかったのである（ГАРФ А: 13/1831/4, 384, 386, 387）。

社会主義的適法性の遵守が強調されていたにもかかわらず、憲法をはじめとする法令が遵守されなかった様子を何度か見てきたが、これと同様に様々な規制や抑圧的な決定もまたすべてが遂行されていたわけではなく、「紙の上」にとどまっていた面もあった。こうした状況はもちろん問題視された。たとえば勤労収入によらない私有住宅の没収活動が上記のような状況にあったことに対しては、党や政府の指導者は、人々は決定を支持しているのであり、決定を紙の上のものにしてはならない、決定は無意味なものと人々に感じさせてはならないという危機意識を表明していた（ГАРФ А: 13/1831/392）。

党と政権は「人々が求め、支持している」との認識から政策を示し、人々はそれに賛同するとともにその徹底を求め、党と政権はこれを受けて政策の一層の遂行に努めてゆくという形で「民意に基づいて」抑圧的な政策の「拡大再生産」がなされていた面もあったのである。

もちろんこれは政策に反対する人々がいなかったという意味ではない。「人民の要望」や「人民の支持」には党と政権によって方向づけられたものもあったこと、党の路線に沿う人々の要望や支持だからこそ党と政権はそれに応えようとしたことも意識しなければならない。党の路線に沿わない人々の要望がかなえられることはなかった。

しかし、実質的な複数政党制と競争選挙が存在する国家においても、人々の要望が政党や政権によって取捨選択される面、政権や政権党の路線に合致する人々の要望はかなえられ、路線と合わない要望はかなえられない面はある。そうである以上、ソ連共産党とソヴェト政権の民意に対する態度がそれとどう違うのかは必ずしも自明ではないのではないか。

一九八五年三月一一日に党中央委員会総会で書記長に選出された際の演説でゴルバチョフは、

「すべては人間のため、人間の幸福のためという綱領的な定式は一層深い具体的な内容で満たされなければならない」、「内政の根本的な課題の一つとして党は民主主義の一層の改善と発展、人民の社会主義的自主管理のあらゆるシステムの一層の改善と発展を検討している」と述べ、一例としてソヴェトの役割の一層の向上を挙げた。ゴルバチョフはまた、「社会主義的民主主義の深化は社会意識の向上と不可分に結びついている」とも述べ、党やソヴェトの活動におけるグラスノスチ(一一八頁参照)の一層の拡大について述べた(Горбачев: 130)。

このゴルバチョフの発言にも見られるように、ソヴェト政権と共産党は自己認識としては民主主義を実現しようとしていたのであり、現状では民主主義はなお不十分であり、改善が必要であることも常に意識していた。

ただ、ゴルバチョフにとっても共産党の一党制維持は当然の前提だったように、ソヴェト政権と共産党の掲げた民主主義は、前衛であり中核である共産党の指導を前提とした「一党制民主主義」であり、「西側のブルジョア民主主義」とされた自由主義的民主主義とは異なるものだったのである。

第二章

政権と国民の「対話」

第一節　執行委員会と選挙人の「対話」

一　ソヴェトと執行委員会

地方ソヴェトは、日本で言えば地方公共団体の議会に当たるが、地方自治の機関ではなく当該領域における国家権力機関と位置づけられていた。ソヴェトは代議員のなかから執行委員会の委員を選出し、この執行委員会にソヴェトの決定の執行と行政業務を委ねるのが原則だった。

執行委員会では議長が互選され、この執行委員会議長が当該行政区画の首長に当たるが、執行委員会は合議体であり集団的意思決定機関であることが強調された。通例、執行委員会は議長、副議長、書記および複数の委員で構成され、時期によって異なるが、村ソヴェトと居住区ソヴェトでは計五〜七人、地区ソヴェトでは計七〜一一人、地区管轄または州管轄の市のソヴェトでは計九人から一五〜一七人まで、共和国管轄の市のソヴェトでは計二五人まで、州とクライのソヴェトでは計一一〜二五人などとされていた。執行委員会の下に行政を担う部局が置かれるが、村ソヴェトと居住区ソヴェトの執行委員会には部局はなく、会計係と事務員が置かれる程度だった（Барабашев: 233-234）。

ソヴェトの代議員も執行委員会の委員に選ばれた者も、原則としてその職の専従ではなく他に本務を持っていた。ソヴェトの代議員は生産活動から離れることなく代議員の職責を果たすというソヴェト制度発足以来の考え方が受け継がれていたためである。

これと関連して、生産に直接携わる労働者やコルホーズ員の代表をソヴェトと執行委員会に選出することが重視されていた。幅広い代表性を確保するため、女性や若者も一定程度選出されるべきだと考えられていた。そのための努力もなされ、実際に選出されていた。ここでは執行委員会の様子を確認しておこう。

ロシア共和国における地方ソヴェトの一九六八年の活動に関する報告によれば、ロシア共和国の全地方ソヴェトの執行委員会の構成員（議長、副議長および書記を除く）には労働者とコルホーズ員が一九六七年の選挙の際の四六・五％に対して五一・七％に当たる五万八八九八人いた。その一方で、スタヴロポリクライのクライソヴェト、アムール州、ヴォルゴグラード州、ヴォログダ州、カムチャトカ州、キーロフ州、クルガン州、オムスク州、オレンブルグ州、ペンザ州、リャザン州、サハリン州、トムスク州、チュメニ州およびチェリャビンスク州の州ソヴェトでは任期末まで一人の労働者もコルホーズ員も執行委員会に選ばれなかったことが批判的に言及された（ГАРФ А: 13/2865/46）。

一九六九年五月七日のロシア共和国最高会議幹部会における同年三月の地方ソヴェト選挙の結果についての報告によれば、執行委員会に選出された代議員のうち女性が三二・七％（一九六七年には二九・六％）、労働者二二・四％（一九六七年は一六・八％）だった。この報告をめぐる審議の際には、執行委員会に選出された女性は一九六七年の二九・六％から三二・七％に増えた、労働者とコルホーズ員も増えた、これは実に重要だとの指摘がなされ、現在ロシア共和国には女性、労働者、コルホーズ員のいない州ソヴェトとクライソヴェトの執行委員会は一つもないこと、村ソヴェトと居住区ソヴェトの執行委員会議長のなかに女性が著しく増え、前回は二三・五％だったのが現在は三〇・五％となったのは重要であることが指摘された（ГАРФ А: 13/2884/15-16, 107-108）。

一九七三年一月一日現在ではロシア共和国の地方ソヴェトの執行委員会に議長、副議長および書記を除いて一一万〇四八四人の委員がいて、その五二・八％に当たる五万八三七三人が労働者とコルホーズ員だった。ヴォルゴグラード州、ケメロヴォ州、オレンブルグ州、タタール自治共和国およびチュヴァシ自治共和国の地区ソヴェトと市ソヴェトの執行委員会議長には女性は一人もいなかった。

この件について一九七三年二月二六日のロシア共和国最高会議幹部会で報告したソヴェト活動部部長は、地区ソヴェトと市ソヴェトの執行委員会議長として働く女性の数は一九七二年に二一八人減って現在は一三三人で、地区と市の執行委員会議長全体の四・五％であること、一九六一年には一七六人、五・九％だったこと、一一の州と自治共和国では地区と市の執行委員会議長に女性は一人もいないことも指摘した。ソヴェト活動部部長は、いくつかの執行委員会には労働者とコルホーズ員の代表がまったくいないことにも言及し、こうした状況を正常と認めることはできないとも述べた。彼の報告によれば、ロシア共和国全体では地方ソヴェトの執行委員会には労働者とコルホーズ員が五二・八％を占め、タタール自治共和国では七二％、ベルゴロド州で六七％、クルスク州で六六％、ダゲスタン自治共和国で六〇％だったが、ケメロヴォ州ではわずか三六・五％、チェリャビンスク州で二八・八％、コミ自治共和国で三〇・六％だった（ГАРФ А: 13/3531/21-22, 98-100）。

このようにソヴェトの代議員も執行委員会の委員も原則として他に本務を持ち、ソヴェトと執行委員会には労働者やコルホーズ員の代表が一定の割合で選出されることが重視され、実際にもある程度選出されていたが、執行委員会の議長と書記に選ばれた者は通例この職の専従となった。地区、市、州およびクライのソヴェトでは執行委員会の副議長も通例専従で（行政区画の規模に応じて一～四人）、これに加えて社会的原則（他に本務のある者が別の業務に無給で従事する原則）の副議長が置かれた例もあった。他方で、村ソヴェトや居住区ソヴェトでは副議長が置かれる場合の多くは社会的原則によるもので、議長も社会的原則の例もあった（Барабашев: 235）。

制度としては執行委員会はソヴェトに従属しており、ソヴェトに対して報告義務を負っていたが、現実の関係としてはソヴェトと代議員が執行委員会に事実上従属してゆく面もあった。

その理由としては、地方ソヴェトの定例会は村ソヴェトと居住区ソヴェトで年六回以上、クライ、州、市および地区のソヴェトで年四回以上開催すると定められていたが、各会期は通例一日か二日程度で合計でも年に数日から一〇日程度しか開かれなかったため実際の活動における執行委員会の重要性が高まったこと、第二節などで述べるようにソヴェトの代議員は「素人集団」という面があったため執行委員会が自身を選出したソヴェトおよび下級ソヴェトならびにその代議員を指導するとされたことが挙げられる。[1]

ソ連共産党中央委員会決定「勤労者代議員ソヴェトの活動改善およびソヴェトの大衆との結びつきの強化について」[1957.1.22]では、執行委員会はそのすべての活動において代議員と大勢のソヴェト活動家に依拠し、ソヴェトの活動における集団性の原則を厳守しなければならず、定例会の審議事項である問題の決定において執行委員会がソヴェトに成り代わるのを許してはならないと指摘されていたが（КПСС: 9/161）、これはこうした事実が看過しがたいほど存在していたことを示している。執行委員会はソヴェトの定例会で活動報告をする義務が定められていたが、この義務も常に遵守されていたわけではなかった。

たとえば一九六八年のロシア共和国における地方ソヴェトの活動状況に関する報告によれば、アルハンゲリスク州、クイブィシェフ州、クルスク州、リャザン州の州ソヴェト、いくつかの地区ソヴェト、市ソヴェト、村ソヴェトおよび居住区ソヴェトの執行委員会は、以前にソヴェトが採択した決定の遂行状況やソヴェト閉会中の執行委員会の活動について一度も定例会で報告していなかった。定例会で報告しなかった執行委員会は、一九六七年には地方ソヴェト全体の二・二%だったのに対し一九六八年には全体の〇・九%になったと指摘された（ГАРФ А: 13/2865/39-41）。一九七一年にはロシア共和国の地方ソヴェト全体の九九・二%に当たる二万七二四一の地方ソヴェトの執行委員会が定例会で活動報告をしたと報告されたが、ヴォルゴグラード州、イヴァノヴォ州、スモレンスク州の州ソヴェト執行委員会は定例会で一度も情報を伝えなかったことが指摘された。また、オレンブルグ州の三四の地区ソヴェトのうちの八、アムール州の二〇の地区ソヴェトのうちの一五、オリョール州の一九の地区ソヴェトのすべての執行委員会がソヴェトに対して報告しなかった（ГАРФ А: 13/3495/13-18）。

執行委員会は代議員のなかから選出され、執行委員会において議長、副議長および書記が互選されるとの原則もまた守られない例があった。

この原則に関する一九六四年二月二五日のロシア共和国最高会議幹部会での次のやりとりは興味深い。地方ソヴェトの活動に関する議題で報告したソヴェト活動部部長が、いくつかの州と自治共和国で執行委員会の選挙制の職（議長、副議長および書記）に当該ソヴェトの代議員ではない者が就いていたことを批判した。事前に準備された決定の案にも「当該ソヴェトの代議員ではない者が執行委員会の選挙制の職に任命される事例を許すべきではない」との文言があった。

ところが審議の過程で最高会議幹部会議長が、この文言を削除すべきではないか、「地方では地区党委員会が送り込んだり、他の誰かが推薦したりすることがある……」と述べた。

これに対してソヴェト活動部部長が「そして選挙をおこなう必要がある」と指摘したが、幹部会議長は「問題を緊迫させるべきではないのではないか」と述べて、黙認すべきだとの姿勢を示した。ソヴェト活動部部長は、代議員ではない者が議長に選ばれ、選挙がおこなわれていない、「これは憲法の要請だ」と反論した（ГАРФ А: 13/1875/13, 149-150）。

一九五三年のスターリン死後一貫して社会主義的適法性の遵守が強調されてきたにもかかわらず、一九六四年になっても、しかも共和国最高会議幹部会において憲法の要請を遵守すべきだと主張しなければならなかったこの例は、ソヴェト政権の掲げた目標と現実の乖離を示す例の一つと言えよう。その一方で、ソヴェト活動部部長が幹部会議長（形式上はロシア共和国の国家元首に当たる）に対して憲法の遵守をあくまで主張していたことも軽視すべきではない。

とはいえ、代議員のなかから執行委員会議長らを選出する「憲法の要請」はこれ以後も遵守されたわけではなく、ロシア共和国では一九七二年一月一日の時点で七六人、一九七四年一月一日の時点では六八人が当該ソヴェトの代議員ではないのに執行委員会の選挙制の職に就いていた（ГАРФ А: 13/3495/17; 13/3565/27）。一九七五年三月一八日のロシア共和国最高会議幹部会ではソヴェト活動部部長が、代議員でない者が執行委員会の議長、副議長または書記に就いている例がロシア共和国全体で一二〇あることを指摘し、「こうした実践は現行法規の重大な違反であり、今後はこれを許してはならない」と批判していた（ГАРФ А: 13/3605/235）。一九七六年七月一〇日のロシア共和国最高会議幹部会でも、複数の地区ソヴェトと市ソヴェトが「……法律の要請を遵守せず、執行委員会指導者の職務をソヴェトの代議員ではない者に委ねている」と批判されていた（ГАРФ А: 13/4203/28）。

一九六四年二月のロシア共和国最高会議幹部会での「憲法の要請」をめぐるやりとりから一〇年余りを経ても、当該ソヴェトの代議員でない者が執行委員会の議長などに就く例はなくならなかったのである。こうした、全体で見れば極めて少数の例が把握され、[2]批判され続けていたこと、それにもかかわらず根絶されなかったということも確認しておこう。

二　選挙人に対する報告

序章で述べたように、一九五六年の第二〇回党大会はソヴェトと代議員の活動の活発化、ソヴェトの活動への勤労者の参加の重要性を強調した。第二〇回党大会の中央委員会報告に関する決議には「共産主義建設の偉大な課題は、勤労者の創造的活発さと発意の一層の向上、国家管理における、あらゆるその組織・経済活動における大衆のより広範な参加を要求する。このためにはあらゆる手段を尽くしてソヴェト民主主義を発展させること、中央と地方におけるすべてのソヴェト機関の活動を粘り強く改善すること、ソヴェト機関と大衆との結びつきを強化することが不可欠である」と記されている（XX съезд: 2/422-423）。

ここから、執行委員会が選挙人に対する報告集会を開いて選挙人と対話することが重要視されるようになったが、この決議での指摘はこうした対話が当時実現していなかったことの表れでもあった。そのことを示すように、一九五七年一月二二日付ソ連共産党中央委員会決定「勤労者代議員ソヴェトの活動改善およびソヴェトの大衆との結びつきの強化について」では、多くのソヴェトおよびその執行委員会は住民との結びつきが弱いと指摘し、「執行委員会とその部局の指導者はしばしばソヴェトの活動について勤労者に報告することを自身の義務と考えておらず、訪問者との定期的な面会をおこなっていない。このため市民の正当な要望は多くの場合に解決されていない」との批判がなされた（КПСС: 9/160-161）。

この決定はまた、「地方ソヴェトとその執行機関によってどんな問題が検討され、どんな決定が採択されているか住民が実質的に知らないという異常な現象に終止符を打つべきだ」とも指摘し、ソヴェトの活動のグラスノスチを保障し、地方の新聞とラジオでその活動を広く報じ、採択された決定について住民に知らせるようにすることが課題だと述べていた[3]（КПСС: 9/160）。

こうした批判を経て、執行委員会が住民に報告して住民と対話する集会が次第に広く開かれるようになっていった。たとえば一九六〇年代のラトヴィア共和国の事例に基づく文献によれば、いくつかの地区執行委員会は、すべての選挙人がソヴェトの定例会の議題を知ることができるようソヴェトの決定案を新聞で公表し、意見や提案を送るよう住民に呼びかけていた。この文献は、こうした方法は奨励されるべきだとし、決定案の作成前に定例会招集について議題とともに公表し、市民に対して決定案の準備への参加や紙面での審議を呼びかけるという方法も可能だとの提案もおこなっていた。その理由は、住民は様々な問題について知れば知るほどより積極的にその検討に参加するだろうし、その結果としてソヴェトが採択した決定がよりよく遂行される可能性は多くなるということだった。このため、ソヴェトで採択された決定も公表すべきである、そうすれば住民は自分たちの提案が盛り込まれたことを確認できる、このことは住民に対してソヴェトの決定を説明し、その遂行へ住民を動員する代議員の活動を容易にするとの主張もなされた（Филюшкина: 35-36）。

ロシア共和国の地方ソヴェトの一九六九年の活動状況に関する報告書では、ソヴェトおよび住民に対する報告を準備する過程で多くの執行委員会はグラスノスチを拡大し、沿海クライではほぼすべての地区と市の執行委員会が地元紙に報告のテーゼを公表し、勤労集団での審議を組織したことが報告された。いくつかの執行委員会は、市民にサービスを提供する企業と組織の活動に関するアンケートを住民に配布したこと、ウスリイスク市執行委員会だけで約二〇〇のアンケートが戻り、そこで住民たちは多くの批判的な指摘と提案を述べたこと、こうした提案の多くは市執行委員会での審議ののち、執行委員会の報告に関するソヴェトの決定に含められたことが紹介された（ГАРФ А: 13/2936/24-25）。

次節や第三章で述べるように、執行委員会と代議員は様々な形で住民を動員し、住民の「自発的な」活動に依拠して課題を遂行するよう求められていた。そのためにも選挙人に多くの情報を提供し、選挙人と対話することが重視されたのである。

その後、一九七七年に制定されたソ連憲法では第一四九条第二項で「執行委員会は自身を選出したソヴェトならびに勤労集団の集会および市民の居住地ごとの集会で年に一回以上報告をおこなう」と定められた（Конституция: 30）。ソヴェトに対してだけでなく、地域住民や選挙人に対しても執行委員会は報告すべきことが憲法に明記されたのである。

このように一九五六年の第二〇回党大会後には、執行委員会が選挙人に対して報告することが求められ、実際に各地で報告がおこなわれるようになっていったが、報告をおこなわない例も存在し続けた。たとえば一九六四年六月一二日付ロシア共和国最高会議幹部会決定「アルタイクライとアストラハン州における地方ソヴェトの定例会の準備および実施ならびに決定の執行の組織について」では、アルタイクライとアストラハン州の地方ソヴェトの活動にはグラスノスチが足りない、地方ソヴェトによってどんな問題が検討され、どんな決定が採択されているのか住民はしばしば知らないと指摘された（ГАРФ: 668/75）。

一九六五年二月二五日のロシア共和国最高会議幹部会において地方ソヴェトの一九六四年の活動状況について報告したソヴェト活動部部長は、執行委員会が「最近」ソヴェトの定例会だけでなく、コルホーズ、ソフホーズ、企業や施設で住民に対して報告するようになったと指摘した。ソヴェト活動部部長によれば、「こうした報告はこの二～三年におこなわれ始めた」もので、一九六四年にはロシア共和国のすべての地方ソヴェトの執行委員会の七八％が住民に対してこうした報告をし、報告は八万七〇〇〇の集会でおこなわれ、約一四〇〇万人の選挙人が出席した（ГАРФ А: 13/1941/432）。一九六五年の時点でようやく「この二～三年」、すなわち一九六〇年代に入ってから住民に対しても報告するようになったというのである。これは厳密な指摘ではないかもしれないが、いずれにしても一九六四年の時点でも住民に対して報告した執行委員会はロシア共和国の執行委員会全体の七八％で、残る二二％の執行委員会は住民に対して報告していなかった。このため、報告しない執行委員会を減らすことが課題となった。

ロシア共和国の地方ソヴェトの一九六八年の活動状況に関する報告によれば、住民に対して報告しなかった執行委員会は一九六七年に八・〇％で、一九六八年には三・一％に減った。定例会の準備の過程で多くの地方ソヴェトの執行委員会が住民に対して活動を報告し、彼らの批判と提案を考慮していたとも指摘された。その例として、アムール州ソヴェトの定例会で執行委員会がおこなう予定の報告案が勤労者集会と市民総会で審議されたこと、この審議には九万人以上が参加し、約一五〇〇人が指摘と提案をおこなったことが紹介された（ГАРФ А: 13/2865/41-42）。

一九七〇年二月二四日のロシア共和国最高会議幹部会ではソヴェト活動部部長が、一九六九年にはほぼすべての執行委員会がソヴェトと住民に対して報告したと紹介したうえで、一九六九年に執行委員会が住民に対して報告した集会への参加者は一九六八年より少なかったとして次のように述べた。人口三五〇万人のケメロヴォ州では執行委員会が報告する集会に一七万四〇〇〇人が出席したが、ケメロヴォ州と人口がほぼ同じチェリャビンスク州では三二万三〇〇〇人が出席した。バシキール自治共和国ではこれより多い四〇万五〇〇〇人が参加したが、人口は約四〇〇万人だ。タタール自治共和国の人口はずっと少ないのに集会には七五万七〇〇〇人が参加した。このように指摘してソヴェト活動部部長は、執行委員会はより多くの勤労者が集会に参加するようにしなければならない、勤労者はソヴェトと執行委員会の活動について知り、その活動の審議に参加し、提案と指摘を述べなければならないと述べた（ГАРФ А: 13/2936/187-191）。

一九七〇年の活動状況に関する報告書では、ロシア共和国の地方ソヴェト全体の九八・七％に当たる二万七〇三四の執行委員会が住民に対して報告したこと、執行委員会の一万九三二四の部局も報告して、報告集会には総計で一九六九年より五五〇万人多い二八四〇万人が参加したことが紹介されているが、その一方でいくつかのクライや州では依然として住民に対する執行委員会や部局の報告集会に十分な注意が払われておらず、各地で選挙人の出席が少ない集会や選挙人の活動が低調な集会が開かれたこと、こうした集会で勤労者から出された批判や提案を実現する方策が常にとられているわけではないことも指摘された（ГАРФ А: 13/2982/17-18）。

こうした指摘からわかるように、執行委員会は単に報告をおこないさえすればよいのではなかった。報告集会により多くの選挙人が出席し、審議に活発に参加し、提案や意見を述べるようにすることが執行委員会には求められたのであり、選挙人の批判や提案を実現しなければならないと毎年のように指摘されていた。そして、これを実現するための努力もなされていた。

ロシア共和国では、一九七一年には地方ソヴェト全体の九八・九％に当たる二万七一五二の執行委員会が住民に対して報告していた。執行委員会が報告する市民集会がロシア共和国全体で一三万九〇〇〇以上おこなわれ、約二〇〇〇万人が参加した。執行委員会の二万〇六八六の部局も住民に対して報告し、この報告集会は計四万一〇〇〇以上おこなわれて約七〇〇万人が参加した（ГАРФ А: 13/3495/17-19）。一九七二年には住民に報告した執行委員会は二万七四三五で、地方ソヴェト全体の九九・五％だった。住民に対する執行委員会の報告集会が一六万二五〇〇以上開かれ、二三〇〇万人以上が参加した。これに加えて執行委員会の部局の報告集会が四万七〇〇〇以上開かれ、七〇〇万人が参加した（ГАРФ А: 13/3531/20, 23）。一九七三年には地方ソヴェト全体の九九・七％に当たる二万七五一四の執行委員会が住民に対して報告した。執行委員会が報告する集会は一五万七四五八開かれ、二〇〇〇万人以上の市民が参加した。執行委員会の部局の指導者二万四〇〇〇人以上が報告する集会も五万一〇〇〇開かれ、七〇〇万を超える人々が出席した。ロシア共和国全体で住民に対して全体の八八・三％に当たる部局が報告した（ГАРФ А: 13/3565/28）。

一九七二年二月二九日のロシア共和国最高会議幹部会ではバシキール自治共和国からの幹部会員が、一九七一年にソヴェトの定例会と住民に対して活動報告をしなかった執行委員会は一つもなく、たとえばステルリタマク市ソヴェト執行委員会は一四七の勤労者集会で報告し、事実上市のほぼすべての成人が参加して四〇〇を超える提案をしたことを紹介した。そして、かつては一つか二つの集会をおこなうことで報告を済ませたことにしていたが、その頃とは違って複数の地区や市の執行委員会がそれぞれ二〇〜三〇かそれ以上の勤労者集会で報告するようになっていると強調した（ГАРФ А: 13/3495/114-115）。

これまで見てきたように、執行委員会と部局による住民への報告集会は年々多く開かれるようになり、集会には実に多くの人々が参加するようになったと指摘されていたが、多くの人々の参加が望ましいとされていたことを踏まえると、動員された例もあっただろうし、各地から報告された出席者数には水増しもあったと考えたほうがよいだろう。それでも少なくない数の住民が自発的に参加したのではないかと筆者は考えている。その理由は次のようなものである。

当時のソ連は住宅や各種社会資本の整備がなお十分ではなく、商店や食堂や公共サービスには質と量の両面で問題があって人々が不満を抱いていた。このため、執行委員会とその部局の活動に対する人々の関心は総じて高かった。たとえば一九七三年五月二一日のロシア共和国最高会議幹部会ではある幹部会員が次のように発言していた。「人々は多くのことに関心があるが、われわれは時にこれに答えることができない。私はしばしば選挙人に対して報告することになるが、彼らは常に関心を持ってわれわれの活動について聞き、欠陥を無くすためにわれわれがどのような方策をとっているか話すよう求める」。「選挙人はあらゆることに関心がある」。瑣末に感じられることでも「質問され始めたらもはや瑣末なことではないのだ」（ГАРФ А: 13/3538/110）。

さらに、次節で詳述する訓令制度の存在は、選挙人が執行委員会の報告集会に参加することを促しただろう。訓令は代議員に対してなされ、代議員はその遂行に努めなければならなかったが、実際には多くの場合に執行委員会の部局やその指示を受けた企業などによって遂行された。この点で人々には、執行委員会や部局の報告集会に参加して報告を聞き、質問し、不満や批判を述べる強い動機があったと言えるだろう。

だからこそ、報告集会を開きさえすればそれでよいというものではなかった。たとえば一九七三年二月二六日のロシア共和国最高会議幹部会で報告したソヴェト活動部部長は、ヴォロネジ州での調査の結果巨大な欠陥が明らかにされたとして、執行委員会の報告の審議で指摘された欠陥を克服する有効な方策を多くの執行委員会がとっておらず、採択された決定を遂行していない、その結果、同じ欠陥が報告のたびに繰り返されていると指摘した（ГАРФ А: 13/3531/95-97）。

報告集会で出された要望や批判に適切に対処することこそが執行委員会の課題とされていたのであり、報告集会自体は相当な規模で開かれるようになってもこの課題はなお十分には達成されてはいなかった。

三　面会による「対話」

面会制度は、中央省庁や地方ソヴェトの執行委員会とその部局などへの市民の訪問を受け入れたり、州執行委員会議長が地区中心地へ出向いたり、地区執行委員会議長が村ソヴェトへ出向いたりして市民の苦情や要望を汲みとるための制度で、原則としてすべての行政区画のレベルでおこなわれており、連邦や共和国の最高会議幹部会や省庁には面会を担当する部局も置かれていた。制度自体はスターリン期から存在したが、この制度についてもスターリン死後、特に一九五六年に開かれた第二〇回党大会で重要性が確認された。たとえば第二〇回党大会における中央監査委員会報告は、面会での対応に問題があるとして、面会室を訪れるのに特別の入館証が必要な省がある、わが党の再三の指令に明確に反するこうした不適切な実践を決定的に根絶すべき時だということはまったく明らかであると批判し、課題は、勤労者の手紙、訴えおよび苦情の検討に依然として存在する欠陥を克服すること、すべての党機関、ソヴェト機関、経済機関およびその他の機関における訪問者との面会に厳格な秩序をもたらすことだと訴えた（XX съезд: 1/128）。

先にも紹介したように、一九五七年一月二二日付ソ連共産党中央委員会決定「勤労者代議員ソヴェトの活動改善およびソヴェトの大衆との結びつきの強化について」では、「執行委員会とその部局の指導者はしばしばソヴェトの活動について勤労者に報告することを自身の義務と考えておらず、訪問者との定期的な面会をおこなっていない。このため市民の正当な要望は多くの場合に解決されていない」ことが批判されていた（КПСС: 9/161）。

一九五八年八月二日付ソ連共産党中央委員会決定「勤労者の手紙、苦情および訴えの検討における深刻な欠陥について」でも、訪問者との面会が極めてお粗末に組織されていることが批判された。具体的には、機関、官庁、企業および組織の多くの指導者が市民との面会を忌避し、問題解決の権限を持たない二級の人物に委任していること、いくつかの機関に立ち入るために勤労者は何時間も通行証の受領を待っていること、大半の住民は働いている勤務時間中にのみ面会がおこなわれていることが指摘された。そして、住民の日常的な需要への思いやりのある態度、勤労者の要望と苦情の注意深い検討はあらゆる指導者の活動におけるレーニン的スタイルの不可欠の性質であることを念頭に置いて、党機関、国家機関および労働組合機関の指導者の注意を訪問者との面会の適切な段取りに対する個人の責任に向けることが決定されていた（КПСС: 9/252-253）。

これらの批判は、面会が重要だと指摘されていながら実際には適切に実施されていなかった様子を示しているが、それでもこうした批判がなされたこともあって面会は次第に広くおこなわれるようになっていった。

一九六五年二月二五日のロシア共和国最高会議幹部会での幹部会議長の報告によれば、最高会議幹部会の面会室では市民との面会が毎日おこなわれていて、一九六四年には平均して一日に約二一〇人、日によっては二八〇人と面会し、一年間に合計で六万五二三七人と面会した。このうち幹部会議長は七三六人、副議長は一〇五人、書記は六九〇人と面会した（ГАРФ А: 13/1941/457）。

形式上はロシア共和国の国家元首に当たる最高会議幹部会議長が、制度化された面会業務だけで一年間にこれほど多くの人々と面会していたのであり、実際に人々の不満や要望がどれほど汲みとられていたかはともかく、面会が重視されていたことはこの一例でも明らかだろう。

モスクワや各共和国の首都に住む人々を別とすれば、連邦や共和国の元首や省庁の面会制度を利用することは多くの時間と費用を要することになるから、一般には人々はまずは身近なレベルの行政機構の面会制度を利用した。各級の地方ソヴェトにおける面会制度の様子を見よう。

まず、一九六〇年代に刊行されたいくつかの文献における面会制度に関する記述を確認しよう。当時のソヴェト機構全般を論じた文献によれば、各地方ソヴェトでは、執行委員会の議長、書記、委員および部局の長による住民との面会が組織されていたが、村ソヴェト、居住区ソヴェトおよび地区ソヴェトの執行委員会は、市民の便宜のために執行委員会のある行政区画の中心地だけでなく他の居住区域でも定期的に面会をおこなっていた。多くの地区ソヴェトの執行委員会の議長、副議長および書記や部局の長たちが月に一度か二度は住民との面会のために地区内の村や居住区やコルホーズやソフホーズを訪れており、こうしておこなわれる面会には通例村ソヴェトや居住区ソヴェトの執行委員会議長も参加していた（Барабашев: 245）。

こうした執行委員会の指導者たちが出張して面会をおこなう例は各地で広く見られた。ロシア共和国のロストフ州を主に扱った文献によれば、コンスタンチノフスキー地区、アゾフ地区、カシャルィ地区およびカメンスク地区の地区ソヴェト執行委員会では、執行委員会委員などが村ソヴェトでの市民との面会を実践していた。これらの地区の村ソヴェトと居住区ソヴェトの執行委員会委員は、畜産場や耕地、離れた村や小村を訪れ、市民と面会していた。こうした対応は、農村の勤労者が生産活動から離れることなく具体的な問題や要望や苦情をソヴェト機関に訴えることを可能とし、勤労者の要望を充足することに役立っているとこの文献では主張されている（Габричидзе: 70-71）。

ロシア共和国ノヴォシビルスク州ノヴォシビルスク地区では、地区ソヴェト執行委員会の指導者が部局の長などとともに遠く離れた村ソヴェトを住民との面会に訪れており、一九六三年の五月と六月だけで六つの村ソヴェトと二つの居住区ソヴェトを訪れた。現地での問題解決に必要であればコルホーズ、ソフホーズおよびその他の組織の指導者も住民との面会に招かれた。住民には事前に面会の場所と時間が示されており、一九六三年六月のコチェニョヴォ居住区ソヴェトでの面会には一〇〇人を超える住民が訪れた。これによって勤労者の要望がより速やかに満たされ、地区組織宛ての手紙と苦情が激減していると指摘されている（Банных: 252）。

この文献では、人々の要望を充足した具体例として次の例が紹介されている。ロシア共和国クルスク州のスドジャ地区ソヴェトの執行委員会委員がボブロフ村ソヴェトでおこなった面会では、イヴァノフスキー小村の住民が商店の開設を要望した。この小村には商店がなく、彼らは生活必需品を買うのに遠く離れた別の居住区域の商店へ行かなければならなかったためである。この問題は、面会をおこなった地区ソヴェト執行委員会委員も参加してボブロフ村ソヴェトの執行委員会とコルホーズの理事会で検討された。商店のためにコルホーズの納屋を割り当てる決定がなされ、現地の人々の力によって修理されて、商店が開店した（Банных: 251）。

ラトヴィア共和国に関する文献では、タルスィ地区ライジェ村ソヴェトの例が紹介されている。週に二回の面会の日には人々は朝から晩まで都合の良い時間に村ソヴェト執行委員会議長と書記に面会することができる。面会日には村ソヴェトの建物には大勢の人がいる。いくつかの居住区域は村ソヴェトの中心地から一六～一八キロメートル離れていたため、他の日は議長か書記の一方が村ソヴェトに残り、もう一人は耕地など人々が働く場所に出かけていた（Филошкина: 80-82）。

刊行された文献ではこうした指摘は他にも多数見られる。肯定的な事例の紹介がほとんどだが、実際には多くの問題が存在していた。たとえば一九六二年一〇月二六日のロシア共和国最高会議幹部会では幹部会面会室の職員が次のように報告した。苦情や訴えの検討に関する党中央委員会決定と閣僚会議決定は、執行委員会指導者は毎週市民と面会しなければならないと定めているが、ヤロスラヴリ州ソヴェトの執行委員会では面会は月に一度のことが多く、住民に都合の悪い時間におこなわれている。面会時間が来ても面会できないこともしばしばある。地方におけるこうした対応が「中央の諸機関への大量の苦情と訴えを生んでいる」。州執行委員会の議長と第一副議長が面談した人数は少なく、出張しての面談は誰もおこなっていない。ここからロシア共和国最高会議幹部会面会室を訪れる大勢の人が生まれる。「地方では受け入れられないから人々はここへ来ざるを得ないのだ」（ГАРФ А: 13/1294/234-235）。

それでも、面会制度が各地で広くおこなわれるようになっていったこともまた事実である。その様子を確認しよう。

ロシア共和国クルスク州における地方ソヴェトの執行委員会とその部局の指導的職員による住民との面会に関する一九六四年四月一一日付報告書には次のように記されている。一九六三年二月から州執行委員会の委員と部局の指導者は、州中心地での面会に加えて月に一度は地区執行委員会でも市民と面会するようになった。州執行委員会の委員と部局の長は一年間に三六七回の面会で五五二二人と面会し、このうち地区では一四四回、三〇五三人と面会した。この他に部局の長は各部局で日常的に市民と面会している。地区執行委員会の指導者も、地区中心地での面会の他に月に一度か二度は村ソヴェトで市民と面会している。地区執行委員会の委員と部局の長は一年間に三万五〇〇〇人と面会し、このうち一万九〇〇〇人以上は村ソヴェトで面会した（ГАРФ: 668/21）。

一九六五年一二月一五日のロシア共和国最高会議幹部会がブリャンスク州における苦情などの取り扱いについて審議した際には同州執行委員会議長が、現地へ出かけての市民との面会が重視されており、面会時間は休日や夜間にも設定され、ラジオや掲示で告知されていると述べて、面会の実施について次のように紹介した。州執行委員会委員と州の機関の指導者は一九六四年に八七一人と面会した。一九六五年の一一か月間に州執行委員会の面会室は一二二五人を受け入れた。このうち執行委員会議長が三一四人、第一副議長が七九人、副議長の一人が一五四人、もう一人の副議長が七六人、書記が八七人、他の委員たちは五〇九人と面会した（ГАРФ А: 13/2018/98）。

しかし問題がなかったわけではなく、審議のなかではロシア共和国最高会議幹部会議長が、ブリャンスク州執行委員会の委員と副議長が水曜を面会日と定めていて人々が面会に来ていたにもかかわらず副議長らが突然党委員会に呼び出された例を挙げ、仕事の邪魔をするのではなく助けなければならないと党指導部に言う必要がある、市民と面会すべきなのに党委員会に呼び出すことでソヴェトの権威を掘り崩していると批判した（ГАРФ А: 13/2018/110-111）。ただしここで批判されているのは党機関だということは注目されてよいだろう。

一九六八年四月一二日付ソ連最高会議幹部会令「市民の提案、訴えおよび苦情の検討手続きについて」では、国家機関、企業、施設、団体、コルホーズならびにその他の協同組合および社会団体の指導者およびその他の公務員は市民と面会しなければならないこと、面会は市民に都合の良い時間、必要な場合には夜間におこなわれなければならないこと、上記の組織における面会の実施に対してはその指導者が個人的な責任を有することが定められた（Сборник: 1/356-357）。

このような定めがなされたということは、一九六八年になってもこれが必ずしも実現しておらず、なおも改善が求められていたことを示しているが、これはすなわちソヴェト政権と共産党がこの制度を重視し続けていたということでもある。

ちなみに小説や映画で悪名高きКГБ《カーゲーベー》（KGB／国家保安委員会）にさえ面会室はあり、人々が面会に訪れていた。一九八二年一一月に党書記長となるアンドロポフは一九六七年から一九八二年にかけてКГБ議長を務めたが、アンドロポフの下でКГБに勤務していたボブコフとシャラポフは、のちにおこなわれたインタビューで次のように述べた。

シャラポフ：КГБの面会室へは大勢が訪れた。真実を求め、恣意や無情からの保護を求める人々からの手紙は厖大な数に上った……。

ボブコフ：アンドロポフには一つの質問も一つの願いも訴えも返事をしないままにしてはならないという原則があった。単なる仕事上の失敗では殴りつけられずにすむかもしれないが、訴えでは……。これは厳格な原則で、そのことは知られていた。

シャラポフ：単なる原則ではなく、これは人々との仕事におけるアプローチだった。われわれは言っていた。権力は人民に奉仕すると（Бондаренко: 321）。

こうした発言は当時の様子を美化している可能性はあるが、面会制度が重視され続けていたことを考えれば、こうした「原則」や「アプローチ」が存在していても驚くほどのことではない。

ただし、これが実現されていたかは別の問題である。ＫГБについての実態を示すことはできないが、一九七〇年代の面会制度の実情についてはたとえば次のような批判がなされていた。

一九七五年三月一八日のロシア共和国最高会議幹部会にてロストフ州とペンザ州における執行委員会の苦情への対応と市民との面会について審議した際、報告したロストフ州執行委員会議長に対して幹部会副議長が、一九七四年にロストフ州に届いた訴えの半数以上が中央の機関を経たものであることを指摘し、「この事実を何によって説明するのか」、現地では解決されないので上級組織に手紙を書かざるを得ないということによって、「すなわち現地ではこの問題は解決されないとの一定の不信によってか……」と問い詰めた（ГАРФ А: 13/3605/249）。

最高会議幹部会議長も、現地で解決できるはずの問題の解決のためにこの一年間にロストフ州から五八七人がモスクワへ来たことを紹介し、「問題がロストフ州では解決されなかったので、モスクワで解決するために彼らは来たのだ」と指摘して、何故大勢の人々が現地で解決できるはずの問題についてモスクワに手紙を書き、自ら足を運ぶのかと問い、具体例を挙げつつ次のように批判した。[4] 現地で解決されない問題がモスクワへ来るとただちに解決されるのはいったいどうしたことか。財源の問題は深刻だが、財源を必要としない案件で大量の苦情があることが問題だ。コルホーズやソフホーズの活動について三六人がモスクワへ訴えに来た。この問題は現地で解決できるはずなのにだ。三六人はロシア共和国にとって少ないとあなたは言うのだろうか。そして幹部会議長は述べた。「そう、少ない。しかし彼らはいるのだ」（ГАРФ А: 13/3605/250-251, 275-276）。

幹部会議長は、一九七四年にモスクワ市民も含めて合計で三万一四八九人がモスクワのロシア共和国最高会議幹部会を面会に訪れたことも紹介し、ロストフ州とペンザ州だけの問題ではなく「事実上これはあらゆる自治共和国、あらゆる州、あらゆるクライ、あらゆる省庁、あらゆる組織に関わっている」と指摘した（ГАРФ А: 13/3605/279, 281）。

この例に見られるように、現地で対処できるはずの問題も地方ソヴェトの執行委員会と部局によっては必ずしも解決されず、多くの人々がモスクワへ訴えた。この例では、モスクワへ来るとただちに解決されることが問題視されていたが、モスクワへ来れば常に問題が解決されたというわけでもなかった。

一九七五年一二月一二日のロシア共和国最高会議幹部会ではロシア共和国教育省における市民の訴えと苦情への対応や面会について審議され、同省を一九七四年に一万二四五二人が面会に訪れ、一九七五年の最初の六か月に五七八〇人が訪れたこと、それにもかかわらず面談で提起された問題について採択された決定の遂行に対する監督が十分におこなわれていないこと、複数の局では面談に訪れた市民の登録がまったくなされていないことが厳しく批判された（ГАРФ А: 13/4169/25, 27）。

決定の遂行の監督が不十分という場合はともかくも対処した可能性はあるわけだが、面談の登録がなされていないというのは、面談はしたもののそこで訴えられた問題が放置されていたことになる。このように、モスクワの中央省庁へ訴えても問題が解決しなかった例は少なくなかった。

また、この例でも、教育省が批判される一方で、教育省に対して多くの訴えがなされていることは、地方の教育機関の活動改善や働き手の文化生活条件の改善に執行委員会が影響力を行使していないことを物語っていると指摘されていたように（ГАРФ А: 13/4169/27）、地方で適切な対処がなされないから多くの苦情や訴えが中央に向けられることになり、そのことが中央でも適切な対処がなされない一因となるという構図が多くの場面で見られた。

第二節　代議員を通じた「対話」

一　代議員の位置づけ

(一)代議員の位置づけ

ソヴェトは管轄領域における国家権力の最高機関だったが、本書の対象時期には広範な大衆の参加によって社会団体の性格を備えるようになったとも主張されていた。一九六一年の第二二回党大会で採択された綱領では「ソヴェトは国家機関の性格と社会団体の性格を合わせ持ち、その活動への大衆の広範で直接の参加によってますます社会団体として活動するようになっている」と位置づけられていた（XXII съезд: 3/304）。

このためソヴェトには広範な代表性が求められた。代議員には労働者、コルホーズ員、女性、若者、非党員が一定の比率を占めることが望ましいとされ、選挙のたびに代議員は三分の一から二分の一程度更新されることが目指された。

一例だけ挙げれば、一九六九年三月の地方ソヴェト選挙で選ばれた代議員はソ連全体で二〇七万一三三三人で（選挙がおこなわれなかったり、無効となったり、当選者がいなかったりしたことによる再選挙で選出された代議員を含む）、労働者が三五％、コルホーズ員二九・三％、専門職と職員が三五・七％だった。また、女性は四四・六％、非党員は五四・九％だった。全体の五〇・六％に当たる一〇四万八七四七人は前回の選挙ではそのソヴェトに選出されておらず、代議員の更新率はクライソヴェトと州ソヴェトで五四・九％、地区ソヴェトで五五％、市ソヴェトで五八・四％、区ソヴェトで六〇・四％、村ソヴェトで四七％、居住区ソヴェトで五五％だった。この選挙では代議員の年齢構成が大きく変わり、一九六七年の選挙では二四歳以下の代議員が三・八％、二五歳から二九歳までの代議員が一二・六％だったのが、この一九六九年の選挙ではそれぞれ一〇・三％、一三・五％となったことが肯定的に指摘された（Советы: 1969/9/46-48）。

一九六九年五月七日のロシア共和国最高会議幹部会でなされた報告によれば、この一九六九年三月の地方ソヴェト選挙で、ロシア共和国の地方ソヴェト全体では一〇九万二九〇〇人の代議員が選出された。非党員が五五・六％となり、労働者は三八・六％で前回の選挙より五％増、女性も増えたとされた。新たに選出された代議員は、前回一九六七年の選挙では五一・九％だったのに対し、五三・二％だった（ГАРФ А: 13/2884/15, 102）。

このように選挙のたびに代議員のこうした割合が確認され、より望ましい代表性を実現することが目指されたが、ソ連全体で二〇〇万人ほどもいた地方ソヴェトの代議員を選挙のたびに入れ替えつつ適切な構成を実現するのは容易なことではなかった。

ソヴェトの社会団体としての性格は、代議員の構成だけでなくソヴェトと代議員の活動内容とも関わっていた。

地方ソヴェトの定例会は年四回以上または年六回以上開かなければならなかったが、各会期は通例一日か二日程度で合計でも年に数日から一〇日程度しか開かれなかった。この点でソヴェトの定例会の役割は実質的なものではなく形式的なものだったと言ってよいが、それにもかかわらず代議員の数は日本の地方議会の議員よりかなり多かった。

たとえば一九六一年の選挙で選出されたモスクワ市ソヴェトの代議員は一〇六六人だった（Бюллетень МГ: 1961/6/1）。この頃モスクワ市の人口は六〇〇万人を上回った程度だったから、六〇〇〇人程度に一人の代議員がいた計算になる。筆者の住む札幌市の人口は二〇一五年八月一日の推計で一九四万八一四八人、市議会議員定数は六八なので、およそ二万八〇〇〇～二万九〇〇〇人に一人の議員という計算となる。モスクワ市がロシア共和国とソ連の首都だということを考慮しても、実数でも人口比でもモスクワ市ソヴェトの代議員のほうがかなり多いと言えるだろう。

そのうえモスクワ市の場合は、市内に設けられた区（時期によって異なるが、概ね二〇前後）にもソヴェトが置かれていたから、モスクワ市にはこれらの区ソヴェトの代議員もいた。[5] 選挙制度は小選挙区制で、モスクワ市ソヴェトの場合は約一一〇〇の選挙区から一人ずつ代議員を選出していた。そして、モスクワ市ソヴェトの代議員の選挙区には区の代議員の選挙区が三～六あった。つまり市ソヴェトの代議員一人に対して区ソヴェトの代議員が三～六人いたことになる

（Бюллетень МГ: 1961/11/24）。

区が置かれていたか否かは主に市の規模によって決められ、区のない市のほうがはるかに多かったが、そうした市でも、そしてまた地区でもクライでも州でも、ソヴェトの代議員は日本の地方議会の議員と較べればかなり多かった。これは、原則としてソヴェトの代議員全員が他に仕事を持っていて代議員としての報酬はなく、代議員が多くても財政上の負担は少なかったということとも無関係ではないが、ソヴェトの会議に出席する以外にも多くの役割を果たすよう代議員は求められていたということとも関係していた。

何度か言及した党中央委員会決定「勤労者代議員ソヴェトの活動改善およびソヴェトの大衆との結びつきの強化について」［1957.1.22］では、代議員は常に人民のただなかにいて大衆の必要と需要と気運を知り、選挙人と定期的に会い、選挙人を受け入れ、住民の訴えと苦情を注意深く検討し、その解決を助けなければならないとされ、党組織とソヴェトの執行委員会は選挙人と代議員の面談の組織、代議員自身の活動とソヴェトの活動についての代議員の定期的な報告の実施を支援しなければならないと定められていた（КПСС: 9/161）。

代議員の担うべき職責は実に多様であり、その概要は本節全体および第三章で示されることになるが、特徴的な例を簡単に挙げておこう。ラトヴィア共和国の事例に基づいた文献によれば、タルスィ地区のライジェ村ソヴェトには、代議員が提案して決定が採択されたならばその代議員は決定の遂行を助けなければならないという原則があった。代議員たちの提案によりコルホーズに商店と食堂を建設する問題が提起された。同意が得られ、建設が始められると、コルホーズ員であるすべての代議員が自ら建設現場で働き、コルホーズ員を動員して八か月で商店と食堂を建設した。何かの問題を解決しなければならない選挙人のところへ代議員は真っ先に助けに向かわなければならない。代議員の提案により、いくつかの家族から子供が寄宿学校へ送られ、構成員が病院や軽い仕事へ送られた（Филошкина: 91-92）。

このように代議員自身がソヴェトの決定を遂行するために取り組み、選挙人の抱える問題を解決し、選挙人の要望をかなえるために努力すべきものとされていたのである。そのうえ、原則として本業を別に持つ代議員は、本業においても「労働における手本と組織者」であることが当然視されていた（Филошкина: 91）。

このように代議員は実に様々な活動を期待され、その職責を果たすのは容易ではないことが想像されるが、問題を一層難しくしたのは、毎回の選挙で代議員の半数程度が初めて選出されたため、地方ソヴェトでは二年または二年半ごとに「新人」代議員が大量に現れたことである。

代議員の大幅な更新は、幅広い代表性の実現との観点に加え、主権者である人民自身が国家管理に携わるというレーニン以来の理念、これと関連した民主主義の実現、ソヴェト市民としての自覚の向上といった観点からも望ましく、また必要なことと捉えられていたが、実際の代議員の活動には否定的に影響したのであり、こうした代議員への指導と支援が求められることになった。

党中央委員会決定「ソヴェトの活動改善およびソヴェトの大衆との結びつきの強化について」［1957.1.22］では、ソヴェトの活動改善に際して代議員の活動の活発化と改善に特別の注意が向けられなければならないと定められていた。ここで注目すべきは、ソヴェトと代議員の活動改善が当のソヴェトや代議員だけでなく党組織と執行委員会に対しても求められたという点である（КПСС: 9/161）。

代議員と執行委員会の関係は、たとえば『モスクワ市ソヴェト執行委員会通報』に掲載された「代議員への助言」では次のように位置づけられていた。計画の達成、勤労者の需要の充足および大衆の発意の発展に関する日々の活動において代議員と執行委員会は相互の援助と支援を基礎に活動している。代議員の活動の成功は執行委員会による支援にかかっている。これと同様に、執行委員会の直面する課題の成功裡の解決は代議員の活発な協力に左右される。執行委員会は、代議員の活動を率いる機関としてではなく、代議員を導き、支援し、優れた活動経験を広める機関として振る舞う。このように述べたうえでこの「代議員への助言」は、執行委員会が代議員を支援する具体的な活動として、市と区の事業、ソヴェト法規の基礎ならびに代議員の権利、義務および活動方法を知らせる目的でモスクワ市と区の執行委員会は代議員を対象に学習や相談の機会を設け、講義やセミナーをおこない、便覧を発行するなどしていることを挙げた。そのうえで、活動の優れた形態が「代議員の日」[6]で、そこでは代議員が執行委員会の委員たちと会って自分の活動を概括《がいかつ》し、執行委員会への提案と要望を述べていること、選挙人との面会の組織、彼らの苦情と提案の検討と解決、訓令の遂行において執行委員会は代議員を全面的に支援するよう求められていることを指摘した（Бюллетень МГ: 1961/11/17-18. 訓令については次項で詳述する）。

代議員の活動を支援するため執行委員会の建物に代議員室が設けられることも多かった。ロストフ市執行委員会は一九五九年九月に、代議員室を設けること、ソヴェト建設に関する必要な視覚教材と文献を備えることを決めた（Габричидзе: 84）。モスクワ市のクイブィシェフ区では執行委員会の建物に代議員のための部屋が設けられた。部屋にはソヴェトと執行委員会の決定や住民の要望の一覧など各種の資料が備えられ、代議員の会合もここでおこなわれた。毎週火曜日には執行委員会がすべての代議員を対象に講義、講演、施設見学、面談などをおこなっていた。たとえばある火曜日には「社会保障について代議員は何を知っている必要があるか」というテーマで社会保障部の部長との懇談がおこなわれた（Бюллетень МГ: 1960/2/21）。

このように執行委員会による代議員への様々な支援の必要性が主張され、実際に支援がおこなわれていた。とはいえ、常に、そしてあらゆるところでこうした取り組みがなされていたわけではない。ロシア共和国のサラトフ州に関するソ連最高会議幹部会ソヴェト活動部の一九六三年六月三日付報告書によれば、村ソヴェトの代議員の約六〇％が初めて選ばれたにもかかわらず、多くの地区ソヴェトと村ソヴェトの執行委員会は代議員を指導しておらず、一三の地区では代議員との会合を持った村ソヴェトは一つもなかった。カリーニン地区ソヴェトの執行委員会を除くすべての地区執行委員会が「代議員の日」をおこなっていなかった（ГАРФ: 552/15-16）。

（二）「代議員の地位に関する法律」

一九五六年の第二〇回党大会以後、代議員は多様な役割を果たすよう求められ、その活動を執行委員会が支援することも求められたが、代議員の職責や権利などは実は必ずしも明確には定められていなかった。このため代議員の職責や権利などについて定めた連邦法「代議員の地位に関する法律」が一九七二年九月二〇日付で制定された。この法律は一九七九年四月一九日付で修正されたが、文言の変更が中心で主な内容は変わっていないので、修正された文言に基づいてこれまで紹介した活動に関わる条項を紹介しよう。

第五条第一項では、代議員は生産活動または職務活動から離れずに職権を行使すること、代議員の職権は無償で行使されることが定められ、同条第二項では、代議員は生産活動および社会・政治活動に活発に参加し、ソヴェト法規の執行ならびに労働規律および社会主義的共同生活の規則の遵守の模範を示すことが定められた（Конституция: 75）。代議員が「兼業」であることが明記されたうえ、代議員としての活動だけを求められたのではなく、労働規律および社会主義的共同生活の規則の遵守の模範を示すとの文言によって本務の生産活動においても社会生活においても模範となるべきことも明記されたのである。[7]

第六条は第一項で、代議員は選挙人、代議員候補者に推薦した集団および社会団体ならびに選挙区にある企業、施設、組織、国家機関および社会機関との連絡を保つと記し、第二項で、代議員は選挙人に対して責任を有し、彼らに報告する義務があると定めたうえで、第三項で「選挙人の信頼に応えていない、または代議員の名誉ある称号にふさわしくない行為をした代議員は、法律の定める手続きにより選挙人の過半数の決定でいつでもリコールされ得る」と定めていた（Конституция: 75）。第一章で見たように、リコールについては憲法に定めがあり、リコール手続法もすでに制定されていたにもかかわらず、ここでも改めて「いつでもリコールされ得る」と定めることで選挙人に対する責任を強調したのである。

第八条では、第一項で、代議員は自身の選出されているソヴェト、常設委員会およびソヴェトのその他の機関の活動に活発に参加し、ソヴェトおよびその機関の委任を遂行しなければならないとしたうえで、第三項では「最高会議幹部会およびソヴェト執行委員会は、当該ソヴェトの代議員に対して活動に不可欠な援助を与え、ソヴェトとその機関の活動について、経済発展計画および社会発展計画の遂行過程について、選挙人の訓令実現の過程について、代議員の批判的指摘と提案に関してとられた方策について代議員に情報を与え、代議員によるソヴェト法規およびソヴェトの活動経験の学習を支援する」との文言によって最高会議幹部会と執行委員会が代議員の活動を支援する義務を定めた（Конституция: 76. 常設委員会については次章で扱う）。

第一八条第二項では「代議員は選挙人と常時連絡を保ちつつ、ソヴェトの活動について、経済発展計画および社会発展計画、ソヴェトの決定ならびに選挙人の訓令の遂行について選挙人に情報を提供し、法律ならびにソヴェトおよびその機関の決定の執行の組織に参加し、世論を調査し、ソヴェトとその機関に対して住民の需要と要求について知らせ、これらを満足させる方策をとり、代議員の活動に関係して生じた問題に関する提案をしかるべき機関と公務員の審議に諮る」とされ、同条第三項では、選挙区での活動において代議員はソヴェトの活動家、社会団体、住民の社会的自主活動機関および勤労集団の助力と支援に依拠するとされた（Конституция: 79）。

第二〇条第一項は、ソ連最高会議、連邦構成共和国最高会議および自治共和国最高会議の代議員は年に一回以上、クライおよび州のソヴェトならびに自治州、自治管区、地区、市、区、居住区および村ソヴェトの代議員は年に二回以上、自分の活動とソヴェトの活動について選挙人ならびに代議員候補者に推薦した勤労集団および社会団体に対して報告しなければならないと定めた（Конституция: 79）。

このように、この法律ではそれまで代議員に求められていた活動内容を踏まえて代議員の様々な職責が定められた[8]。

では、この法律の規定は実現されたのだろうか。あるいはまた、この法律の制定によって代議員や執行委員会の活動に変化は見られたのだろうか。

「代議員の地位に関する法律」の制定された翌年、一九七三年のロシア共和国の地方ソヴェトの活動状況に関する報告書には、「代議員の地位に関する法律」はソヴェトの活動における民主主義的原則の一層の発展、代議員の権威と活発さの高まり、彼らの選挙人に対する責任の向上、常設委員会の活動の活発化、ソヴェトの側からの執行機関の活動や選挙人の訓令の遂行に対する監督の強化を促していると記されている（ГАРФ А: 13/3565/21）。

こうした肯定的な影響は様々な形で指摘されたが、この法律の制定によってすべてがうまくいったわけではなかった。たとえば一九七三年一一月一六日のロシア共和国最高会議幹部会ではスタヴロポリクライとレニングラード州における「代議員の地位に関する法律」の遂行状況が審議されたのだが、その際の報告や指摘は次のようなものだった。

報告したレニングラード州執行委員会議長は、法律制定に伴っておこなった様々な取り組みを紹介したうえで、この法律の実現は一回だけの短期間のキャンペーンではないということを理解している、至るところで常にこの規範が遵守されるようにするためになすべきことは多いと述べたが、それでもこの法律の有益な影響はすでに目につくとして次の例を挙げた。代議員の活発さが増し、州の地方ソヴェト全体で一九七二年に定例会で総数の六二%に当たる八七九〇人の代議員が発言した。これは一九七一年より九%多い。州ソヴェトが医療について審議した際に州執行委員会は選挙区での調査を代議員に要請した。約七〇人の代議員が執行委員会に具体的な提案を届けた。州ソヴェトの定例会ののち、州では一五〇を超える集会が開かれ、代議員が決定について報告した（ГАРФ A: 13/3553/81-85）。

その後の審議のなかで幹部会議長がスタヴロポリクライ執行委員会第一副議長に対して、現行法規を知るための活動は組織されているか、されている場合どのようにかと訊ねた。幹部会議長は、この数年代議員が知っていなければならない多くの重要な法律が制定された、こうした法律を知らないならば代議員の職責を果たすのは難しいことは明らかだと述べて、この問題はいかに解決されているのかと改めて訊ねた。

スタヴロポリクライ執行委員会第一副議長は、地区で年二回「代議員の日」をおこなっている、村ソヴェトと居住区ソヴェトの代議員も参加していると答えた。これに対し幹部会議長は、今年選挙がおこなわれてほぼ半数の代議員が新たに選ばれた、彼らはソヴェトで活動したことがないので、経験を伝え、現行法規の知識水準を向上させる必要があると指摘して、年二回の「代議員の日」では不十分だとは思わないのかと詰問した（ГАРФ A: 13/3553/105-106）。

他の幹部会員からも代議員の教育を充実させる必要性についての発言が続いた。まず発言した幹部会員が、代議員の任期は二年で、最初の半年は職責に慣れる時期で代議員は優柔不断で権限を行使せず、二年目の最後の四半期はもうすぐ改選なのでそれまでおこなったことに満足すると指摘し、できるだけ早く代議員を活動に加えなければならないと述べた（ГАРФ A: 13/3553/117）。

次に発言した幹部会員は、人民の代表の権威は代議員の職責を巧みに果たせるか否かにかかっている、これは多くが教育にかかっていると指摘し、ゴーリキー州でも「代議員の日」、講義、報告および経験の交換などがおこなわれていると述べた（ГАРФ A: 13/3553/123）。

続いて発言した幹部会員も、タタール自治共和国では四八〇〇人が新たに代議員に選出されたことを紹介して、彼らに対する恒常的な活動を選出後ただちに真剣に始める必要があると述べた（ГАРФ A: 13/3553/128）。

その後発言した幹部会副議長も、マリ自治共和国でも先の選挙で半数以上の代議員が初めて選ばれた、何をすべきか彼らが知らないのは当然だと述べ、「代議員の日」をおこない、会議やセミナーを至るところで開いて「代議員の地位に関する法律」の説明をしたことを紹介した。そのうえで、なお深刻な欠陥があること、紙の上では代議員の活動に進捗《しんちょく》が見られるが、具体的に調べると大きな失策がわかる場合があることも認めた（ГАРФ A: 13/3553/138-139）。

このようにこの日の発言者のほとんどが、「代議員の地位に関する法律」の制定によってすべてがうまくいっているわけではなく、うまくゆくように代議員を教育し導かなければならないという趣旨のことを述べていた。

しかし問題は代議員の側だけにあったのではなかった。この幹部会での審議で発言したロシア共和国最高会議幹部会ソヴェト活動部部長は、公務員や企業や組織の指導者には「代議員の地位に関する法律」に違反し、代議員の訴えに適切な時期に反応せず、ソヴェトまたは執行委員会の事前の同意なしに代議員を解雇したり、別の職へ移したりする者がいると批判した。そしてソヴェト活動部部長は、こうした例はスタヴロポリクライでもレニングラード州でも他のクライや州や自治共和国でもあったと述べ、国家機関、企業、施設および組織ならびにその公務員は代議員が権限を行使するのに協力する義務がある、法律のこの要請は無条件に達成されなければならないと指摘した[9]（ГАРФ А: 13/3553/113-115）。

その後発言したロシア共和国検事も、「代議員の地位に関する法律」の要請に反してソヴェトまたは執行委員会の同意なしに代議員が異動させられたり解雇されたりした例があったことを紹介し、検察が把握し異議を申し立てたすべての命令が取り消され、違反者は責任を問われたことを報告した（ГАРФ А: 13/3553/141-142）。

こうしたやりとりののちに幹部会議長は、最も重大なこととして、今日の幹部会でこの問題が審議され、決定が採択されたという事実によって「代議員の地位に関する法律」の遂行状況にすべてのソヴェトの注意を向けさせることを挙げ、この法律を遂行するためには不断に監督することが求められると述べた（ГАРФ А: 13/3553/146）。

一連のこうした発言からは、「代議員の地位に関する法律」の制定によってただちに劇的な変化が起こったわけではないこと、このため法律の要請を遂行しようと努めていたこと、しかしその取り組みには地域差もあったことがわかる。こうした両面があった様子は、今紹介した最高会議幹部会でのやりとりがなされた一九七三年のロシア共和国の地方ソヴェトの活動状況に関する報告書の次の記述からもうかがえる。

「代議員の地位に関する法律」の制定に伴い、地方ソヴェトの執行委員会は代議員の教育を改善し、代議員やソヴェト職員を対象とした学校や短期コースで代議員全体の四分の一に当たる二七万六三五〇人が学んでいた。この他に一九七三年には七万四〇〇〇のセミナーと通例四半期に一度の「代議員の日」がおこなわれた。モスクワ市とレニングラード市の市ソヴェト代議員を対象に各六～七のセミナーが開かれ、アルタイクライ、クラスノヤルスククライおよびハバロフスククライのクライソヴェトならびにアムール州、アルハンゲリスク州、イルクーツク州、キーロフ州、コストロマ州、ノヴォシビルスク州、スヴェルドロフスク州、チェリャビンスク州およびその他の州の州ソヴェトの執行委員会は、クライソヴェトと州ソヴェトの代議員のために各三～四のセミナーを組織した。その一方でアストラハン州、イヴァノヴォ州、クルスク州、オリョール州、タムボフ州およびチュメニ州の州執行委員会は州ソヴェトの代議員を対象としたセミナーを一回ずつしか開かなかった（ГАРФ А: 13/3565/24）。

この翌年、一九七四年五月二一日付でソ連最高会議幹部会決定「代議員の地位に関する法律の適用の実際について」が採択された。この決定はまず、各ソヴェトはこの法律の実現に著しい活動をしていること、人民の全権代表としての代議員の役割は高まり続けていること、代議員の活動は活発化し、職場においても労働生産性向上と労働規律強化のために闘っていることなど肯定的な評価を列挙した（Сборник: 1/347-348）。

しかし、これに続けてこの決定は、この法律の要求遂行のための活動には代議員の活発さと発意の一層の向上を妨げる本質的な欠陥がなお存在しているとして、ソヴェトの定例会の招集の時間およびその審議に諮られる問題について代議員はどこででも適切な時に知らされているわけではないこと、執行委員会は定例会で出された代議員の批判と提案を常に概括しているわけではないこと、省庁ならびに企業、施設および組織の指導者はしばしば代議員の提案と指摘にしかるべき注意を向けず、問題の解決に緩慢さを発揮していることを指摘した（Сборник: 1/348）。

こうした問題点を指摘してこの決定は、地方ソヴェトが特別な注意を向けるべき事柄として、「ソヴェトとその機関における代議員の成功裡の活動のための条件創出、定例会で審議される問題の準備への代議員の活発な引き入れ、代議員の述べた提案と指摘の実現に対する監督」、「選挙区での活動での代議員への絶えざる支援、選挙人に対する代議員の報告の実施、住民との面会の組織、選挙人の訓令遂行のための活動の一層の改善」、「代議員の活動経験の交換、代議員によるソヴェト法規の体系的な学習、国民経済計画と予算の遂行過程や執行委員会の活動についての代議員に対する定期的な情報提供の組織」などを列挙した。連邦の省庁、共和国と自治共和国の閣僚会議に対しては、管轄下の企業、施設および組織によるこの法律の規定の厳守を保障するよう決定した（Сборник: 1/348-349）。

この決定からも「代議員の地位に関する法律」の要請が必ずしも実現していなかったこと、実現すべきだと考えられていたことがわかる。

二　代議員への訓令とその遂行

(一)訓令の制度化の過程

ソヴェト制度の特徴の一つに、代議員に対する選挙人の訓令がある。近代以降のヨーロッパの議会制においては、議員は選挙区の選挙人によって選ばれるけれども選挙人による個別の訓令に従う義務はないという考え方が現れたが[10]、ソヴェト制度では代議員は選挙人たちの「代表」であると同時に「代理」であり、選挙人が代議員に訓令を与え、代議員はその実現に取り組むことが重視されていた。

しかしスターリン期には訓令はほとんど見られなかったという（稲子：83）。様子が変わったのはスターリン死後である。これまで見てきたように、ソヴェトと代議員の活動の活発化、人々との結びつきの強化の重要性が強調されていったなかで、訓令の重要性も指摘されるようになり、訓令制度が活発に利用されてゆくようになった。

先に見た「代議員の地位に関する法律」［1972.9.20］は、第七条第一項で「代議員は、選挙人の訓令の遂行への住民の組織、企業、施設および組織による訓令実現の監督に参加し、訓令の実現を達成する」、同条第二項で「当該ソヴェトは、選挙人集会で同意された訓令を検討し、訓令遂行のための方策の計画を定め、経済発展計画および社会発展計画の策定ならびに予算の作成の際に訓令を考慮し、選挙人の訓令遂行を組織し、訓令の実現に対する監督をおこなう」と定めていた（Сборник: 1/337）。

前項で見たように、この法律はそれまでも代議員に求められていた様々な役割を明文化した性格のもので、訓令遂行についてもこの法律で定められる以前から重視され、様々な検討と取り組みがなされていた。それが明文化されたのである。

その後、一九七六年二月に開かれた第二五回党大会では書記長ブレジネフが中央委員会報告で次のように述べていた。代議員の権限と義務、代議員に対する国家機関と社会機関の義務を明確に定めた「代議員の地位に関する法律」が採択された。このことは顕著《けんちょ》な成果をもたらした。「ソヴェトの代議員の発意によって今日多くの重要な問題が提起され、解決されている。選挙人の訓令に基づいて代議員によってなされた提案は、わが国の人民の、われわれの生活全般の欲求と要求を反映していると率直に言う必要がある」（XXV съезд: 1/107）。

翌一九七七年には新しいソ連憲法の草案が公表され、全人民討議がおこなわれた。その結果を踏まえて憲法草案を審議する一九七七年一〇月四日のソ連最高会議でブレジネフは、地方ソヴェトの代議員も含む多くの同志たちが選挙人の訓令についての新しい条文を憲法に含めるよう提案していることを紹介した。ブレジネフは「訓令は住民の実に様々な要求を表し、勤労者の個々のグループと社会全体の具体的な利益を反映している。このため訓令の遂行はソヴェトと代議員の活動の重要な部分である」と述べ、「ここに社会主義的民主主義の現実的な現れの一つがある」、代議員だけでなく企業、コルホーズ、建設場、施設の指導者も訓令の実現にしかるべき注意を払わなければならないと述べた（Брежнев: 521）。

審議を経て一九七七年一〇月七日にソ連最高会議で採択されたソ連憲法では「選挙人はその代議員に訓令を与える」こと（第一〇二条第一項）、「当該の人民代議員ソヴェトは選挙人の訓令を検討し、経済発展計画および社会発展計画の作成ならびに予算の作成の際に訓令を考慮し、訓令の遂行を組織し、訓令の実現に関して市民に知らせる」こと（同条第二項）、「その活動において代議員は全国家的な利益に従い、選挙区の住民の要求を考慮し、選挙人の訓令の実現に努める」こと（第一〇二条第三項）が定められた（Конституция: 21-22）。

また、新憲法制定に伴って新たに制定されたソ連最高会議の選挙法［1978.7.6］では、第九条第三項に「選挙人は自身の代議員に訓令を与える。訓令は選挙人の選挙前集会で提出される。訓令の提出、検討、登録および遂行の手続きは法律で定められる」と定められた（Конституция: 57）。その後、「代議員の地位に関する法律」が一九七九年四月一九日付で修正された際に、先ほど紹介した第七条の第一項が第三項へ移され、新しい第一項として「選挙人は自身の代議員に訓令を与える」との規定が置かれた。第四項も新設され、「選挙人の訓令の提出、検討、登録および遂行の手続きは、ソヴェト連邦、連邦構成共和国、自治共和国の法令で定める」と定められた。さらに、第二項の文言にも若干の修正が加えられ、「当該ソヴェトは、選挙人集会で同意された訓令を検討し、訓令遂行のための方策の計画を定め、経済発展計画および社会発展計画の策定ならびに予算の作成の際に訓令を考慮し、訓令遂行を組織し、訓令の実現について市民に知らせる」となった（Конституция: 75-76）。

おそらくこの第七条第四項の規定が設けられたことを受けて、ソ連最高会議幹部会令「選挙人の訓令に伴う活動の組織について」〔1980.9.1〕が発せられた。

この決定は前文で「社会主義社会において代議員に対する選挙人の訓令は、民主主義の実行、住民の意思と利益の表明、国家と社会の事業の管理への市民の直接の参加、ソヴェトおよび代議員と人民大衆との結びつきの強化の形態の一つである」と謳い、第二条で訓令の採択について、訓令は選挙人によって選挙前集会において与えられること、選挙前集会は訓令に関する提案を社会的意義、論拠、遂行の現実性に基づき審議すること、訓令に関する提案の承認または却下に関する決定は選挙前集会の参加者の公開投票で単純多数によってなされ、その後、選挙前集会のおこなわれた領域にある市、区、居住区および村ソヴェトの執行委員会へ送られることを定めた(Конституция: 84)。

選挙前集会で訓令が採択されたのちの手続きとしては、第三条で、その実現が地方ソヴェトの審議事項である訓令の登録、概括および事前調査はその執行委員会によっておこなわれること、執行委員会は、執行する訓令の採択に関する提案およびこれを遂行するための方策の計画を作成し、ソヴェトの審議に諮ることが定められた。次いで第四条で、訓令の執行への採択に関する決定およびその訓令を遂行する方策の計画は、当該訓令の実現がその審議事項であるソヴェトによって採択されること、実現が上級の国家機関の審議事項である訓令は上級ソヴェトの執行運営機関へ送られることが定められ、第六条では、選挙人の訓令に関するソヴェトの決定は選挙人に知らされること、上級のソヴェトの代議員に与えられた訓令の執行を採択したソヴェトは、これについて代議員およびこの代議員が選出されているソヴェトに知らせることが定められた

（Конституция: 84-85）。

こうして遂行に向けて採択された訓令については第一二条で、代議員は訓令の遂行ならびに国家機関、企業、施設、組織および公務員によるその実現の監督における住民および勤労集団の組織に参加し、訓令の実現を達成するとされた（Конституция: 86）。

その後、このソ連最高会議幹部会令にならって共和国および自治共和国で法令化が進められた。たとえばロシア共和国では「ロシア共和国における選挙人の訓令に伴う活動の組織に関する規程」［1982.5.6］が制定された（Свод: 109）。

こうした様子からは、訓令制度が民主主義の実現に欠かせないものとして重視されていたことは明らかだが、問題は、訓令制度が実際にどれくらい機能していたのかである。一九五〇～一九七〇年代のソ連における議論に基づいてヒルは、訓令制度が自由にかつ有効に機能するとすれば統治にとって直接的な入力とフィードバックの重要な形態として役立ち得るだろう、しかし実際には多くの問題点が認められており、時として理想とは程遠いものとなっていると指摘していた（ヒル：105）。その実情はいかなるものだったのだろうか。

（二）訓令遂行の実情

先ほど述べたように、訓令制度は一九七二年制定の「代議員の地位に関する法律」で初めて示されたものではなく、それ以前から重視され、様々な取り組みがなされていた。たとえば『モスクワ市ソヴェト執行委員会通報』一九六一年一一月号には訓令について概ね次のような説明が見られる。

選挙人の訓令は代議員とソヴェトの活動の具体的なプログラムであり、訓令は、選挙前の候補者選出集会や候補者との面談の際、投票の際（投票用紙への書き込みやメモなどの投票箱への投函によって）、代議員の選挙人に対する報告の際に提出される。訓令として扱われるべきは第一に選挙人集会の決議に記された選挙人の提案である。執行委員会は選挙人集会の議事録にあるすべての訓令を慎重に概括し、その遂行計画を確定して代議員に知らせなければならず、訓令遂行において代議員に多大な支援をおこなう。しかし代議員は、訓令遂行が代議員自身の仕事であることを忘れてはならず、訓令の遂行過程を日常的に監督し、所定の期間と作業の質の遵守を部局の指導者に粘り強く求めなければならない。訓令の多くは居住地の環境整備と緑化に関係するもので、これらの訓令を達成するため代議員は関係機関の職員とともに何が必要か検討し、必要な資材を手に入れ、選挙人を組織して日曜労働をおこなうなどしなければならない（Бюллетень МГ: 1961/11/22-23）。

ここにも出てきたように、訓令の多くは道路や歩道の整備、歩道橋や橋の建設、建物の修理、水道や井戸の敷設、街路灯の整備、通りや公園の除雪や清掃と植樹、時には売店の開設や学校の建設などに関するもので、その遂行には住民を引き入れることが重視された。

とはいえ訓令は住民の力で遂行できるものばかりではなかった。たとえばロシア共和国ウリヤノフスク州についての一九六〇年九月一七日付報告書には次のように記されている。

パヴロフカ地区には中心地に浴場、床屋、写真店および衣類・靴の縫製・修理所が一軒ずつあるだけで、住民は個人営業のサービスを利用したり、数十キロメートル離れた地区中心地の修理所に注文を出したりすることを余儀なくされている。しかもその修理所のサービスの質は低く、注文遂行には長い時間がかかり、苦情が多い。他の地区の大半も同様だ。二〇万五〇〇〇人が住むウリヤノフスク市の浴場の収容人数は合計で一〇四五人しかなく、利用者は何時間も並ばなければならない。ウリヤノフスク市も含む多くの居住区域で飲用に適さない汚れた水の利用を強いられている。いくつもの居住区域で井戸がないため露天水源の水を飲用に用いている。水源では遊牧がおこなわれ、水鳥もいるため水はひどく汚れている。今年に入ってからの八か月間にウリヤノフスク自動車工場の労働者は工場の食堂の欠陥について工場の新聞に一六回書いた。しかしその後も食堂は汚く、ナイフがなく、店員は三角巾をせず汚れた上っ張りを着て客をぞんざいに扱い、食事は一種類で不味く、目方のごまかしや横流しがある。今年の六月二九日には一八キログラムのサラミのうち労働者に売られたものは一グラムもなかった。こうした欠陥は、地方ソヴェトが問題を軽視し、勤労者の生活改善に対して形式的な態度を示し、決定の遂行を監督していない結果である。執行委員会の活動の本質的な欠陥は、選挙人の訓令の軽視である。州執行委員会は訓令を受けてから八か月後にようやく実現のための方策を検討し、決定の遂行を監督しておらず、多くの訓令が遂行されないままとなっている（ГАРФ А: 13/1211/31, 33, 40-41, 47-48, 80, 82）。

一九六七年二月二〇日のロシア共和国最高会議幹部会で報告したオリョール州執行委員会議長は、前回の選挙で受け付けた五〇七四の訓令のうち八〇％に当たる四〇五四の訓令を実現したが、二〇％はまだ実現していないことを明らかにし、完全にかつ期間内に遂行する資金がないと述べた。この点についてオリョール州での点検をおこなった職員が続けて報告し、実現されていない訓令は人々の生活に最も必要なものだ、州では勤労者の要望への不注意な態度が見られると指摘した（ГАРФ А: 13/2146/270, 277）。

一九七三年五月二一日のロシア共和国最高会議幹部会で審議されたチュヴァシ自治共和国に関する報告書では、五月五日現在で地方ソヴェト代議員全体の五七・〇%に当たる七二五八人が選挙人に対して報告したこと、選挙人はソヴェトと代議員の活動、特に訓令の遂行の欠陥に注意を向けていること、執行委員会による監督と組織活動の欠如故に訓令のいくつかは遂行されず、選挙のたびに次の任期へと送られて選挙人の正当な非難を呼んでいることが指摘された。審議のなかでチュヴァシ自治共和国最高会議幹部会議長は、執行委員会と部局は一四七七回、地方ソヴェトの代議員一万二五〇〇人のうち八一五三人が選挙人に対して報告したこと、こうした報告集会で選挙人はソヴェト、執行機関および代議員の欠陥を強く批判し、一九七一年の選挙の際の訓令遂行の責任を厳しく問うていることを報告した（ГАРФ А: 13/3538/72, 146）。

このように、地方ソヴェトの執行委員会によって訓令は必ずしも実現されておらず、そのことは選挙人からも政権側からも批判されていた。その際には執行委員会側は必ずといってよいほど資金と資材の不足を理由に言い訳をしたのだが、これに対しても訓令が遂行されないのは資金や資材の不足のためではないとの批判も頻繁になされていた。そして、こうした様子は時期を問わず見られた。いくつか例を挙げよう。

一九五九年七月二九日にロシア共和国最高会議幹部会はコストロマ州の地方ソヴェトにおける

選挙人の訓令に関する活動について審議した。この議題に関する最高会議幹部会の決定には「訓令は国家の事業への勤労者の参加の最も重要な形態の一つである」と記されていたが、コストロマ州での活動は総じて十分ではないとも指摘されていた。この決定によれば、コストロマ地区執行委員会では四三中一〇の選挙区、ブイ市執行委員会では八五中二〇の選挙区、ネヤ市執行委員会では五〇中一八の選挙区しか訓令が登録されておらず、複数の村ソヴェトの執行委員会は訓令の登録と概括に事実上着手していなかった。そしてこの決定は、本質的な欠陥の一つは選挙人によるあらゆる提案と要望が含まれていることだと指摘した。当該ソヴェトの権限に関わらなかったり、実現する可能性のなかったりする選挙人の提案が訓令にしばしば含まれていることが批判されたのである（ГАРФ А: 13/1157/3, 4, 6）。

その一方で、多くの執行委員会は訓令遂行のための追加的な資金を探さず、企業やコルホーズや施設や組織の資金と力を十分引き入れていないとの批判もなされた。井戸を掘る、通りの穴を埋めるなど多くの支出を必要としない簡単な訓令さえ遂行されていない例があることも指摘され、訓令へのこうした態度がソヴェト機関の権威を低めているとの批判がなされた。合わせて、選挙人の労働によって多くの訓令が達成され得るのに彼らが引き入れられていないとも指摘された（ГАРФ А: 13/1157/5）。

こうした批判に対してコストロマ州執行委員会議長は、ソヴェトには新たに選ばれた者が多く、訓令をいかに登録すべきか知らない者もいると指摘し、訓令にある規模で実現する必要性や可能性がない訓令は却下し、選挙人に説明したと述べた（ГАРФ А: 13/1157/218, 220）。

しかし、コストロマ州で点検をおこなった職員は、住民が多大な不便を被っているにもかかわらず多くの執行委員会が大して資金がかからない訓令を放置していることを批判し、カリーニン〔ソヴェト政権初期から第二次世界大戦後に至るまで国家元首に当たる地位にあった〕の「訓令にある提案の九〇％は多大な支出が要らず、勤労者の文化・生活上の必要に注意を向けるだけでよいものだ。街灯をつけたり、街路を清掃したり……。しかし……こうした問題が巨大な政治的な意義を有している」という発言を引用した（ГАРФ А: 13/1157/229-230）。

その後発言した最高会議幹部会議長は、実現できない訓令が採択されていることについて地方の指導者たちを批判した。「彼らは国の状況を知っているのだから、運動場か住居か、どちらがより重要かと言わなければならない」。運動場を建設するのはよいことだが、「選挙人たちは訓令にこれを書く必要はないと気づき、理解するだろう」。おもねるのではなく真実を語る必要がある。そうでなければソヴェトの役割は低下してしまう。訓令が持ち込まれ、一年、二年が過ぎ、訓令は遂行されていない。「口ばっかりだ！」、「言うだけ言って、何もなされないではないか！」と言われる。訓令の採択では何よりまず選挙人に依拠する必要がある。自分たちにとって重要なのはこの訓令か否かを選挙人自身が判断するだろう（ГАРФ А: 13/1157/232-233）。

幹部会員からも、代議員は選挙人と会い、どの訓令が一〜二年では遂行できないか、それは何故かを説明すべきであり、訓令を与えたのに遂行されないと選挙人が言わないように説明する必要があるが、常にそうなってはいないとの指摘がなされた。この幹部会員は、依存的な気運が問題だとも指摘し、クラブの周りに囲いをめぐらせるといった要望が最高会議に宛ててなされている、誰かがやってきてこうした瑣末な仕事をおこなうだろうと考えていることの表れだと批判した（ГАРФ А: 13/1157/234-236）。

この発言を受けて最高会議幹部会書記が、依存的気運を支持してはならない、住民自身によって訓令遂行の活動を組織すべきだとの考えを支持すると述べた。その一方で、井戸の補修が一〜三年もおこなわれず、最高会議幹部会が点検したら一か月でおこなわれるのは許しがたい、これをおこなう完全な可能性があったということだからだと批判した（ГАРФ А: 13/1157/237）。

その後、一九六三年二月一四日のロシア共和国最高会議幹部会でも最高会議幹部会議長は、実現できない訓令もあるが、訓令が実現されないことを選挙人は批判すると指摘し、「地方ソヴェトへの批判は、州ソヴェト、最高会議、閣僚会議へのものだ。……勇気を持つことが必要だ。すべての訓令を採用しなくともよい。実現できない要望には正直にそう言うべきだ」と述べた（ГАРФ А: 13/1306/214）。

一九六五年二月二五日のロシア共和国最高会議幹部会での審議に際しては、沿海クライの地方ソヴェトによって採択された三〇九〇の訓令のうち八二〇が遂行されていないと指摘する決定案が準備されていた（ГАРФ А: 13/1941/41）。審議ではこれに関して沿海クライ執行委員会議長が、訓令の大半は学校や医療施設の建設、道路の修理に関するものですべてを遂行することはできない、これらに向けた予算支出はわずかだからだと説明した（ГАРФ А: 13/1941/388）。

この点について幹部会議長は次のように述べた。いくつかの訓令は遂行されるのに五年、時には七年かかることをわれわれはよく知っているが、地方ソヴェトの代議員は二年の任期で選ばれる。この種の選挙人の訓令を採択する必要はない。「われわれは、たとえば発電所を建設するといった訓令を採択することはできないと率直かつ誠実に言う必要がある」。二年間ではこれは建設できない。「もっと大胆に住民と話すことはできないのか」(ГАРФ A: 13/1941/390)。

ロシア共和国最高会議幹部会議長によるこうした一連の発言は訓令遂行を軽んじていたことを意味しない。一九六六年三月一日のロシア共和国最高会議幹部会において訓令遂行に関するトムスク州の地方ソヴェトの活動について審議した際には、訓令遂行に非協力的な省庁を批判してこの最高会議幹部会議長は次のように述べていた。省庁は指導や計画に都合がよいという自分たちの事情についてではなく人々について考えることが必要だ。「勤労者の物質的な条件を改善するようわれわれは極めて真剣に取り組む必要がある。何故私は今怒っているのか。この問題は人民に実に身近だからだ」(ГАРФ A: 13/2038/228-229)。

そしてまた、こうした指摘はこの幹部会議長だけのものではなかった。一九七〇年一〇月二〇日のロシア共和国最高会議幹部会で訓令遂行の不備が批判された際には、現地での点検をおこなった幹部会職員が、人々はソヴェト権力を成し遂げたことで判断する、訓令を採択し、実現されないとき、どんな権威があり得るだろうかと指摘していた(ГАРФ A: 13/2964/107-108)。

一九七三年五月二一日のロシア共和国最高会議幹部会ではある幹部会員が、チュヴァシ自治共和国の住民が新しい井戸の建設を「長いこと」求めていると切り出した。「長いこと」人々が要望し、「執行委員会が決定し、しかし決定は遂行されていない」。「一体何故今までこの訓令は遂行されていないのか」(ГАРФ A: 13/3538/110)。

この幹部会員は、チュヴァシ自治共和国の首都チェボクサリ市南部の居住区の選挙人たちが公衆浴場の建設を五年間要望していることにも言及した。住民一万六〇〇〇人に対して公衆浴場は一つしかなく、四～五時間行列に並んでようやく風呂に入れる。市ソヴェトはこの訓令を執行すると二度決めたが、遂行されていない。「これは一体どう理解すべきなのか。五年間人々は求めている。人々がまたこれを要望するとき、彼らにわれわれはどう見えるだろうか」。「この問題を、今、まだ遅くないうちに解決する必要がある……住民の要望を満たすことが必要だ」（ГАРФ А: 13/3538/110-112）。

この審議を締め括るに当たって最高会議幹部会議長はこの発言に言及し、何年も訓令が遂行されていない、「これは最も本質的な欠陥の一つだ」と述べた（ГАРФ А: 13/3538/117）。

政権は訓令遂行の実績を示さなければ権威はあり得ないことを意識していた。そのためにも実現する可能性のない訓令については可能性がないと言うべきであり、可能性のある訓令は住民の力も用いて必ず遂行すべきだと主張されたのである。

こうした主張がなされたのは、採択された訓令がしばしば遂行されなかったからだが、それでも地域住民を動員することで成果を挙げた例は少なくなかった。

一九五九年七月二九日ロシア共和国最高会議幹部会で報告したコストロマ州執行委員会議長は、一万〇〇三〇の訓令のうち二九二二が遂行されたとして次のように説明した。コルホーズの資金で四七の託児所の建設が始められ、四〇がすでに建設された。住民の資金により一四五のクラブの建設が始められ、そのうちコルホーズの資金によるものが一一六だ。一昨年、住民の力で居住区が一つ建設された。未来の住民が自分たちの力で住居を建て、七〇〇〇人が入居した。シャイマ村ソヴェトは領域が川で二分されており、代議員たちは選挙人やコルホーズとともに橋の建設に加わり、国家の支出なしに橋が架けられた（ГАРФ А: 13/1157/222-224）。

ロシア共和国サラトフ州についての一九六三年六月三日付報告書では、訓令遂行の過程で州の農村では学校三六、幼稚園二六、クラブ四二、図書館六が開設され、井戸二五四三と橋五四七が建設または修理されたこと、九〇万本の観賞樹と五〇万本を超える果樹が植えられたこと、約五〇〇〇キロメートルの道路が大規模に修理されたこと、舗装された道路一七四キロメートルと水道四二キロメートルが建設されたことが紹介された。そして、この活動の多くは、国費の著しい支出なしに積極的な住民の力によってなされたことが指摘された（ГАРФ: 552/12）。

一九七三年一一月一六日のロシア共和国最高会議幹部会で報告したスタヴロポリクライ執行委員会第一副議長は、地方ソヴェトの多くの代議員が訓令遂行に住民を積極的に組織し、訓令遂行に対する監督をおこなっていること、一九七一年選出の代議員に与えられた九〇九八の訓令のうち九六％に当たる八七三七の訓令が遂行されたことを指摘して、訓令をすべて遂行したクライソヴェトの代議員について次のように紹介した。この代議員への訓令によって二四〇床の病院が建設され、橋が拡幅され、中等学校の建物の増築が完了し、養鶏コンビナートの領域のアスファルト舗装が始められるなどした。彼は選挙人と密接な関係を維持し、自身の活動について一九七二年に三度、一九七三年には二度報告した。彼は労働赤旗勲章を授与された旋盤工で、毎日の課題を一五〇～一七〇％遂行し、一九七三年の年間計画を一〇月一〇日に達成した。選挙人は一九七三年の選挙でも彼をクライソヴェト代議員に選んだ（ГАРФ А: 13/3553/100-102）。

　こうした人物こそが模範的な代議員だったと言えるだろうが、すべての代議員がこのように模範的だったわけではない。この報告の審議のなかである幹部会員は、どのような訓令を採択すべきで、どのような訓令を採択すべきでないかの認識を持つ必要がある、「建物の建設も含めて一九の訓令を与えられた代議員がいる。この訓令すべてが採択され、代議員には拍手が送られたが、誰が訓令を遂行するのか」、「私が思うに、訓令に含まれるのは選挙区の資源でおこなわなければならない問題であるべきだ」と指摘していた（ГАРФ А: 13/3553/119-120）。

　この時期に至っても訓令はどのようなものであるべきかという点は必ずしも明確になっておらず、何が訓令なのか、訓令はいつ与えられるのかなどいくつかの観点から問題とされ続けた。

（三）代議員による報告・面会と訓令

　代議員が積極的におこなうべき活動で、訓令との関係で問題となったのが、選挙人に対する報告と、選挙人との面会だった。順に簡単に確認しておこう。

　第二〇回党大会での中央委員会報告で党第一書記フルシチョフは次のように述べていた。「ソヴェトの活動には深刻な欠陥、時にはソ連憲法の定める規範と規定からのあからさまな逸脱があることを指摘すべきである。たとえば代議員は選挙人に対して報告する義務があるのは周知のことである」。しかしながらここ数年、ソヴェトの代議員と執行委員会が住民に対して主として次の選挙キャンペーンとの関係で報告するという不適切な実践が重ねられている。「ソヴェトの活動におけるこうした欠陥を根絶し、選挙人との結びつきを強化し、憲法の定めるあらゆる規定を厳しく遵守する必要がある」（XX съезд: 1/91-92）。

当時有効だったのは一九三六年制定のソ連憲法で、第一章第四節第二項で見た、代議員のリコールを定めた第一四二条が代議員の選挙人に対する報告義務も定めていた。この憲法上の義務が守られていないと批判したのである。

先に紹介した『モスクワ市ソヴェト執行委員会通報』掲載の「代議員への助言」は、憲法では選挙人に対する代議員の報告はソヴェト民主主義の基本原則の一つと定められていると記し、代議員の活動に対する選挙人による監督の形態としてだけでなく、ソヴェトと大衆の結びつきを強化する最重要手段としても選挙人に対する報告は多大な政治的意義を有していると述べて、モスクワ市の様子を次のように紹介している。

通例モスクワ市および同市にある区のソヴェトの代議員は年一回以上選挙人に報告している。報告集会の準備は執行委員会の課題だが、代議員自身が集会の時間と場所の決定に発意を示し、選挙人に知らせなければならない。執行委員会は集会に適した建物を探し、報告のための資料を代議員に提供し、報告の準備を手伝い、代議員を助ける全権代表を各選挙区へ派遣する。報告集会では議事録が作られ、勤労者の批判や提案を検討するため議事録は執行委員会へ渡される（Бюллетень МГ: 1961/11/27-28）。

本章第一節において執行委員会がソヴェトと代議員の活動を指導し助けるよう定められていたことに言及したが、代議員の職責である選挙人への報告についても執行委員会はこうした多くの助力をしなければならなかった。ロシア共和国の地方ソヴェトの一九七三年の活動状況に関する報告書によれば、多くの執行委員会は、代議員が報告をおこなうための便覧や資料を提供し、建物を割り当て、報告集会の時間と場所を選挙人に知らせていた。九七万五〇二八の報告集会がおこなわれ、五六〇〇万人を超える選挙人が出席した（ГАРФ А: 13/3565/24）。

代議員から見れば執行委員会との関係は「一対一」だが、執行委員会から見ればそうではない。モスクワ市の場合、一九六一年の選挙では一〇六六人が選出されていた。モスクワ市の代議員は例外的に多く、他のソヴェトではこれほどではなかったが、いずれにしても執行委員会から見れば代議員は多数いたのであり、執行委員会が代議員に対して上記のような対応をするには多大な労力と時間を要しただろうから、実際の報告のおこなわれ方はやはり代議員にかかっていた部分も大きかったのではないか。そして、代議員の意識や能力は一様ではなかったから、報告の様子も様々だったろう。ここではロシア共和国最高会議幹部会の史料に基づいて、報告の大まかな様子を確認しておくことにする。

ロシア共和国では一九六二年に地方ソヴェトの全代議員の八一・五％が選挙人に報告し、一九六五年一月一日の時点では八八・二％の代議員が報告していた。一九六七年には全地方ソヴェトの代議員の八九・九％が報告したのに対し、一九六八年には九五・〇％だった（ГАРФ А: 13/1941/431-432; 13/2865/41-42）。

一九六九年三月の地方ソヴェト選挙ののちロシア共和国では代議員の九五・一％が同年中に選挙区で報告したが、偏りがあり、カリーニングラード州ソヴェトでは四六・八％、イルクーツク州ソヴェトでは五七・二%だったことが指摘された（ГАРФ A: 13/2936/24-26）。

一九七〇年二月二四日のロシア共和国最高会議幹部会ではソヴェト活動部部長が、村ソヴェトと居住区ソヴェトに関する法律は年二回以上選挙人に報告することを代議員に義務づけているが、誰もがこれを遂行しているわけではないとして、キーロフ州では村ソヴェトと居住区ソヴェトの代議員の一一・七%が、コストロマ州では一三・五%が、ヤロスラヴリ州では七%が、ペンザ州では一一%が選挙人に報告していないと指摘し、これは、執行委員会がこの法律にざっと目を通しさえせず、その規定を知らないということだと批判した（ГАРФ A: 13/2936/187-191）。

一九七一年三月一五日のロシア共和国最高会議幹部会では、一九七〇年には選挙人に対して九六・五%の代議員が報告したことが紹介された。その一方で、年に二回以上報告する義務があらゆるところで厳守されていたわけではなく、ペンザ州、ペルミ州、リャザン州、ウリヤノフスク州およびカルムイク自治共和国では二度報告したのは村ソヴェトと居住区ソヴェトの代議員の四分の一未満だったとの指摘もなされた（ГАРФ A: 13/2982/18-19）。

一九七三年二月二六日のロシア共和国最高会議幹部会ではソヴェト活動部部長が、法の要請により代議員は選挙人に対して年二回以上報告する義務があると指摘したうえで、遠くない過去においては年二回報告するのは一部の代議員に過ぎず、一九六九年に選挙人に対して二回報告したのは代議員の三三%だったが、今は圧倒的多数の代議員が法の要請を遂行していると述べた。

このように述べつつソヴェト活動部部長は、一九七二年には九八・五%の代議員が選挙人に報告したが、なおも代議員のほぼ四人に一人が年に一度しか報告しておらず、二回報告した代議員は北オセチア自治共和国では三五％、チュメニ州では三二％、アムール州では二九％しかいなかったことも指摘した。そして、年二回の報告に関する法の要請を各代議員が遵守するように執行委員会が監督を強化すべきだと述べた（ГАРФ A: 13/3531/94-95）。

ロシア共和国では結局、一九七三年に選挙人に報告した代議員は全体の九八・九％に当たる一〇八万八〇二八人となった（ГАРФ A: 13/3565/24）。

このように、代議員全員が法律の定め通りに選挙人に報告していたわけではないが、全体として見るならば、報告は時とともに広くおこなわれるようになっていたと言ってよいのではないか。ただし、報告が常に実質を伴っていたとは言えない。代議員の選挙区での報告が、単に「選挙人との会合」、「誰にも何かするよう強制しない会合」に置き換えられ、役に立たない集会となっている、正式な報告集会でさえ、参加する選挙人が少ない、一人の代議員が数人の代議員を代表して話す、集団で報告をすることが珍しくないといった問題点が公に指摘されていた（ヒル：66）。それでも、報告集会が広範におこなわれていたことも事実である。そして、こうした報告集会において選挙人から出された様々な提案や要望が訓令として扱われるべきかが問題となっていた。この点を検討する前に、同様の問題が生じることになった代議員と選挙人との面会について簡単に述べておこう。

第一節で執行委員会による住民との面会について検討したが、住民との面会は個々の代議員もおこなうべきものとされていた。何度か紹介している『モスクワ市ソヴェト執行委員会通報』掲載の「代議員への助言」によれば、「選挙区は代議員の活動の中心」であり、代議員は自分の選挙区、自分の選挙人の需要と要求をよく知らなければならず、住宅がどのような状態にあるか、建物の修繕や地域の環境整備や緑化に関して何が予定されているか、住民からの苦情は何に対してか、彼らはどのような困難に直面し、何に対して代議員の助けを必要としているのかをよく知らなければならなかった。このように「代議員への助言」は選挙人との面会の必要性と重要性を強調し、代議員による選挙人との面会は定期的に、通例は月に一度か二度、選挙区にある建物か、選挙区のすぐそばの建物でおこなわれなければならないと述べている。「代議員への助言」によれば、選挙人の要望はすべて、執行委員会によって代議員に与えられた特別のノートに記入しなければならなかったが、代議員はそれぞれの要望の正当さを直接現地で確認しなければならず、その遂行へと取り組むのはそのあとでなければならなかった。選挙人の訴えが根拠のないものであれば、何故その要望を満たすことができないのか代議員自ら選挙人に説明し、訴えを他の機関へ送ることのないようにすべきだとされたのである。

　このように指摘しつつも「代議員への助言」は、選挙人の要望の過半は根拠があり、住居と生活条件の改善または個人的な要求の充足に関わるものだと述べる。そして、これらを常に執行委員会へ送る必要はない、人々はまさに代議員に助力を求めているからだとして、代議員の課題は、住居の修理や設備の整備、公共の場の衛生確保および住宅地の環境整備に関する関係諸機関への要望を強めることによって選挙人の要望の充足を直接現地で助けることであると指摘し、この活動において代議員が活動家の助力に立脚し、選挙人自身を活動に引き入れることを勧めている。[11]その一方で、現地で満たすことのできない選挙人の要望については代議員は自身の請願とともに関係諸機関へ送り、それが達成される様子を監督すべきであり、すべての苦情、要望および訴えの検討結果について代議員は選挙人に知らせるべきであるとされた（Бюллетень МГ: 1961/11/22）。

このように代議員は選挙人と定期的に面会すべきことが重要とされていたのだが、報告集会の場合と同様に、こうした面会の場で出された選挙人の様々な提案や要望を訓令とみなすべきかが問題となった。

先に紹介したように、『モスクワ市ソヴェト執行委員会通報』掲載の「代議員への助言」では、訓令は、選挙前の候補者選出集会や候補者との面談の際、投票の際（投票用紙への書き込みやメモなどの投票箱への投函によって）、代議員の選挙人に対する報告の際に提出されると記されていた（Бюллетень МГ: 1961/11/22-23）。

しかし、実際の活動のなかでは、報告集会や面会で出される提案や要望を訓令として扱うべきかは判断の分かれる問題となっていった。この点を含めて訓令への対応の問題がはっきりと示されたのが、一九七五年一二月一二日のロシア共和国最高会議幹部会での議論である。その様子をやや詳しく紹介しよう。

この日の幹部会では、訓令の概括と遂行に関するダゲスタン自治共和国とペルミ州のソヴェトの活動についての審議がなされた。事前におこなわれたダゲスタン自治共和国での点検に関する報告書では、一九七五年の選挙で地方ソヴェトの代議員に一万二八四六の訓令が与えられ、八七・三％に当たる一万一二一六が執行に採択されたこと、訓令の大多数は環境整備、居住区への水の供給の改善、学校・病院・浴場の建設、通信手段の発展に関するものであること、執行に採択されなかった訓令についてはしかるべき説明が選挙人に与えられていることが肯定的に紹介されていた（ГАРФ А: 13/4169/13）。

その一方でこの報告書は、しばしば選挙人の集会の議事録が作成されず、その代わりに選挙人の提案を列挙したメモが執行委員会に送られていること、訓令の登録と概括の手順が守られていないこと、必要な権限のない公務員や組織に訓令遂行が委ねられる場合があること、いくつかの地区ソヴェト、市ソヴェト、村ソヴェトおよび居住区ソヴェトでは選挙人の重要な訓令が根拠なく斥けられていることなどを列挙して批判した（ГАРФ А: 13/4169/13）。

さらにこの報告書は、いくつかのソヴェトが非現実的な訓令を執行に採択していること、執行委員会は訓令を採択する際に現実の可能性ではなく追加資金を得たいとの願いに従っていること、いくつかの訓令は勤労者の最も切実なものであるにもかかわらず採択されては遂行されないままであることも批判した（ГАРФ А: 13/4169/17）。

ペルミ州での点検に関する報告書では、一九七三年選出の地方ソヴェトによって九八三八の訓令が執行に採択され、その九一・四％が実現されたこと、一九七五年選出のソヴェトでは八六六七の訓令が執行に採択されたことが紹介されたが（ГАРФ А: 13/4169/19）、いくつかの市と地区では一つの選挙前集会に様々なレベルのソヴェトの代議員候補者が多数出席していて個々の代議員候補者に宛てた訓令の検討を難しくしていることが指摘された。クラスノカムスク市での選挙前集会の一つでは出席した州ソヴェトと市ソヴェトの代議員候補者一七人全員に宛てて選挙人が訓令を述べたという例が挙げられ、こうした事実は他の市と地区にもあることが指摘された

（ΓΑΡΦ A: 13/4169/22）。

これに続けてこの報告書は、いくつかの市と地区で多くの訓令が選挙前集会の議事録に基づいてではなく、村ソヴェトと居住区ソヴェトの執行委員会や個々の代議員などから届いた手紙に基づいて計画に含められたことも批判的に指摘した。その一例として、選挙人は道に橋を架けるなどの訓令を州ソヴェトの代議員に与えたにもかかわらず、地区執行委員会はこの訓令に代えて中学校建設などの訓令が与えられたかのように州執行委員会に知らせたことが指摘された。企業、コルホーズおよびソフホーズの指導者が訓令遂行に無責任に対応している例があり、代議員に何度も遂行を請け合ったにもかかわらず遂行されていないことも批判された（ΓΑΡΦ A: 13/4169/22-23）。

このように事前の点検の報告書では様々な、これまでも繰り返し批判されてきた欠陥とほぼ同様の欠陥が指摘されていたが、ロシア共和国最高会議幹部会での審議に臨んだダゲスタン自治共和国副首相は訓令遂行の意義を強調し、次のように述べた。「共和国の経済建設および文化建設、ソヴェト民主主義の遂行ならびに大衆の創造的発意の発展という課題の解決に対するソヴェトの役割と責任を高める最重要の形態の一つは選挙人の訓令の遂行を組織することである」。要するに訓令は「住民の生活の実に様々な側面に関わり、勤労者の切実な利害を反映し、ソヴェトの活動の一層の改善、その機関とソヴェトの各職員の活動スタイルと方法の改善を助ける」（ΓΑΡΦ A: 13/4169/42）。

しかし、報告のなかでダゲスタン自治共和国副首相は訓令遂行の不備も認めたため、最高会議幹部会議長との間で次のやりとりがなされることになった。

まず幹部会議長が、一つの問題について三つの訓令が採択されたと述べたかと質《ただ》し、最初の訓令が四年以上前に出されたことを確認して、「二年後にこの訓令はまた繰り返され、また遂行されなかったということか」、「さらに二年経ち、またも遂行されなかった」、同じ問題について三つの訓令だ、「これは正しいのか。そして三つの訓令が遂行されたと記録される。実質的には訓令は一つだ」と批判した（ГАРФ А: 13/4169/51）。

この批判にダゲスタン自治共和国副首相は、三つの訓令が遂行されたとは書いていないと説明し、「もちろん、同じ問題に三回立ち戻らなければならなかったことは実に恥ずかしく、きまりが悪い」とも述べたが、これはわれわれがやりたくなかったためではなく、資金面で苦しかっただけだと反論した（ГАРФ А: 13/4169/52）。

続いて報告したペルミ州執行委員会議長も、肯定的な活動がなされていることを紹介しつつ、否定的な側面として、時折り選挙前集会に執行委員会の部局の幹部職員が出席して、集会の実施に積極的に参加しないことがある、代議員候補者が権限のない訓令を採択する時に彼らは黙っている、訓令は議事録に記載され、法的効力を持つ文書が作成され、しかし訓令を遂行することはできないと認めた（ГАРФ А: 13/4169/68）。

この報告を聴いて幹部会副議長が、ペルミ州だけでなくロシア共和国のすべてのクライと州に関係する問題だとして次のように述べた。「選挙人に対する代議員の報告の際に、訓令と考えることはできない一連の提案が出されている」。「これらの提案は社会的意義を備えているけれども、ソヴェトでは審議されず、これについての方策は策定されない」。選挙人に対する代議員の報告の際に出された提案をどう概括し、その遂行のためにどんな手段をとっているのか（ГАРФ А: 13/4169/68-69）。

ペルミ州執行委員会議長は「選挙人によって表明されたすべての提案と要望をわれわれは登録している。われわれはこれを概括しているが、統一的な文書はない。選挙人と代議員の会談の際に、代議員候補者と選挙人の選挙前集会で与えられた訓令よりもずっと多い提案と要望が述べられることも時にはある」と答えた（ГАРФ А: 13/4169/69）。

このやりとりでは、選挙前集会で与えられた訓令と報告集会などで出された選挙人の提案や要望とは一応区別されている。しかしこのあとの審議のなかでは、何が訓令か、報告集会などで出された選挙人の提案や要望は訓令であるか否かが議論の焦点となっていった。

この議論の口火を切る形になったのは、ダゲスタン自治共和国で点検をおこなった職員の次のような発言だった。ダゲスタン自治共和国では訓令に関する規程が一九七三年四月に定められたが、われわれの考えでは、訓令に関する理解がいくぶん錯綜している。この規程では、訓令は選挙前集会での選挙人と代議員候補者の面談の際だけでなく、選挙人に対する代議員の報告集会でも与えられると定められている。このやり方では任期中絶え間なく訓令が出される。「これは訓令自体の意味が低下すること、それに加えてソヴェトとその機関の活動が難しくなることにつながる」。もちろん代議員の報告に際して与えられた選挙人の提案は考慮されなければならず、執行委員会はその実現にあらゆる手段をとらなければならないが、「訓令と考えるべきではない」。

ロシア共和国の過半のソヴェトで蓄積された経験を考慮すると、「選挙前集会での代議員候補者との面談の際に採択された選挙前の提案だけを訓令と考えるのが適切だろう」（ГАРФ А: 13/4169/70-71）。

これに続けてこの職員は、選挙前集会での訓令の採択についても、その社会的意義と根拠、実現可能性の観点から審議されず、機械的に議事録に訓令として含められていることを批判した。その結果、集会で採択された多くの訓令を、資金がないとかその遂行は不適切だとかいった理由でソヴェトは斥《しりぞ》けなければならないと指摘し、昨年ソ連最高会議代議員に与えられた訓令の半分以上が執行に採択されなかった、今年ロシア共和国最高会議代議員に与えられた訓令の約三分の二が斥けられ、ダゲスタン自治共和国最高会議代議員への訓令の六〇％以上が執行に採択されなかったと例を挙げた。そして「こうした状況は一連の地方ソヴェトでの訓令の採択に際しても見られる」のだった（ГАРФ А: 13/4169/72）。

さらにこの職員は、追加資金を「訓令の助けによってなんとかして獲得しようとの願いに従って」非現実的な訓令をソヴェトが採択する例があることを指摘し、これは計画経済の原則に反しており、全国家的利害を考慮していないので「こうした行為を適法と認めることはおそらくできないだろう」と批判した（ГАРФ А: 13/4169/72）。

続いて、ペルミ州の点検をおこなった職員が次のように報告した。ペルミ州の多くの執行委員会は、選挙前集会で提案されたすべての提案をこの集会で審議し、権限のある人物が訓令の適切さを選挙人に説明するようにできていない。このため、多くの選挙人の提案が審議なしに訓令として集会の議事録に記録され、なかには短期間で遂行するのが不可能なものもある。州ソヴェト、管区ソヴェト、三市と九地区のソヴェトで、選挙前集会で採択された訓令の半分以上が斥けられ、ゴルノザヴォツク地区ソヴェトは一一二の訓令のうち二二、チェルドィニ地区では一二〇のうち二一しか執行に採択しなかったのは偶然ではない（ГАРФ А: 13/4169/74）。

さらにこの職員は、選挙前集会で選挙人の訓令がまったく採択されず、執行委員会や組織と施設の指導者の要望が訓令として出される例も注目されると述べ、いくつかの市と地区では、一つの選挙前集会に様々なレベルのソヴェトの代議員候補者一〇～一五人が出席し、選挙人に対して報告するのはそのうちの一人だけという例が少なくない、こうした集会では通例訓令は個々の候補者に与えられるのではなく、出席しているすべての候補者に向けて与えられるとも指摘した（ГАРФ А: 13/4169/74-75）。

この職員の報告でも、選挙前集会で提案されて採択されたものだけが訓令として扱われているが、審議に移ると何が訓令として扱われるべきかが議論の焦点となってゆく。

まず発言したのはコミ自治共和国からの幹部会員で、コミ自治共和国では二年前に訓令に関する規程を作成したことを紹介したうえで、われわれの規程には「選挙前集会で提出されて採択された選挙人の提案だけでなく、代議員の報告集会で選挙人によって出された提案も訓令と考える必要があると書かれている」、報告の際にも選挙人によって多くの有益で社会的意義のある提案がなされるからだと指摘した（ГАРФ А: 13/4169/76-77）。

このように述べつつこの幹部会員は、「しかし訓令に関する規程のこの箇所を現実に遂行するのは実に困難だ」、こうした提案は実に多く出され、さらに代議員との面談と代議員の報告は様々な時になされる、「この多くの提案と訓令のすべてを概括して登録することはソヴェトの執行委員会には事実上できない」と打ち明けた。そして、これらの提案は執行委員会によって概括され、実現に向けた手段が実務的なやり方でとられているが、「これらは訓令とは別に考慮されており、つまり訓令とは考えられていない。どうやらこの箇所について提案を見直さなければならない。これは非現実的で不適切だと実生活が示している」と述べた（ГАРФ А: 13/4169/77-78）。

この幹部会員は、これに関連してもう一つ問題を提起したいとして、「地方の機関にもロシア共和国の中央の機関にも省庁にも同一の効力を持つ、ロシア共和国に統一的な訓令に関する規程を定めることはできないだろうか」、「われわれの定めた訓令に関する規程は、地方組織にのみ法的効力を持ち、連邦および共和国の管轄の企業と組織には法的効力を持たない。しかしこれらは実に多いのだ」とも述べた（ГАРФ А: 13/4169/78）。

ここで述べられた、選挙前集会で出された提案以外も訓令とみなすか否か、共和国に統一的な訓令に関する規程を制定するか否かという二点にこのあとの発言は集中した。

まず、チェチェン・イングーシ自治共和国からの幹部会員が発言し、選挙人の訓令に関する統一的な法令を出すとの提案を私も支持する、「この問題を全連邦規模で検討するのが適切だろう。もしそのように問題を解決することができないならば、ロシア共和国の範囲で検討することが不可欠だ」と述べた。そのうえで、チェチェン・イングーシ自治共和国でも選挙前集会で提案されたほぼすべてを訓令としていること、時折り社会的意義がないか、その決定をソヴェトがおこなえない提案を訓令としていること、このため多くの訓令が遂行されていないことを認めた（ГАРФ А: 13/4169/80-81）。

その後発言した幹部会員は、ダゲスタン自治共和国での点検をおこなった職員が「選挙の間に、代議員が報告する際に、選挙人が新しい訓令を与える。この訓令には注意を向けるべきではないといったようなことを述べた」と指摘して、「これは正しくないと思う。選挙人のどんな訓令も、それがいつ出されようと、訓令とみなされる。選挙人は、自身の代議員に、選ばれた者に訓令を与えてこそ選挙人なのだ」と述べた（ГАРФ А: 13/4169/84）。

ここで幹部会議長が「これは実に重要な、皆が関心のある問題だ。最後まで聞こうではないか」と発言し、これを受けてそれまで発言していた幹部会員が「訓令はいつ与えられようと訓令だ」と繰り返した。「遂行できるならば採択して遂行する必要がある。遂行する可能性がないならば、これを登録して将来における遂行のために残す必要がある」、コミ自治共和国の同志たちは規程に正しく書いた、「訓令は、任期半ばだろうが選挙の初めだろうがそれがいつ与えられようとも訓令だ」（ГАРФ А: 13/4169/84）。

ブリャート自治共和国からの幹部会員も「選挙人の訓令はいつ提起されようとも常に訓令だと私も考える」と発言を始め、報告の際に与えられたら何故訓令と考えるべきではないのか、「これも訓令だ」、訓令は面談の際にも代議員の報告の際にも表明されると述べた。さらにこの幹部会員は、訓令に対する活動について権威ある文書を制定する必要性も熟していると述べた。「この文書は全ロシア規模で出されなければならず、全国規模ならばより良いだろう」（ГАРФ А:

13/4169/85-86）。

次に発言した幹部会員は、訓令に関する規程をわれわれも準備したが、その作業でいくつかの困難にぶつかったと述べて、「何を訓令と考えるべきかという問題がここで完全に正しく提起された」と指摘した。「実践はこの問題を様々に、時に矛盾するように決定している」。ある例では、選挙前集会で選挙人によって候補者に与えられた提案が訓令と考えられている。「しかし代議員の報告集会で選挙人によって与えられた提案の場合にはどうあるべきか。こうした提案は訓令のあらゆる特徴を客観的に備えている……」。別の例では、選挙人に対する報告の際の選挙人の提案も訓令と考えられている。「このため訓令の理解を明確にすることは原則的な意義を有している」（ГАРФ А: 13/4169/88）。

ここまでは、報告集会で出された選挙人の提案も訓令だとの発言が続いたが、次に発言した幹部会員は、幹部会決定の案では「選挙キャンペーンの際に提出された代議員に対する提案が訓令だと述べられている。私はこれは正しいと考える」、訓令は任期に対して与えられるものだからだと述べた。その一方で、訓令に関する規程の案を作るために多くの自治共和国の規程を調べたところ実に様々なヴァリアントがあることがわかった、「今はない統一性が不可欠だ」、「これはソヴェトの活動にとって実に重要な問題だ」と指摘した（ГАРФ А: 13/4169/91）。

こうした一連の発言のあとに幹部会議長が長いまとめの発言をした。これまでの議論に関係する箇所だけを簡潔に紹介しよう。

幹部会議長は、この問題は一一三万三〇〇〇人の代議員だけでなく数百万の人々、すべての選挙人に関係すると発言を始め、訓令の登録と遂行についてはダゲスタンとペルミだけでなくどの自治共和国にもクライにも州にも欠陥がある、「これはわれわれに共通の問題なのだ」と述べた（ГАРФ А: 13/4169/93, 96）。

そのうえで幹部会議長は、何を訓令と考えるべきかとの問題を同志たちは提起した、「何よりまず、訓令は選挙前の期間に代議員候補者と会う際に彼らに対して選挙人によって与えられる」と述べた（ГАРФ А: 13/4169/97）。

そして「代議員と会った際に彼らに対して選挙人によって表明される提案についてはどうあるべきか」と議論の焦点となった点に言及し、「こうした会談で与えられた訓令は訓令のリストに加えるべきではない」と明言した。「どのような理由でか。考えてみてもらいたいが、誰がこの問題を解決するのか。たとえば代議員が与えられた提案を訓令に加えると決めても、これを遂行する可能性はない」（ГАРФ А: 13/4169/97-98）。

こう述べると幹部会議長は「選挙人と代議員の面談で提起される問題について」ともう一度何についての話かを確認したうえで、代議員に問題が提起されたら、「代議員はこの問題を登録し、この問題についてしかるべき執行委員会または自治共和国の最高会議幹部会および閣僚会議に報告しなければならない。実務的に問題は検討されなければならない」と述べた（ГАРФ А: 13/4169/98）。

このように幹部会議長は、報告集会や面会の場で出された提案にも対応すべきだとしつつも、訓令と考えられるべきは選挙前集会で採択された提案だけだという態度を明確に示した。

もう一つの論点について幹部会議長は「ロシア共和国で統一された訓令に関する規程を持つ問題を同志たちは提起した。……この問題提起は基本的に正しいと考える」と述べつつ、これは実に大きな問題だ、訓令に関する規程について八自治共和国、二クライ、二四州、モスクワ市およびレニングラード市が検討した資料があるのでよく考えるべきだと述べて、共和国に統一的な規程を定めることには消極的な姿勢を示した（ГАРФ А: 13/4169/102）。

かなり長い紹介となったが、この一九七五年一二月一二日のロシア共和国最高会議幹部会での議論に見られるように、この時点でも何が訓令なのか、いつ提案されたものを訓令とみなすべきなのかは明確には定まっておらず、それもあって訓令に関する統一的な規程を制定するよう求める要望が多く表明されていた。

おそらくはこのために、先に見たように、こののち一九七八年に制定されたソ連最高会議の選挙法の第九条第三項では「訓令は選挙人の選挙前集会で提出される」、一九八〇年制定のソ連最高会議幹部会令「選挙人の訓令に伴う活動の組織について」の第二条では「訓令は選挙人によって選挙前集会において与えられる」と明記されることになったと考えることができよう（Конституция: 57, 84）。

三　代議員更新の弊害

代議員には多くの役割が求められ、その活動の不備や欠陥が指摘されつつも代議員の資質向上に向けた取り組みがなされていたが、地方ソヴェトの任期は二年または二年半で、選挙のたびに半数程度の代議員が初めて選出され、そのたびに「新人」代議員に対して同様の取り組みを繰り返さなければならなかったから、代議員自身も、その活動を現場で支援するよう求められていた人々も困難を感じていた。

このため、ソ連最高会議幹部会によって一九六三年八月に開かれた連邦構成共和国および自治共和国の最高会議幹部会書記とソヴェト活動部部長の会合では、カザフ共和国最高会議幹部会ソヴェト活動部部長が、地方ソヴェトの任期を二年から三〜四年に延ばすのが適当だと指摘していた（ГАРФ: 557/64）。ソ連最高会議幹部会ソヴェト活動部によるエストニア共和国に関する一九六五年六月一〇日付の報告書では、地方ソヴェトの議長や書記が地方ソヴェトの任期を四年まで延ばすよう提案したことが指摘されている（ГАРФ: 842/10）。

また、ヒルの紹介によれば、一九六〇年代から一九七〇年代にかけてソ連の複数の研究者が地方ソヴェトの任期を二年から四年に延ばすよう提案していた。任期延長の理由としては、そうすれば代議員は選挙区の住民を知り、有効な活動に必要な経験を得る機会が与えられること、二年ごとの選挙は多大な労力と費用を必要とすることが理由として挙げられている。この提案に対しては、若い選挙人が投票の機会を与えられるまでの期間が長くなる、住民の移動や人口の増減を反映する頻度が少なくなる、代議員を経験し統治に参加する市民の数が減るといった理由での反対意見もあり、折衷的に任期を三年とする提案もあったという。ヒルによれば、こうした議論は、一九七七年憲法が制定されて地方ソヴェトの任期が二年半と定められたことでいったん打ち止めとなった（ヒル：64-66）。

地方ソヴェトの任期については一九七七年に全人民討議にかけられた新憲法案に二年半との定めがあったが、新憲法案を審議した一九七七年一〇月四日のソ連最高会議でのブレジネフの報告では、全人民討議において地方ソヴェトの任期を二年半とする条文は活発な論議を呼んだこと、代議員が職責をよりよく習得し、より効率的に働けるように任期を五年にすべきだとの提案が多くあったことが紹介されている。任期を五年とする提案は採用されなかったのだが、その理由としてブレジネフは、任期を五年にするとソヴェトで国家管理を経験する勤労者の数がかなり少なくなるということと、二年半の任期で選出された代議員がよく仕事をしている場合はもう一度代議員の候補者に推薦すればよく、これは実際にもなされていて、半数以上の代議員が再選され、ソヴェト活動の継続性の維持に役立っているということを挙げていた（Брежнев: 525-526）。先ほど紹介したソ連の研究者の議論における任期延長への反対理由とほぼ同様であり、おそらくは研究者の議論も意識されていたのだろう。

地方ソヴェトの定例会、特に年六回以上の開催が定められていた村ソヴェトと居住区ソヴェトの定例会の回数を減らすことを望む声もあった。たとえばソ連最高会議幹部会ソヴェト活動部によるエストニア共和国ラクヴェレ地区ソヴェト執行委員会の活動に関する報告書（書き込みから一九六二年八月一四日付と見られる）によれば、地区ソヴェト、市ソヴェトおよび村ソヴェトの議長、代議員および執行委員会職員との面談で出された批判と提案のなかに、代議員の負担を減らすため村ソヴェト、居住区ソヴェトおよび地区管轄の市ソヴェトの定例会を年四回とすべきだとの提案があった（ГАРФ: 554/48）。

ソ連最高会議幹部会ソヴェト活動部によるエストニア共和国キンギセップ地区ソヴェト執行委員会の活動に関する報告書（書き込みから一九六三年八月一六日付と見られる）も、地区ソヴェトの定例会を現行の年六回以上から年四回以上とする提案が地区執行委員会、村ソヴェトおよびその他の組織からなされたことを記している。この報告書では、この提案の採用は、定例会で審議される問題の準備により多くの注意を向け、会期と会期の間の代議員の常設委員会や代議員グループや選挙区での活動を強化する可能性を与えるだろうとの説明がなされている（ГАРФ: 554/72-73）。

この頃こうした提案や要望が出されたのは、第三章で見るように定例会を規定通りに開催するよう強く求められていたこととおそらく無関係ではなく、年六回以上の開催が定められているソヴェトについては年四回以上とするよう求める要望や提案はその後も機会あるごとに表明された。ヒルの紹介したところでは、一九七七年夏の新憲法案に関する全人民討議において二人の代議員が「代議員の任務を効果的に遂行する上でたえず増大する仕事の重荷、とりわけ開会期に備えて情報を吸収する問題について苦情を訴え、それのために、ソヴェトの決定事項を遂行する際に選挙区住民と一緒に活動する時間は殆ど残っていない、と嘆いて」定例会の回数を減らすよう提案していた（ヒル : 57）。

一九七七年の全人民討議でソヴェトの定例会の回数を減らすよう提案したのはこの二人だけではなかった。ハバロフスククライのある村ソヴェトの定例会では執行委員会議長が「村ソヴェトの定例会を三か月に一度招集するよう」新憲法案に書き込むとの提案をしていた（ГАРФ А: 13/4277/35）。トゥーラ州の地方ソヴェトで新憲法案が審議された際の提案のなかには「ソヴェトの定例会招集の間隔」に関するものがあった（ГАРФ А: 13/4277/38）。この提案もおそらく年六回の定例会を減らすというものだったと考えてよいだろう。

このように一九七七年の全人民討議では、村ソヴェトなどの定例会の年四回開催への変更を求める要望が様々に出されていた。しかし、新しいソ連憲法には地方ソヴェトの定例会の招集回数（招集の間隔）に関する定めは置かれなかったので、この問題はその後も提起されていった。

第一章で紹介したように、ソ連憲法が新たに制定されたことによって各連邦構成共和国でもこれに沿った新しい憲法の制定作業が進められ、たとえばロシア共和国では一九七八年三月一四日の最高会議幹部会で新しい共和国憲法案についての審議がなされた。この幹部会では共和国の新憲法案を準備した委員会の議長が報告し、憲法案には「地方ソヴェトに関する現行法規の原則的な意義を有する規定が含まれている」と述べて、その一点目に「憲法案第一四一条では村ソヴェトおよび居住区ソヴェトに対して……定例会開催の間隔、年六回以上を維持することが提案されている」ことを挙げた（ГАРФ А: 13/4336/278）。

この指摘からは、村ソヴェトと居住区ソヴェトの定例会の開催間隔（開催の回数）が依然として論点となっていたことがうかがえる。実際、審議のなかではこの点についてヤクート自治共和国からの幹部会員が次のように発言した。村ソヴェトと居住区ソヴェトの定例会の六回開催について記載するのは「完全に正しいと考える」が、極北の地区の広大な領域を有する人口の少ない村ソヴェトにおける定例会の四回開催について立法上ただし書きをつけてほしい、「現在われわれのところでは事実上実際におこなわれていることだ」（ГАРФ А: 13/4336/297）。

一九七八年四月七日のロシア共和国最高会議幹部会で再び憲法案が審議された際にも同様の発言がなされた。まず、マリ自治共和国での全人民討議の様子を紹介した幹部会員が、地方ソヴェトの代議員たちが村ソヴェトと居住区ソヴェトの定例会も年四回以上の開催とするよう提案したと指摘した（ГАРФ А: 13/4346/30）。

次いで、コミ自治共和国での憲法案の審議について紹介した幹部会員が「わが共和国で提出されたすべての提案と修正のなかからただ一つにだけ言及したい。それは村ソヴェトと居住区ソヴェトの活動に関わる提案だ」と述べて、「これらのソヴェトの定例会を憲法案に書かれている六回に代えて年に四回以上開催する」ようにすることを提案した。提案理由としては次のことが指摘された。「わが共和国の居住区域が広大な領域に散在し、道路がなく、気候の厳しい条件においては、六回の定例会を開催することはもちろん実に難しく、困難だ」。定例会への代議員の出席を保障することにも多大な困難があり、このために代議員は多くの労働時間を費やしている。「このことは、代議員が選挙区で活発な組織活動をおこなう可能性を制限してもいる」。一方ソヴェトの執行委員会は、多数の報告、決定、報告書およびその他の定例会開催に関わる書類の作成で負担が過剰になっている。このように述べてこの幹部会員は「このため、これらのソヴェトの活動改善の目的でわれわれはこの提案を支持している」、ロシア共和国全体についてこの提案が受け入れ可能であるかはわからないが、「全体としては受け入れられないならば、わが共和国の憲法にこれを定めることをわれわれは提案したい」と述べた（ГАРФ А: 13/4346/43）。

単に地方ソヴェトの代議員から提案があったことを紹介しただけではなく、コミ自治共和国としてこの提案を支持し、ロシア共和国の憲法に盛り込むことができないならば自治共和国の憲法で定めたいと述べたのである。

しかし、この点はこれ以上議論されることはなく、憲法案を最高会議に諮ることが決定された。そして、一九七八年四月一二日のロシア共和国最高会議で採択された新憲法は第一四一条の第二項で「居住区および村ソヴェトの人民代議員ソヴェトの定例会はその執行委員会によって年六回以上招集される」と定め、ただし書きも付されなかった（Свод: 37）。

これまで見てきたように、ソヴェトには常に多くの「新人」が選ばれたため、新たに選ばれた代議員の教育の必要性が強調された。村ソヴェトの代議員の任期の延長や定例会の回数減については現場の人々の要望通りには必ずしもならなかったが、それもあって代議員の教育の必要性が強調され、実際に教育活動を拡充する取り組みがなされていた。

それでも多くの代議員や執行委員会の委員が現行法規に習熟していなかったのであり、そのことによる問題も生じていた。ソヴェトの更新率の高さだけが原因とは言えないが、新たに選出された代議員や執行委員会委員に対する教育の必要性と重要性が繰り返し訴えられていたことからすれば、一因だったことは確かだろう。

この点については一九五六年の時点でベロルシア共和国最高会議幹部会議長が、代議員には法律や決定、国家・政治制度の最低限の知識が必要とされるのに代議員の多くは法学その他の専門知識がない、このため執行委員会とソヴェトが違法な決定をしている例があると指摘していたが（ПЖ: 1956/18/15）、この指摘はソ連全体にも当てはまるものだった。

一九六三年八月に開かれた会合でのソ連最高会議幹部会書記の発言によれば、ソ連全体で一九六二年および一九六三年第一四半期にソヴェトとその他の管理機関によって一〇万以上の根拠のない決定が採択され、一万以上の地方ソヴェトの法令について検事による異議申し立てがなされていた[12]（ГАРФ: 559/11）。この会合で『勤労者代議員ソヴェト』誌の編集長は次のように発言した。われわれの雑誌の誌面で村ソヴェトの職員は、地方ソヴェトの職員に最低限の法知識を与えるための計画的な教育の必要性を再三提起した。「こうした同志たちの要望がいかに正当かは証明を必要としない」。「すべての災厄は職員が法的知識に乏しいこと、法的に文盲であることから生じている」。村ソヴェトには業務用にソ連最高会議と共和国最高会議の『通報』やわれわれの雑誌が必要だが、これらを買うことができない。このためしばしば下級の職員たち、すなわち法規の執行を組織し、法規に基づいて教育活動をおこない、法の諸問題を説明するよう求められる人々に最も重要な法規が知られていない（ГАРФ: 559/171-173）。

この発言は代議員の更新とは直接の関係はないが、経験の蓄積が難しいところではこうした文献の必要性と重要性は一層高まるとは言えるだろう。なお、ここで言及されたソ連最高会議と共和国最高会議の『通報』は、法律、最高会議決定、最高会議幹部会決定および最高会議幹部会令を公示する、日本の『官報』に当たる刊行物である。

しかし、こうした指摘がなされたのちも状況がただちに改善されたわけではなかった。たとえば一九六三年一二月二六日付ロシア共和国最高会議幹部会決定「キーロフ州の地方ソヴェトの活動における社会主義的適法性侵害の事実について」では、法の想定していない問題について地方ソヴェトが罰金を定めた決定をしていたこと、権限がないにもかかわらず地方ソヴェトが罰金を定めた決定を採択する例もあること、地方ソヴェトの執行委員会が法に反して定めた決定によって一九六二年に約一〇〇〇人に矯正労働が科されたことが指摘され、こうした社会主義的適法性の侵害は執行委員会の指導的職員が現行法規をよく知らないことで説明できると記されている（ГАРФ А: 13/1866/4-5）。

この議題を審議した一九六三年一二月二六日のロシア共和国最高会議幹部会において幹部会議長は「これはぞっとするほどの恐怖だ」、村ソヴェト、地区および市の執行委員会には矯正労働を命ずる権限は与えられていないのにこれをおこなっている、「これは実によくない」と述べ、「これは専横であり、人々に対する愚弄である、これはソヴェト権力のあらゆる精神に反しており、党のすべての決定に反しているとわれわれは言わなければならない」と厳しく批判した（ГАРФ А: 13/1867/239-253）。

しかし、これから一〇年以上を経た一九七六年七月一〇日のロシア共和国最高会議幹部会で地方ソヴェトの活動における社会主義的適法性遵守の問題が審議された際にも、同様の指摘がなされていた。この指摘によれば、一九七五年にロシア共和国では検察の機関だけでも、ソヴェトとその執行委員会が現行法規に違反する四〇〇〇以上の決定や命令を採択したことを明らかにした。執行委員会が権限外の決定をおこなったり、市民の所有権、労働権およびその他の権利を侵害する決定を採択したり、法に定められていない懲戒処分を科したりして「市民の正当な不満を呼び、苦情を生んでいる」ことが批判された。そして、「法律違反の著しい部分は地方ソヴェトの何人かの勤務員の現行法規に関する知識が乏しいこと、地方ソヴェト、特に村ソヴェトと居住区ソヴェトの執行委員会における法令と不可欠な法律文献の欠如によって説明される」と指摘されていたのである（ГАРФ A: 13/4203/26-29）。

ソヴェトや執行委員会が違法な決定をおこなう原因としては、法知識の欠如とともに教育水準の全般的な低さも指摘されていた。たとえばモルダヴィア共和国で一九六五年一一月一七日に開かれた地区管轄の市、村ソヴェトおよび居住区の執行委員会議長の共和国集会では、村ソヴェトと居住区ソヴェトの執行委員会議長の教育水準は低く、六二八人中三六九人が不完全中等教育か初等教育しか受けていないこと、いくつかの機関の職員が違法行為を見逃すばかりか自ら法を侵す例が少なくないことが指摘され、村ソヴェトと居住区ソヴェトに法律に関する文献を供給し、住民とソヴェト職員に法律の知識を広める必要があるとの提案がなされた（ГАРФ: 846/2-5）。

村ソヴェトの指導者や職員を対象とする教育がなされていなかったわけではない。たとえばロシア共和国最高会議幹部会に提出された、サラトフ州の州執行委員会と地区執行委員会による村ソヴェトの指導についての一九六三年六月三日付点検報告書によれば、新たに選出された村ソヴェト執行委員会議長と書記の全員が州執行委員会の一か月の課程で学んだ。これとは別に全地区に社会的原則でソヴェト活動家学校が設けられ、村ソヴェト執行委員会議長と書記が学んでいた。地区執行委員会はおよそ二か月に一度村ソヴェト執行委員会議長と書記のセミナーや会合を開いていた（ГАРФ: 552/12-13）。

一九六三年四月一日現在でサラトフ州には村ソヴェトが五一七あったことを考えると、この教育には労力と時間も含めた相当なコストが費やされている。そしてこれが執行委員会での職責を果たしながらの教育である以上、長期間、また頻繁におこなえばよいというものでもなく、もともとの水準が決して高くなかったところでの短期間での育成には当然限界があったことだろう。

第三節　手紙や苦情などへの対応

一　人々の手紙

ソ連では政治・経済・社会生活のほとんどの局面に国家機関やこれに準ずる機関が関わり、官僚主義や事務遅滞や杜撰《ずさん》な対応が実に多くの場面で発生し、人々は不満を抱いていた。このため人々は、物不足やサービスの欠陥の訴え、中級下級の機関や指導者に対する批判と救済の訴えなどの手紙を、地区から連邦に至る様々なレベルの指導者、党機関や国家機関、新聞雑誌の編集部などに対して実に頻繁に送っていた。

一九六〇年代初頭にソ連の地方ソヴェトは全体で週に数十万通の手紙を受けとっていたと推計

されている。モスクワ市のキーロフ区（人口約二四万人）のソヴェトは一九六二年の最初の四か月に約一万二〇〇〇の手紙を受けとっており、この数は特別なものではなかったとされる（Bittner: 282）。『プラウダ』や『イズヴェスチヤ』など中央の新聞にはそれぞれ年間数十万通の手紙が送られ、その他の地方紙や諸機関への投書は合計すると千万単位の数となるとされた[13]（袴田 a: 90）。

ソヴェト政権と共産党はこうした手紙への対応を重視していた。たとえば一九五六年の第二〇回党大会における中央監査委員会報告でのこの点に関する指摘は概ね次のようなものだった。

ソ連共産党中央委員会の各部局も下級の各党機関も勤労者の手紙や苦情への注意を高め、以前より適切に対応しているが、すべての組織においてしかるべき注意を払って勤労者の手紙、訴えおよび苦情を検討している状況には程遠い。中央委員会と中央監査委員会に届いた手紙、訴えおよび苦情の分析が示すように、そこで言及された問題の著しい部分はしかるべき組織や官庁によって適当な時に検討されることがあり得た。しかしこうした組織や官庁の一部の職員が手紙、訴えおよび苦情を皮相的に検討し、適切な時にこれらに回答せず、常に正しくこれらを解決しているわけでないために、人々は中央委員会に至るまでの上級の組織へと苦情を寄せることを強いられている。一九五四〜一九五五年に中央委員会と中央監査委員会に届いた手紙、訴えおよび苦情の総数のうち、労働問題、物質的支援および医療と保養の支援に関わる問題、社会保障に関わる問題など労働組合、経済機関およびソヴェト機関によって上手く解決され得た問題に関する手紙と苦情が二五％を占める。中央委員会と中央監査委員会によって省庁や様々な他の機関に検討のため送られた手紙と苦情に対して一九五四〜一九五五年に一四万五〇〇〇以上の回答が届けられた。このうち約九万四〇〇〇、すなわち六五%は肯定的な解決を得た。もし最初に手紙と苦情が届いた機関が注意深くかつ適当な時にこれを検討して適切な解決策をとっていたならば、追加的な検討のために長い時間を必要とすることはなく、勤労者が上級機関に訴える必要もなかっただろう（XX съезд: 1/126-127）。

そしてこの報告では、「この件でのわが党の再三の指示に明らかに反するこうした不適切な実践を断固として終わらせる時なのは完全に明らかだ。課題は、すべての党組織、ソヴェト組織、経済組織およびその他の組織における勤労者の手紙、訴えおよび苦情の検討になお存在する欠陥を除去すること、訪問者との面会業務に厳しい秩序をもたらすことである」と主張された（XX съезд: 1/128）。

この報告からおよそ二年半後に出されたソ連共産党中央委員会決定「勤労者の手紙、苦情および訴えの検討における深刻な欠陥について」〔1958.8.2〕は、地方および中央の機関への勤労者の手紙が近年著しく増えたこと、勤労者は個人的な問題について訴えるだけでなく、欠陥を明らかにし、個々の指導者を批判し、仕事の改善策について提案し、党建設および国家建設の実に多様な問題について意見を述べていることを指摘し、これらすべては、ソヴェト的社会主義的民主主義の一層の発展によって呼び起こされた勤労者の増大しつつある政治的活発さを示していると肯定的に位置づけた。

そのうえでこの決定は、勤労者の苦情と訴えが絶えず増えていることは多くの組織、施設および企業の活動に深刻な欠陥があることを物語っていると認めた。そして、住民の日常的な需要への思いやりのある態度、勤労者の要望と苦情の注意深い検討はあらゆる指導者の活動におけるレーニン的スタイルの不可欠の性質であることを念頭に置いて、党機関、国家機関および労働組合機関の指導者の注意を勤労者の手紙と苦情の検討および解決に対する個人の責任に向けると決定した（КПСС: 9/251, 253）。

人々の手紙を重視し、手紙や苦情への適切な対応を重視する様子は、一九六一年一〇月の第二二回党大会での中央監査委員会報告で一層はっきりと示されるので、この報告の手紙に関する箇所をやや詳しく紹介しよう。

手紙に関する報告は次のように始められた。「ソヴェト的社会主義的民主主義をさらに強化し、発展させ、国家機構の活動における官僚主義と事務遅滞を克服する課題は、勤労者の手紙、苦情および訴えの検討ならびに訪問者との面会の組織にもっと注意深い態度をとることを必要としている」。企業やソフホーズやコルホーズの活動の欠陥および建設や住民に対する文化・生活サービスの欠陥を勤労者は手紙で明らかにし、個々の働き手の違法行為や職権濫用について警告を発し、党組織、ソヴェト組織、経済組織、労働組合組織およびその他の組織の活動改善に関する貴重な提案をおこなっている。多くの訴えでは、住宅や文化・サービス施設の建設や修理の質の悪さ、商業や公共食堂や児童施設の活動の重大な欠陥について様々な事実が挙げられ、法の侵犯や反社会的寄生分子に対する警察、裁判所、検察および社会団体の闘いが弱まっている事実を知らせている。

このように勤労者の手紙などの意義を強調して、この報告は、一九六一年二月一一日のヴォロネジ市での党第一書記フルシチョフの演説から「批判的な警告に……届いた手紙の一通一通に注意深く耳を傾けることは各指導者の義務だ。手紙の向こう側には、自分の手紙、自分の願いが注意深く好意的に扱われるよう切望している生きた人間がいるからだ」との一節を引用した。

そしてこの報告は、勤労者の訴えの審議の様子を点検するためアゼルバイジャン共和国、アルメニア共和国、カレリア自治共和国、ダゲスタン自治共和国、クラスノヤルスククライ、クラスノダールクライ、ハリコフ州、プスコフ州、オリョール州およびその他の州に、勤労者による個々の警告が事実か点検するためキエフ州、リヴォフ州、パヴロダール州およびカラカルパク自治共和国ならびにリトアニア共和国、タジク共和国およびグルジア共和国のいくつかの地区、ロシア共和国のチュメニ州およびその他の州に中央委員会の職員が派遣されたことを紹介した（XXII съезд: 1/140-142）。

こうした報告内容からは、党中央が手紙への対応に一層力を入れている様子がうかがえるが、問題は、この努力が成果を挙げていたかである。

第二二回党大会での中央監査委員会報告は、党中央委員会決定「勤労者の手紙、苦情および訴えの検討における深刻な欠陥について」［1958.8.2］に基づいて大多数の党組織やソヴェト組織は手紙の処理を改善し、「勤労者の訴えと苦情は以前に較べて注意深く審議され、必要な決定が採択されている」と肯定的に評価した（XXII съезд: 1/142）。

その一方で報告は、なお多くの欠陥があると指摘した。中央の各紙には勤労者の手紙が前より頻繁に載るようになり、一九六一年の初めからの九か月間に『プラウダ』編集部は約一五〇〇通の手紙を利用した。検討と対策のために各組織に回付した手紙について『プラウダ』は毎日一五〇通から二〇〇通の回答を受け取っている。しかし各施設や官庁は新聞の批判に常に正しく反応しているわけではなく、「時には形だけのお役所的な回答をしたり、根拠のない反論をしたりしている」。

報告はさらにソ連通信省、ソ連保健省、ロシア共和国商業省およびロシア共和国中央統計局について具体例を挙げて厳しく批判したうえで、次のようにこの件を締め括った。

共和国、クライ、州の監査委員会は、地方の党組織やソヴェト組織が手紙や訴えや苦情の検討に関する所定の手続きに違反した幾多の事実を指摘している。「このことは、手紙で提起された問題の解決に際してすべての組織において必要不可欠な厳しさが発揮されているわけではなく、その過程に対するしかるべき監督が常におこなわれているわけでもないことを物語っている」。「勤労者の手紙、訴えおよび苦情の検討ならびに訪問者とのしかるべき面会の組織への注意深い対応は……わが国の真に国民的な国家制度と社会制度の本質から出てくる要求とみなされなければならない」（XXII съезд: 1/143-145）。

しかしこの「真に国民的な国家制度と社会制度の本質から出てくる要求」は、これ以後も必ずしも満たされてはいなかった。一九六五年一二月一五日のロシア共和国最高会議幹部会がブリャンスク州における苦情などの取り扱いについて審議した際、この議題のため事前におこなわれた現地での点検の報告書には次のように記されている。一九六五年初めからの九か月間に州執行委員会へ三五七二の苦情と訴えが届き、このうち一五三六は下級組織へ送られたが、その多くは適切に解決するよう監督されていなかった。このため、現場で解決することができるし、しなければならない問題について勤労者は中央の機関へ再度訴えることを強いられた。この期間に州執行委員会へ届いた苦情と訴えの五五％に当たる一九六五の苦情と訴えは中央その他の機関を通じて届いた。ムグリンスク市執行委員会で登録されていた苦情は三五しかなかったが、約三〇〇の訴えが登録されていなかった。多くの苦情が示しているのは、多くの執行委員会や組織や施設が勤労者の需要に配慮せず、時には正当な要望を根拠なく拒否しているということだ。スタロドゥプ市の住民は、市に一つしかない浴場が一九六五年六月に閉鎖されたことに苦情を訴えている。現在浴場の半分だけが修理され、ある日は男、別の日は女が入浴している。いくつもの居住区域で飲料水がノルマでは一人当たり一昼夜に三〇リットルのところ一・五〜七リットルしか供給されていない（ГАРФ А: 13/2018/130, 138-139）。

これと合わせて最高会議幹部会面会室からもロシア共和国全般に関する報告書が提出されており、そこでは次のように指摘されていた。他の州やクライにもブリャンスク州と同様の欠陥がある。一九六五年の一一か月間に面会室は五万六三三八人を受け入れ、郵送された一万八八九六の訴えと苦情を検討した。面会室は様々な組織へ二万五一四一通の手紙を送り、四七五五の回答を得た。面会室が催促しているにもかかわらず数か月間苦情に回答しない組織もある。しばしば市民は一通の手紙に複数の要望を書いてくる。すべての問題を検討するよう依頼するが、そうならないことが多く、人々は再度苦情を寄せてくる（ГАРФ А: 13/2018/145-146）。

このように、党大会で「真に国民的な国家制度と社会制度の本質から出てくる要求」と位置づけられた手紙や苦情への注意深い対応は必ずしも実現していなかったが、それでも政権と共産党はこうした対応を実現しようとし続けていた。

そのことは、このあとソ連共産党中央委員会決定「勤労者の手紙の検討および面会の組織に関する活動の改善について」[1967.8.29]、ソ連最高会議幹部会令「市民の提案、訴えおよび苦情の検討手続きについて」[1968.4.12]が相次いで採択されたことに示されている。それぞれの内容を簡単に紹介しよう。

ソ連共産党中央委員会決定「勤労者の手紙の検討および面会の組織に関する活動の改善について」[1967.8.29]ではまず「勤労者の手紙は、党と人民の結びつきの強化と拡大、国家の事業の管理における住民の参加の最重要の形態の一つであり、世論の表明の手段であり、国の生活に関する情報源である」と謳われ、この数年、手紙、苦情および訴えの検討に関して一定の肯定的な活動がなされたとの評価が示された。

しかしその一方で「多くの党機関、ソヴェト機関、労働組合機関および経済機関が手紙の本質と性格を分析せず、住民の苦情を呼んでいる原因と状況の除去のために有効な方策をとらず、価値ある提案の時宜《じぎ》を得た検討に十分な配慮をしていない」こと、要望と苦情へのいいかげんな対応が書き手の不満を呼び、地方で解決できるし解決しなければならない問題について中央の党機関と国家機関に訴えるよう強いていることも指摘された。

そしてこの決定は、共和国共産党中央委員会、クライ、州、市および地区の党委員会、連邦構成共和国閣僚会議および自治共和国閣僚会議、クライ、州、市および地区ソヴェトの執行委員会、省庁、労働組合機関ならびにコムソモール機関に対して勤労者の手紙、訴えおよび苦情に対する活動を改善するよう求めた。手紙に対する活動を自らの活動の最重要分野の一つと考えなければならないこと、勤労者の訴えと苦情の検討には指導者自身か指導的職員が参加しなければならないこと、勤労者の手紙に対する不適切な対応に責任のある人物を厳しく罰しなければならないこと、党組織、ソヴェト組織、労働組合組織および経済組織の活動改善のために勤労者の批判的な指摘および提案を十二分に利用しなければならないことなども定められた（КПСС: 11/266-269）。

この内容からは、手紙への対応を改善し、それによって各組織の活動を改善しようとする党の姿勢は明確だと言えるだろう。

この決定に続いて発せられたソ連最高会議幹部会令「市民の提案、訴えおよび苦情の検討手続きについて」［1968.4.12］の前文は「わが国における共産主義の建設、社会主義的民主主義の全面的な展開および改善という状況において市民の提案、訴えおよび苦情の適切かつ時宜を得た検討は一層多くの意義を持つようになっている」と始まり、政権の問題意識がさらに明確に示されているので、前文のこれに続く内容をしばらく紹介しよう。

政治活動、経済活動および文化活動の問題ならびに立法活動の改善の問題に関する市民の提案は、国家管理における勤労者の参加、国家機構の活動の改善およびその活動に対する監督の強化、官僚主義や事務遅滞との闘いならびに社会主義的適法性強化の形態の一つである。社会と国家の活動の様々な問題に関する次第に増えつつある提案は、ソヴェト人民の政治的活発さの絶え間ない増大を示す指標の一つである。

市民に付与された権利の実現に関連した問題についての市民の訴えの検討は、国家機関と社会機関の活動において著しい位置を占めている。苦情は原則として、市民の権利および法律によって保護されている利益の侵害に対する反応の形態であり、これらの侵害の除去と予防の手段である。苦情は、多くの国家機関と社会機関の活動になおも存在している深刻な欠陥についても物語っている。国家機関と社会機関の活動の改善、住民の生活水準の向上が苦情を減らすことにつながる。

苦情と訴えが適切な時に検討されず、形式的な回答が与えられる例がある。採択された決定の遂行に対する監督は不十分におこなわれている。国家機関、企業、施設および組織の指導者はしばしば提案、訴えおよび苦情の解決を忌避《きひ》し、面会をおこなっていない。事務遅滞と官僚主義に責任のある公務員はしばしば処罰されないままである。いくつかの国家機関と社会機関では市民の提案、訴えおよび苦情が不十分に概括され、苦情の原因が調査されず、その克服に向けた時宜を得た方策がとられていない。市民は地方機関を素通りして上級機関に訴えることで自ら事務遅滞を作り出している。上級機関は現地に照会をし、訴えと苦情の検討を遅らせることを強いられるからである（Сборник: 1/354-355）。

以上が、この幹部会令が一九六八年四月に採択された際の前文の主な内容で、[14]これに続いて「ソ連最高会議幹部会は決定する」として決定内容が列挙される。市民の提案や苦情への対応が、単に市民の要望に応えるということを超えた国家的社会的意義を有するものと意義づけられていることがわかるだろう。

具体的な手続きに関わる箇所は省略して決定部分の内容も簡潔に紹介すると、第一条第一項で、国家機関および社会団体に活動改善を提案し、活動の欠陥を批判し、公務員、国家機関および社会機関の行為に苦情を申し立てる権利の行使に不可欠な条件をすべての国家機関と社会機関は市民に保障しなければならないと定め、第一四条第二項で、ソヴェトの執行運営機関、その他の国家機関、企業、施設および組織の指導者は、ソヴェトの定例会、その執行運営機関の会議、勤労集団の会合および市民の居住地ごとの会合において提案、訴えおよび苦情の検討に関して定期的に報告しなければならないと定めている。そして、第一五条第一項で、手続き違反、官僚主義的態度、事務遅滞、市民の迫害は法令に従って責任を問われるとしたうえで、同条第二項で、国家もしくは社会の利益または市民の権利および利益に対する本質的な害の原因となる公務員の行為は刑事責任を問われることを明記した（Сборник: 1/355-359）。

これまでも何度か同様の指摘をしてきたが、こうした決定や命令が党中央委員会や最高会議幹部会によって出されたことは、党や政権がその重要性を強調し、適切に対応するよう再三訴えていたことを示すとともに、それにもかかわらず、必ずしも適切な対応がなされておらず、官僚主義や事務遅滞が改善されなかったことを示している。実際、ソ連最高会議幹部会は一九七〇年六月一日付で、同幹部会令「市民の提案、訴えおよび苦情の検討手続きについて」［1968.4.12］が「いくつかの省庁で」適切に適用されていないことを指摘し、改善を求める決定を採択したのである（Сборник: 1/360-362）。

ソ連最高会議幹部会令「市民の提案、訴えおよび苦情の検討手続きについて」については、一九七〇年六月二九日のロシア共和国最高会議幹部会でベルゴロド州における遂行状況に関する審議がなされていたので、その様子を簡単に紹介しよう。

まず、報告したベルゴロド州執行委員会議長は、執行委員会は勤労者の手紙と苦情に対する活動において党中央委員会決定［1967.8.29］と最高会議幹部会令［1968.4.12］に従っていること、地方ソヴェトの注意をこれらの定める手続きの遵守に向けていることを紹介し、提案と訴えをおこなう市民の権利の行使に不可欠な条件がすべてのソヴェト機関と経済機関で保障されるようにしたと言明した。これに続けて、手紙や苦情の検討期間に違反した者が厳しく罰せられたこと、勤労者の苦情の検討に対して時宜を得ない、思いやりのない対応をした者たちも罰せられたことを明らかにした。州内の六つの地区で村ソヴェトの活動の様子を点検したこと、苦情に対応するため州執行委員会の職員が一九六九年に五二件の苦情を出張して点検したこと、地方での面会が一一〇回おこなわれて一五〇〇人以上を受け入れたことも紹介された（ГАРФ А: 13/2952/95-99）。

その一方でベルゴロド州執行委員会議長は、住民の要望に対するいいかげんな態度も見られること、市民の権利がしばしば侵害されていること、これによって人々は中央の諸機関へ訴えるよう強いられていること、一九六九年と一九七〇年上半期に州執行委員会へ届いた苦情の四〇％が中央の党機関、ソヴェト機関および新聞雑誌の編集部を介したものだったことを認めた。そして、欠陥はなお存在するのでその克服に努めている、「勤労者の手紙、訴えおよび苦情に対する活動は短期間のキャンペーンではなく、州のソヴェト機関と経済機関の活動の主要な構成部分の一つであることを州執行委員会は理解している」と述べた（ГАРФ А: 13/2952/100, 103）。

審議ではある幹部会員が「勤労者の手紙、訴えおよび苦情の検討に関する党中央委員会決定では今指摘されたのと同じ欠陥が指摘されていたことを覚えているか」と発言を始めた。「こうした問題はすべて最高会議によってもすでに何度も指摘されている。勤労者の苦情のこうした形式的な検討がなくなるようにするには、すべての訴えが適切な時に検討されるようにするには一体何をする必要があるのか」と述べた（ГАРФ А: 13/2952/104-105）。

そしてこの幹部会員は「執行委員会が毎回の会議で勤労者の苦情と訴えを検討するとよいのではないか。そうすれば市民の手紙に対する活動にいかなる形式主義もなくなるだろう」と述べて、村ソヴェト、居住区ソヴェト、地区ソヴェトおよび市ソヴェトのすべての執行委員会でこうした活動形態をとるよう勧める、「市民の苦情と訴えが執行委員会の毎回の会合で検討されるようにする必要がある。そうすれば形式主義に終止符を打つことができるだろう」と強調した（ГАРФ А: 13/2952/105）

この発言を受けて幹部会議長が、これについてすべての執行委員会に対して絶対的な形で決定に書くのは必ずしも好ましくないと述べたが、この幹部会員は「ヴォロネジ市執行委員会が毎回の会議で市民の苦情を検討するようになって二年目になる。この活動の結果、勤労者の手紙の検討における執行委員会の部局の規律が高まった」、すべての問題が解決されているわけではないが、「この件での規律は高まった」と主張した（ГАРФ А: 13/2952/105-106）。

幹部会議長は「上からすべてを命令してはならない」と述べ、州執行委員会とクライ執行委員会、自治共和国の閣僚会議と最高会議幹部会に検討を依頼することはできるが、村ソヴェトに至るまでのすべてのソヴェトの執行委員会に毎回の会議で検討するよう求めることについて「幹部会がこれをおこなうのは好ましくない」と述べた（ГАРФ А: 13/2952/107）。

このように、各地の地方ソヴェトにおいても党中央委員会決定［1967.8.29］とソ連最高会議幹部会令［1968.4.12］は必ずしも守られていなかったのであり、何度決定しても同様の欠陥がなくならないことを問題視し、より厳格な対応を求める主張もなされるようになっていた。

その後ロシア共和国最高会議幹部会は一九七五年一二月一二日に「ロシア共和国教育省における提案、訴えおよび苦情の検討ならびに市民の面会の組織に関する活動の実際について」の議題で審議をおこなった。事前におこなわれた点検で多くの深刻な欠陥が指摘されたことから、この日の幹部会の審議では教育省に対して非常に厳しい批判がなされることになった。その結果として、通例は議題と同じ名称の決定が採択されるのに対して、この議題でのロシア共和国最高会議幹部会決定は「ロシア共和国教育省における提案、訴えおよび苦情の検討ならびに市民の面会の組織に関する活動における深刻な欠陥について」と題されることになった。その欠陥を簡潔に確認しよう。

事前におこなわれた点検の報告書では、教育省はこの問題で一定の取り組みをしているとして、一九七五年三月一八日付ロシア共和国最高会議幹部会決定「ロストフ州とペンザ州における提案、訴え、苦情の検討および市民の面会の組織に関するソヴェト執行委員会の活動について」が部局の会合で審議されたこと[15]、この決定を遂行して、この一年半の間に計二二の自治共和国、クライおよび州の教育機関で点検をおこなったこと、この他に省の勤務員が一二九の苦情を現地に赴いて点検したこと、こうした活動によって省への市民の苦情が最近幾分減少し、再度の訴えと上級組織や新聞雑誌の編集部から届く手紙の数が減ったことが指摘された（ГАРФ А: 13/4169/29-30）。

しかし、これに続けてこの報告書は、教育省の活動を厳しく批判した。具体的には、省では手紙へのいいかげんな対応、検討期限違反、市民への不完全な、時には不正確な返答および形式的な回答の送付という事実があること、まったく検討されないままの手紙もあること、市民の訴えと苦情の検討手続きに関する省で有効な通達は一九六〇年に定められたもので古びており、一九六八年四月一二日付ソ連最高会議幹部会令に合わせる必要があること、この幹部会令で定められた手紙の検討期限の違反がまだあることなどが列挙された（ГАРФ А: 13/4169/37）。

幹部会で採択された決定では、省の活動には欠陥があり、党中央委員会決定［1967.8.29］およびソ連最高会議幹部会令［1968.4.12］の要請に応えていないこと、省に届いた市民の訴えと苦情の数は依然として多く、一九七四年には二万五三九七通の手紙が届き、一九七五年の最初の六か月には一万〇三五二通が届いたこと、訴えの数の多さおよびそこで提起された問題の重要さにもかかわらず省の指導者、部局の長は勤労者の手紙に対する活動の改善に常なる注意を払ってはいないことも指摘された（ГАРФ А: 13/4169/25）。

一九七五年になっても、モスクワにあるロシア共和国教育省でさえこうした有様だった。そしてこれがロシア共和国教育省だけの問題ではなかったということは、一九七六年四月二八日付でソ連共産党中央委員会決定「勤労者の手紙に対する活動の第二五回ソ連共産党大会諸決定に照らした一層の改善について」が採択されたことによって明らかである。この決定は、「市民の手紙に対する活動と市民の面会の組織における本質的な欠陥の存在」を認め、「提案、要望および苦情の解決へのいいかげんで無関心な態度」がなおも存在していること、「この重要な活動にしかるべき社会的政治的意義を付与せず、その遂行にあまりに安易な取り組み方をしている」指導者がいることを指摘し、市民の根拠ある要望に対する形式的な対応によって人々は上級機関への再度の苦情を送るよう強いられていると批判した。そしてこの決定は「勤労者の手紙に対する活動の一層の改善……はますます大きな意義を有している」と強調した（КПСС: 13/92-93）。

一九七七年には新しいソ連憲法が制定された。この憲法では、国家機関と社会団体に対して活動の改善を提案し、欠陥を批判する「ソ連市民の権利」が第四九条第一項に明記され、同条第二項では提案や批判を受理した側は必要な方策をとる義務のあることも定められた。さらに同条第三項では「批判のかどでの迫害は禁止されている。批判のかどで迫害をおこなう者は責任を問われる」とまで規定された（Конституция: 14）。これは、政権がこの権利を擁護しようとしたことを示しているが、同時にこの権利を行使した場合、迫害されるおそれがあると認識されていたことも示している。

ソヴェト政権と共産党は人々の手紙や苦情に決して無関心ではなく、むしろこれに対応する必要を感じていた。そのことは、見てきたように政権や共産党が手紙や苦情に適切に対応するよう命ずる決定を何度も発していたことから明らかである。それにもかかわらず、状況は政権の求めたようには改善せず、同種の決定を発し続けなければならなかったのである。[16]

二　政権と市民の「対話」

ソ連最高会議幹部会とロシア共和国最高会議幹部会の史料からは、多くの苦情が両幹部会に宛てて送られていたこと、両幹部会はソヴェト活動部や面会室などの部局を通じて、苦情が寄せられた地域の実情を調べる現地調査をたびたびおこなっていたこと、この調査ではしばしば現地の指導者が生活サービス改善に配慮せず、法規を守らず、勤労者の訴えを無視しているなどの事実が確認されたこと、その場合幹部会は厳しく批判して改善を義務づけていたことがわかる。以下にその具体例をいくつか示そう。

一九五九年一〇月一二日のロシア共和国最高会議幹部会でヴォログダ州における勤労者の訴えや苦情の検討状況について審議した際、最高会議幹部会議長は次のように述べた。個人的な苦情だけが届いているわけではない。組織や役所の無秩序にがまんできないことを示す苦情、状況改善を提案する苦情も届いている。現地で対応することに地方ソヴェトの執行委員会は無頓着過ぎる。だから大量の苦情が連邦や共和国の機関に届く。モスクワへの大量の訴えを減らすことは「非常に重要だ」。苦情がモスクワへ送られるのは「地方機関への訴えが何の成果も与えなかったからだ」（ГАРФ А: 13/1167/280-282）。

一九六二年にはソ連各地の地方ソヴェトの執行委員会における苦情と訴えの点検の様子を調査するためソ連最高会議幹部会面会室職員がロシア、ウクライナ、ベロルシア、カザフ、ウズベク、グルジア、モルダヴィア、キルギス、タジクおよびアルメニアの一〇共和国に計三三回出張して現地で点検をおこなった（ГАРФ: 345/22）。その結果に関する一九六三年一月三一日付報告書によれば、現地で点検した三七の苦情のうち三〇が全面的または部分的に事実だと確認され、住民への生活サービス改善に配慮せず、重大な法規違反をし、職権濫用の事実を容認し、勤労者の警告に形式的官僚主義的な態度をとっている経済機関やソヴェト機関の指導者がいることがわかった。ソ連最高会議幹部会面会室が直接受け付けた、カザフ共和国ウラリスク州のソフホーズ労働者の苦情が事実であると確認され、ウクライナからこのソフホーズへ移住した者のほぼ半数が、職と住居が与えられていないこと、水の供給が悪いこと、児童施設がないこと、ソフホーズ所長の対応が粗暴であることを理由にソフホーズを去っていたことも明らかとなった。この点検の結果を受けて、すべての移住者が職に就けられ、彼らのために住宅の建設が始められ、家畜と家禽を手に入れる手助けがなされ、託児所が開設され、井戸が掘られた。カザフ共和国のすべてのソフホーズとコルホーズにおける移住者の住環境と生活条件を点検して欠陥を克服するようにとの指示も出された[17]（ГАРФ: 345/22-23）。

ロシア共和国中央選挙管理委員会への苦情などに関する一九六三年三月四日付報告書によれば、選挙に関する内容の他に、多くの手紙で、執行委員会の議長や副議長との面会が難しいこと、ソヴェトの管轄下の施設や組織の活動に欠陥があること、要望が適切な時期に検討されないことが指摘されていた。この他にも、モスクワ市の居住許可、刑事・民事事件の再審理、特赦、年金受給決定、治療の補助、就職、誤った解雇への苦情、街路の環境整備、交通機関の活動の悪さについての手紙が多かったこと、中央選管に届いた手紙、苦情や訴えは、内容に応じてしかるべき機関に送られ、いくつかについては肯定的に問題が解決された旨の回答を得たこと、やむを得ない場合には市民たちに説明がなされたことが報告されていた[18]（ГАРФ А: 13/1681/6-7）。

一九六三年六月一二日のロシア共和国最高会議幹部会で審議された、スモレンスク州に関する報告書には次のように記されていた。一九六二年に州執行委員会に届いた四六一六の訴えや苦情のうち一六〇五は中央の機関を通じて送られてきた。これは、スモレンスク州では勤労者の要求充足に配慮がなされず、時には正当な要望が根拠なしに斥けられていることを物語っている。食料品が十分販売されていないとの多数の訴えと苦情が寄せられている。朝六時に行列に並ばなければ買うことができないといった具合だ。この事実が確認され、是正が指示されたが、二か月後に同様の苦情が寄せられ、状況が変わっていないことが確認された。二つの村の住民向けの店にパンが週に二度しか届かないため、それぞれの村ごとに週一度の販売となっていて、住民はパンを週に一度しか買うことができない。生活サービスが十分ではないことに執行委員会は注意を払っておらず、住民から多数の苦情が寄せられている。「ミシンを修理に出しに行ったら、職人がいないので持ち帰るよう言われた。遠くから来ているのに、この重いものをだ」、「鍵を頼みに行ったら、金属板がないのでできないと言われた。苦情に対しては、苦情は正しい、金属板はないとの答えだった」、「六回も足を運んだのにサンダルはできていなかった」などの苦情が多数ある（ГАРФ А: 13/1839/217-219, 225）。

ロシア共和国最高会議幹部会は一九六三年八月一五日には住民に対する文化・生活サービスに

関するヴォログダ州とノヴォシビルスク州の地方ソヴェトの活動について審議した。ヴォログダ州での事前の点検の報告書には次のように記されている。チェレポヴェツ地区の居住区域の大半には床屋、写真屋、靴・衣類の修繕所や金属製品の修理所がなく、住民は六〇～六五キロメートル離れたチェレポヴェツ市まで行かなければならない。修繕所の技術は低く、部品が足りなくて顧客は何度も足を運ばなければならない。衣類の修繕に六〇～七〇日を要した例もあり、しかも出来が悪い。作業を水増ししてその料金を受け取っている例もある。浴場が不足している。状況が特に切迫しているのは約三万六〇〇〇人が住むヴェリーキー・ウスチュグ市で、唯一の浴場が一九六一年五月に全面改修に入った。現在も改修中で、二～五時間並ぶことを強いられ、狭くて汚い廊下に一〇〇～二〇〇人が行列し、子供を抱いている女性も多い。商業でのごまかしが多い。ヴォログダ市で六万九一二四品目の商品を点検したところ、一〇八八品目は水増しされた価格で販売されていた。医療施設の整備が人口増に追いつかず、多くの患者が入院を拒否されている。チェレポヴェツ市では歯医者にかかるのに夜の二～四時から並ばなければならない。下水道と浄水施設も不十分で、多くの都市住民が汚れた水を飲料水としているため伝染病が多い。就学前児童二三万七九三八人のうち保育所などを利用しているのは四万八四二〇人だけだ。このため多くの女性が仕事を辞めたり長期間休んだりすることを強いられている。小さな子を一人で残して勤めに出る母親もいる（ГАРФ A: 13/1849/91-94, 96, 98, 100-103）。

ノヴォシビルスク州での点検の報告書にも同様の指摘が見られる。ノヴォシビルスク市のキーロフ区には六万人が住むのに床屋は男性向けと女性向けが一軒ずつしかなく、女性は朝五時から並び、三〜四時間立ち通している。同様のことは多くの市と地区で見られる。ノヴォシビルスク市の縫製所は質が悪く、苦情が多い。顧客は受け取った品を身につけないことが多い。人前に出たくない代物だからだ。修理した靴は二〜三日で履けなくなる。給水設備は非衛生的で、水源は下水と工場廃水で汚染されている。一〇〇〇人以上が住むのに小川の水を利用している村があり、疫病の感染が多い。商店では量や目方のごまかし、価格の水増しが多々ある（ГАРФ А: 13/1849/112-113, 115-119, 121）。

このように手紙や苦情について現地での対応を求めるとともに、中央の諸機関が地方での現地調査も数多くおこなっていた。手紙の多くは私的利害を訴えるものだったが、党中央委員会決定「勤労者の手紙に対する活動の第二五回ソ連共産党大会諸決定に照らした一層の改善について」［1976.4.28］では、近年勤労者の手紙の内容と性格に「著しい変化」が生じ、「全党的および全国家的意義を有する問題が提起され、内政と外交における党の最も重要な決定と方策への鮮やかで生き生きした反響が含まれている……手紙の数が増えた」と指摘されていた（КПСС: 13/92-93）。

そしてまた、手紙が極めて私的な性格のものであっても、「通例は一定の社会的意義を有している」のであり、市民一人ひとりの運命、「その要望や必要が……ソヴェト機構の職員の関心を呼ばずにいることはあり得ない」と主張された（ПЖ: 1958/8/29）。あるいはまた、「苦情への注目は人間への注目である」とされ、「一通の手紙も、一件の苦情も、回答のないままであってはならない」と主張された（ПЖ: 1966/20/4）。先に紹介したように、第二二回党大会での中央監査委員会報告では、「批判的な警告に、州党委員会、州ソヴェト執行委員会およびその他の党機関とソヴェト機関に届いた手紙の一通一通に注意深く耳を傾けることは各指導者の義務だ。手紙の向こう側には、自分の手紙、自分の願いが注意深く好意的に扱われるよう切望している生きた人間がいるからだ」との党第一書記フルシチョフの演説の一節が引用されていたことも改めて確認しておこう（XXII съезд: I/141）。

人々は政権に宛てて実に多くの手紙を書き送り、政権側はその手紙にこのような態度で接するべきだと繰り返し強調していた。こうした関係には、人々と政権の擬似的な「対話」を見ることができるだろう。[19]

とはいえ、これまでも述べてきたように、政権側が何かを重視し、それをおこなうよう強調したからといって、それがそのまま実現していたわけではない。手紙や苦情を通じた市民との「対話」についても、政権が掲げた目標はある程度の成果を挙げたものの必ずしも実現しなかった。しかしそれでも実現するための努力が続けられたことを軽視すべきではないというのが筆者の評価である。

先に見たように、一九七五年三月一八日のロシア共和国最高会議幹部会ではロストフ州とペンザ州の地方ソヴェトにおける手紙や苦情の検討の様子などについて審議した。最高会議幹部会議長は、一九六七年八月二九日付党中央委員会決定に「勤労者の手紙は、党と人民の結びつきの強化と拡大の、国家の事業の管理における住民の参加の最重要形態の一つであり、世論の表明の手段であり、国の生活に関する情報源である」と書かれていることに言及したうえで、「住民の訴え、手紙、苦情および提案の検討の問題ならびに住民との面会の組織の問題に党はどれほどの意義を付与してきたし、付与していることか。あなたは事の状況を事実上分析していない。しかし非常に多くの欠陥が点検で明らかにされたのだ」とペンザ州執行委員会副議長を厳しく批判していた（ГАРФ А: 13/3605/262）。

これも先に紹介したように、一九七五年一二月一二日のロシア共和国最高会議幹部会ではロシア共和国教育省の手紙や苦情への対応が厳しく批判されていたが、その際にも最高会議幹部会議長は「一九六七年に党中央委員会は勤労者の手紙の検討と面会の組織のための活動改善に関する問題について特別の決定を採択することが必要不可欠と判断した」とやはりこの党中央委員会決定［1967.8.29］に言及し、この点について党は再三指摘した、「なんらかの問題に関する手紙、苦情や訴えは国の事業の管理における住民の参加の最重要の形態の一つである」と述べていた（ГАРФ А: 13/4169/136）。

そして、先に述べた通り一九七六年四月二八日付でソ連共産党中央委員会決定「勤労者の手紙に対する活動の第二五回ソ連共産党大会諸決定に照らした一層の改善について」が採択された。

このようにソヴェト政権と共産党は手紙や苦情への対応を重視し、その内容を把握して対応しようとし続けていた。実際にはその対応は十分ではなく、一つ問題が解決されてもまた新たな問題が生ずるなどして多くの苦情が寄せられ続けたのだが、ともかくも手紙を通じた人々と政権の「対話」はそれなりに機能していたとも言えるだろう。

こうした「対話」を通じて人々の手紙が政策決定にも一定の影響力を持った例も指摘されている。一九五四年からソ連共産党中央委員会第一書記フルシチョフの強い発意に基づいて処女地開拓が大規模に進められた。シェスタコフは、人々から寄せられた手紙がこの処女地開拓という重大な政策決定におそらく影響したと指摘している。影響の仕方は次のようなものだった。

シェスタコフによれば、一九五三年の秋から中央と地方の当局やマスメディアには、食糧、特にパンと肉が全面的に不足していること、賃金や俸給が期日通りに支払われないことを訴える市民の苦情と要望の奔流が流れこんだ。シチェルバコフ市の「自覚ある党員」は一九五四年一〇月に次のような手紙を書き送っていた。「もう三七年間シチェルバコフ市の人々は飢えている。パンのための行列に夜から並んでいる。商店にはパンも砂糖も肉もない。……わが国の人民のような困窮のなかで人民が暮らしている国は世界に一つとして見当たらないだろう。われわれの生活について真実を述べることはできない。ただちにKГБへ連れて行かれるからだ……」。このように記してこの「自覚ある党員」は、このことを首相のマレンコフに伝えるよう求めた。「われわれは同志マレンコフがこのことについて知らないということを知っている」からだ。

この手紙を紹介してシェスタコフは、当局へ宛てた同様の手紙のほぼすべてに繰り返されていたのは、行列が一日中ある、大衆は怒っている、不満は強まっているということだったと指摘し、次の事例を示す。クイブィシェフ州党委員会書記は中央委員会へ伝えた。「〔クイブィシェフ〕州とクイブィシェフ市ではパンの売買において極度に緊張した情勢が生じていることを中央委員会へ報告する必要があると考える。一九五四年七月から州の全市でパンの売買に長い行列が発生し、住民の不満を呼んでいる」。これとは別に『プラウダ』紙が作成した、同紙に届いた市民の手紙の概観には「党中央委員会総会はこの二〜三年の間に豊富な食糧を供給すると決めたが、総会後の最初の年に暮らしはより困難になった。これは誰かの妨害ではなかろうか」と記されていた。

こうした事例からシェスタコフは、政権には実質的に選択肢はなかった、パンは数年後にではなくただちに必要だったのだと結論づけている（Шестаков: 114-115）。だからフルシチョフは処女地開拓を主張したというのである。

『プラウダ』の概観で言及されている党中央委員会総会は、フルシチョフが穀物問題の解決に取り組むことを訴えた一九五三年九月総会のことだろうから、概観にあるような手紙が届き、内容がフルシチョフにまで知らされていたならば、確かにフルシチョフが穀物不足の速やかな解消を訴えて処女地開拓を主張した強い理由になっただろう。

手紙や苦情の政策決定への影響については次のような例も見られる。ソ連ではスターリン死後の一時期は死刑が廃止されていたが、一九六一年から特に危険な犯罪に対して死刑が適用されるようになった。このことについてソ連共産党中央委員会行政機関部部長は次のように記した。特に危険な犯罪に対する刑罰の強化は、こうした犯罪が増加したことで引き起こされたのではない。「社会を侮辱し人々の生活を台無しにする分子に対する容赦できないとのソ連の人々の思いが計り知れないほど増大しているのだ」。このことは、多数の手紙や訴えで述べられた要望がはっきりと示している。すべて異口同音に、「犯罪分子を断固として抑えつける時が来た、彼らをこれ以上許してはならない」と述べている。こうした要望は、手紙や訴えだけでなく労働者やコルホーズ員や職員の集会で、企業や家庭における会合で広く語られているのだ（ПЖ: 1962/5/13）。

死刑の復活が決定された際、こうした人々の不満や訴えが実際にどれほどの影響力を持ったのかは定かではないが、意識されていたことは確かだろう。

ただし、政策決定への手紙の影響については次のような指摘のあることにも注意を向けなければならない。フルシチョフの下で都市住民による家畜の飼育が禁止されたことがあった。これについてゼレーニンは次のように指摘した。

一九五九年六月の党中央委員会総会でフルシチョフは、都市住民がパンで家畜を養っており、国家の安価なパンで投機者たちが儲けていると批判した。そしてフルシチョフは、パンの価格の引き上げは政治的に正しくない、これは数百万人の勤労者の利益を損なうと述べて、都市住民による牝牛、ヤギおよび豚の飼育を禁ずる法律を採択するよう提案した。総会の出席者はこの提案を支持し、都市と労働者居住区に住む市民による家畜の個人所有を禁ずる最高会議幹部会令が一九五九年七月三〇日から八月一五日までに各共和国で採択された。党中央委員会連邦構成共和国担当農業部部長は一九五九年八月末にフルシチョフに報告した。都市住民による家畜の個人所有を禁じたフルシチョフの主張は「勤労者の手紙の大半で熱烈な同意が示されている」と。しかしこれは、自身は家畜を持たず、家畜所有者が安いパンで家畜を養うのに憤っていた都市住民の意見を反映したものだったとゼレーニンは指摘する。利益が侵害された都市住民らの反応もあったが、これについては情報の書き手は沈黙することを好んだのだと（Зеленин: 81-82）。

ソヴェト政権と共産党が民意を重視しており、政策決定に際しても民意を考慮していたといっても、この例のように、政策判断に反対する意見は指導部に伝えられないこともあったという点は無視してはならないだろう。

第三章

国家と社会——様々な「協働」の形

第一節　ソヴェトの活動

一　ソヴェトの定例会

スターリン死後、特に一九五六年二月の第二〇回党大会でソヴェトの役割を高める必要性が確認されて以後、ソヴェトの様々な活動の活発化に向けたいくつもの決定が採択された。ソヴェトの活動を活発化するに当たってまず重要視されたのは、法令の定め通りにソヴェトの定例会を開くことだった。

当時有効だった一九三六年憲法下では、連邦、連邦構成共和国および自治共和国の最高会議は年二回、州、クライ、市、地区および区のソヴェトは年四回以上、村ソヴェトと居住区ソヴェトでは年六回以上開くことが定められていた。回数で示されてはいるが、概ね等間隔で開くことが想定されていた。[1]

しかし、スターリン期にはソヴェトが招集されない例が次第に増えていった（稲子：62）。この状態はスターリン死後もただちには改まらなかったため、定め通りに定例会を開くことが求められたのである。[2]

ロシア共和国最高会議幹部会は毎年地方ソヴェトの活動状況を審議していたので、その際の報告書と速記録によって定例会開催の全般的な様子を確認しよう。

一九七〇年二月二四日開催のロシア共和国最高会議幹部会ではソヴェト活動部部長が、以前は約四〇〇〇〜五〇〇〇の地方ソヴェト、すなわち全体の一五％が定例会開催の期間に違反していたと指摘したうえで、一九六九年には違反したのは二地区ソヴェト、三居住区ソヴェトおよび三一村ソヴェトでわずか〇・一五％だったと報告した（ГАРФ А: 13/2936/187-188）。

この五年前、一九六五年二月二五日に開かれたロシア共和国最高会議幹部会におけるソヴェト活動部部長の報告によれば、定例会開催の状況は年々ある程度改善されており、憲法の定めを破っていたソヴェトは、一九六二年には全地方ソヴェトの六・五％、一九六三年は五・二％、一九六四年は二・六％だったので（ГАРФ А: 13/1941/430-431）、全体の一五％もの違反が見られたのはおそらく一九五〇年代のことだろう。

一九七〇年の地方ソヴェトの活動に関する報告によれば、ロシア共和国全体で三八のソヴェトが必要な回数の定例会を開かなかったが、アルハンゲリスク州、カリーニングラード州、サハリン州、ムルマンスク州、ブリャート自治共和国、ダゲスタン自治共和国およびコミ自治共和国といった、遠隔地のある、または領域的に散在しているところでさえ定例会の招集期限違反は一例もなかったと指摘された（ГАРФ А: 13/2982/14-15, 259）。この指摘から、遠隔地に居住区域があったり、居住区域が散在していたりする地域ではソヴェトの定例会の開催（そのための代議員の招集）が困難な場合があると意識されていたことがわかる。

実際、この点は地域によっては深刻な問題だった。たとえば一九七〇年二月二四日のロシア共和国最高会議幹部会ではチュメニ州執行委員会議長が、「われわれは故意にではなく民族管区についてソヴェトの定例会開催期間の違反者となっている」と訴えた。チュメニ州執行委員会議長は、遊牧、巨大なトナカイ放牧場の存在、毛皮を採取する狩猟者、漁業、広大な領域、困難な気象条件、ヘリコプターでの交通の多大な費用といった条件で「憲法の定める期間に遅れずにおこなうのはわれわれには実に難しい」と述べて、一九六八年一〇月に定例会開催期間を見直すよう提案した、「幹部会がもう一度検討し、定例会の招集期間の見直しに関するわれわれの要望を支持する可能性を見出だしてくれることを願う」と要望していた（ГАРФ А: 13/2936/176）。この訴えに見られるように、定例会が定め通りに開かれなかったすべての例が執行委員会の意図的な不作為によるものだったわけではなかった。

一九七二年二月二九日に開かれたロシア共和国最高会議幹部会でのソヴェト活動部部長の報告によれば、定例会招集に関する憲法の要請は年々守られるようになり、招集期限を守らなかったソヴェトは一九六四年に六七七だったのが、一九七〇年は三八、一九七一年は一三となった。一三のソヴェトの内訳は、地区ソヴェトが二、市ソヴェトが一、村ソヴェトと居住区ソヴェトが計一〇だった。ソヴェト活動部部長は、現地からの説明によればいくつかのソヴェトでは悪天候のため、いくつかのソヴェトでは執行委員会議長の長期の病気のため定例会を開くことができなかったと紹介し、これは実際にそうなのかもしれないが、より注意深く接していれば必要な定例会を開くことができただろうと述べた[3]（ГАРФ А: 13/3495/107）。

一九七三年二月二六日のロシア共和国最高会議幹部会ではソヴェト活動部部長は、一九七二年にはチュメニ州のルサコフスキー村ソヴェトを除くすべてのソヴェトが憲法で定められた数の定例会を開いたことを紹介し、この状況はソヴェトの活動の民主主義的原則がどこでも例外なく遵守されるようになったと結論することを許す、これは喜ばしい事実であると述べた[4]（ГАРФ А: 13/3531/93-94）。

そして、一九七三年の活動報告では、ロシア共和国のすべての地方ソヴェトが定められた数の定例会を開いたと報告された（ГАРФ А: 13/3565/21）。

ただ、これにはかなり無理があったのではないかと想像される。第二章で紹介したように、村ソヴェトの定例会の開催回数を年六回から年四回に減らす要望がこの頃機会あるごとに出されており、一九七七年と一九七八年の全人民討議でもこの要望が出されていた。年四回の開催は「現在われわれのところでは事実上実際におこなわれていることだ」との発言もなされていた。憲法に定めがあればこれを遵守するのは当然であり、また遵守するよう求められ、努力もなされていたけれども、すべてのソヴェトで常に履行《りこう》するのは難しい環境にあったのも確かだろう。

なお、誤解のないように補足すれば、定例会を開きさえすればそれでよしとされていたのではなく、定例会で何をどのように審議したかも重要視されていたし、定例会開催に先立つ準備も重視されていた。たとえば一九五六年四月二〇日のロシア共和国最高会議幹部会では幹部会議長が「われわれの目的は定例会の招集期間を遵守することだけではない」、会議の招集に先立って「多大な組織活動、経済・政治活動がなされなければならない」と述べていた（ГАРФ А: 13/763/155）。

しかし、この頃はそもそも定例会が憲法の定め通りに開かれていなかったので、これを改めることが重視されていたのである。

他方で、定例会招集期間の遵守を繰り返し求めていったことは、形式的な「遵守」や新たな違法状態につながった面もあった。本章冒頭でも述べたように、クライ、州、市および地区のソヴェトは年四回以上、村ソヴェトと居住区ソヴェトは年六回以上定例会を開くとの定めは、三か月または二か月に一度定例会を開くことを想定したものだったが、半年程度定例会を開かず、回数の帳尻を合わせるために年末に複数回開く例があった。また、定例会が開かれても出席率が低く、定足数を満たさなかった例もあった。具体例を紹介しよう。

一九六四年六月一二日付ロシア共和国最高会議幹部会決定「アルタイクライとアストラハン州における地方ソヴェトの定例会の準備および実施ならびに決定の執行の組織について」では、アルタイクライではしばしば執行委員会は五〜七か月定例会を招集せず、年末に定例会が毎月、さらには月に二度おこなわれている、これはソヴェトの指導的役割を引き下げ、執行委員会による代行につながっているとの批判がなされていた。定例会が低い出席率で開かれていることも指摘された。たとえばバルナウル市ソヴェトの第三定例会では四四七人中一四六人の代議員が欠席し、第五定例会では一一〇人、第六定例会では九五人が欠席したこと、一九六三年にアルタイクライのいくつもの村ソヴェトの定例会が定足数を満たさずにおこなわれたことが批判的に指摘された(ГАРФ: 668/73-74)。

エストニア共和国のルィングスキイ村ソヴェトは一九六三年に六か月間定例会を開かず、定例会の定期的な招集に関する憲法の要請を遂行するため執行委員会が一二月二七日と二九日に定例会を招集すると決めたとの批判も見られる（ГАРФ: 703/6）。

一九七〇年二月二四日のロシア共和国最高会議幹部会では地方ソヴェトのいくつかの執行委員会が定例会に向けた資料を適切な時期に代議員に示さず、会議の日を前もって知らせていないこと、こうした場合定例会は形式的におこなわれ、採択される決定の内容はしばしば一般的な要望だけだということが指摘された（ГАРФ А: 13/2936/22-24）。

一九七三年一一月一六日のロシア共和国最高会議幹部会では、報告したソヴェト活動部部長が「ソヴェトの一部の定例会が低い出席率で開かれているのを正常と認めることはできない」と述べ、スタヴロポリクライのいくつかの市、地区および村ソヴェトの定例会で代議員の二〇％以上が欠席したことを紹介して、「こうした事実は他のクライ、州および自治共和国にもある」と指摘した（ГАРФ А: 13/3553/110）。

こうした問題は、第一には執行委員会の問題と捉えられた。ソ連最高会議幹部会決定「代議員の地位に関する法律の適用の実際について」［1974.5.21］でも、この法律の要求遂行のための全連邦、共和国および地方の国家機関と組織の活動には「代議員の活発さと発意の一層の向上を妨げる本質的な欠陥がなお存在している」として、「ソヴェトの定例会の招集の時間およびその審議に諮《はか》られる問題について代議員はどこでも適切な時に知らせを受けているわけではない」と指摘されている（Сборник: 1/348）。

しかし、執行委員会の対応だけに問題があったのではない。たとえばエストニア共和国ラクヴェレ地区ソヴェト執行委員会の活動についてのソ連最高会議幹部会ソヴェト活動部による報告書（書き込みから一九六三年八月一四日付と見られる）には次の指摘がある。一九六一年に地区ソヴェトの各定例会で平均二二％の代議員が欠席し、一九六三年上半期には平均二八％の代議員が欠席した。「これは……遠くの選挙区の代議員が欠席していること、地区執行委員会は交通費を代議員に常に払えるわけではないことである程度まで説明される」。現地での面談で、地区ソヴェト代議員に地区内の無料乗車を提供すべきだとの提案がなされたこともこの報告書には記されている（ГАРФ: 554/43, 48）。

交通費に関する指摘は当時多く見られた。[5] このため一九七二年に制定された「代議員の地位に関する法律」では第三一条で、各級ソヴェトの代議員の当該ソヴェト管轄領域におけるタクシー以外の公共交通機関への無料乗車の権利が定められた（Конституция: 81-82）。

問題は他にもあった。ソヴェトの代議員は原則として他に本務を持っており、ソヴェトの活動に参加する際には本務での就労義務を免除されることになっていたが、勤務先によってはこれが認められず、代議員が定例会などに出席できない例があった。

一九七三年一一月一六日のロシア共和国最高会議幹部会では、ソヴェトの定例会に出席するために代議員が仕事を離れるのを許さない経済指導者がいることが指摘された。ソヴェト活動部部長の報告によれば、同年四月に開かれたクラスノダールクライのカネフスカヤ地区ソヴェトの定例会にある代議員は参加することができなかった。職場の部長にソヴェトへの参加を拒否された代議員がその上司に訴えたところ、「部長が行くのを許さないのであれば、定例会へ行く必要はない」と言われたというのである（ГАРФ А: 13/3553/110）。

審議のなかで幹部会員も、経済指導者が計画達成を第一とするのは理解できると述べつつ、穀物を荷卸する必要があると「定例会なんてたくさんだ！」と言い、代議員が定例会に出席すると解雇する指導者がいることを指摘し、経済指導者、企業、コルホーズ、ソフホーズの指導者も教育する必要があると訴えた（ГАРФ А: 13/3553/127-129）。

一九七六年七月一〇日のロシア共和国最高会議幹部会での審議のためチュメニ州でおこなわれた点検の報告書によれば、「地方ソヴェトの代議員が定例会の時間に生産の義務の遂行から解放されなかった」例、「企業の指導者が代議員に交通手段を提供しなかった」例があり、このため代議員はソヴェトの活動に参加しなかった。あるコルホーズの例では、村ソヴェトの代議員たちに交通手段が提供されなかったため定例会の開会が数時間遅れた。別のコルホーズも交通手段を提供しなかったため、その居住区からは地区ソヴェトの定例会に代議員たちが出席しなかった。同じ原因で代議員が集まらなかったため定例会が中止になった村ソヴェトもあった。こうした例が複数の地区であり、同様の理由で代議員の三〇％が定例会を欠席した例も複数の村ソヴェトで見られた（ГАРФ А: 13/4203/54）。

第二章で紹介したように、すでに一九七二年九月二〇日付で「代議員の地位に関する法律」が制定されており、その第二七条で、定例会および法律で定められた別の機会での代議員の職権行使のため代議員は本務での平均賃金を維持しつつ生産または職務の義務の遂行を免除されることが定められ、第三二条第一項では、代議員はソヴェトの事前の同意なしには、定例会と定例会の間には執行委員会または最高会議幹部会の事前の同意なしには企業、施設または組織で解雇されず、コルホーズから除名されず、懲戒処分として賃金の少ない職へ移動されないことが定められていたが（Конституция: 81-82）、こうした定めが常に守られていたわけではなかったことがわかる。

また、そもそもこの法律にこうした定めが置かれたのも、定例会出席のために本務での勤務を免除されなかった例、代議員の活動を理由として解雇されたり降格処分を受けたりする例が稀ではなかったためだと推測することもできる。

ただ、代議員の活動が低調なのは、執行委員会や本務の企業の管理部だけのせいだというわけでもなかった。ヒルの紹介した、一九七〇年に発表されたソ連の研究では次の点が指摘されていた。第一に、一年の間に（実際には任期中に）定例会で発言の機会を得る代議員は少ない。第二に、定例会での発言回数と教育水準には相関関係があり、高学歴の代議員ほど発言回数が多い。第三に、女性の発言回数は男性より少なく、定例会の議長に選出されたり書記として活動したりすることは稀である。これは家事労働の負担から説明できる。第四に、若手代議員の発言回数は年配の代議員より少ない。再選されると参加は増大すること、コムソモールの委員会での活動経験のある者は比較的早く代議員としての職務に取り組むようになる傾向があることから、政治的経験と関係している（ヒル：58-59）。

同じくヒルが紹介した、一九六九年発表のソ連の研究によれば、定例会が活気のないものとなり、ソヴェトに設けられた委員会が力を発揮しないのは代議員の問題だった。「発言を促されても応じられない者がいる。精々のところ、彼らは会期中のソヴェトや開会中の委員会に出席しているだけである。彼らは良心的な労働者であり、仕事仲間の尊敬を受けている」。しかし「彼らはソヴェトで十分に活動することができない……彼らには組織的な仕事の経験が殆どないからか、あるいは単に、公的活動への意向がないからである」(ヒル：59)。

二年に一度の選挙のたびに二〇〇万人もの代議員が選出され、しかもその約半数は初めて選出された代議員だったことを考えれば、定例会への出席率が低く、活動が低調だったことに代議員自身の原因もあったのは確かだろう。

もっとも、一九七五年七月一四日のロシア共和国最高会議幹部会において共和国最高会議の定例会招集に関して審議した際には、幹部会議長が「どのような問題を検討し、審議するのでも、発言したい代議員は定例会全体の議事日程で想定されているのよりはるかに多い。毎回、発言したい他の最高会議代議員の要望もある程度考慮するよう同志たちに求めなければならない」と述べて、最高会議での発言時間を現行の一人当たり二〇分から一五分に短縮する提案をおこなうことが不可欠だと説明していた(ГАРФ A: 13/3619/145)。この発言に見られるように、共和国最高会議ともなれば発言する意欲と能力のある代議員も少なくなかったのだろうが、何度も述べているように地方ソヴェトの代議員の場合は二〇〇万人ほどもいたわけで、生産者としては優秀でも代議員としては十分活動することができない代議員も大勢いたのは当然だろう。

そして、第二章第二節で言及したように、代議員の多くの部分を更新し続けることにこうした問題があることは広く知られていた。それでも多くの人々を代議員としてソヴェトの活動に引き入れることの方が重視され、新たな代議員に対する説明や教育を手厚くすることで対応しようとしていたのである。

二　ソヴェトの常設委員会

(一)ソヴェトの常設委員会

地方ソヴェトの代議員はまずはソヴェトの定例会に出席することが求められたが、代議員が求められたのはそれだけではなかった。代議員の活動のいくつかは第二章で紹介したが、それらに優るとも劣らぬ重要性を付与されていたのが常設委員会での活動だった。

第一章、第二章で見てきたように、スターリン死後、ソヴェトの役割を実質的なものとし、その活動を活発化することが目指されるようになった。一九五五年におこなわれた地方ソヴェトの選挙では村ソヴェト、居住区ソヴェトおよび地区ソヴェトの代議員の数が増やされ、すべてのソヴェトに常設委員会を設けることが可能となった。これによって「あらゆるレベルのソヴェトで常設委員会の活動が著しく活発化した」とされる（XX съезд КПСС: 24）。実際に著しく活発化したのかは検討を要するが、この頃から常設委員会の活動が重視され始めたことは確かだろう。

その後、一九五六年二月の第二〇回党大会においてソヴェトの活動改善の重要性が改めて確認され、一九五七年一月二二日付でソ連共産党中央委員会決定「勤労者代議員ソヴェトの活動改善およびソヴェトの大衆との結びつきの強化について」が採択されたことで常設委員会は大規模に設置されてゆくこととなった。

この決定は、「勤労者代議員ソヴェトは、国家の管理、政治活動ならびに経済建設および文化建設の指導における大衆の直接の参加を保障している」、「ソヴェトには……一五〇万人を超える労働者、農民および知識人が選出されている。この他に数百万人の勤労者が……常設委員会、様々な委員会、支援団体およびその他の活動に活発に参加している」、「ソヴェトの政治活動、ソヴェトの大衆との結びつきの強化において常設委員会が多大な意義を有している」と肯定的に紹介したうえで、「まだあらゆるところで常設委員会が良好に活動しているわけではない。多くのソヴェトで委員会は形式的に存在し、労働者、コルホーズ員および知識人からなる活動家をその活動に引き入れていない」と指摘した（КПСС: 9/156-157, 162）。

そしてこの決定は党機関とソヴェトの執行委員会に対して「常設委員会の活動を真剣に改善し、定例会と執行委員会の会議に向けた問題の準備において、ソヴェトと上級機関の決定の執行に対する監督の実行において、大衆の間での組織活動の実行において常設委員会が活発な役割を果たすようにする」ことを求めた。常設委員会に対しては、「決定案の作成に参加し、定例会で副報告をおこない、経済計画の審議に参加し、ソヴェトの管轄下の企業と施設の活動に対する監督をおこなうこと」を義務づけた。執行委員会と部局は常設委員会の提案を検討し、実務的方策をとらなければならないこと、常設委員会の権限を拡大すべきことも明記された（КПСС: 9/162）。

地方ソヴェトが日本の地方公共団体の議会に当たるとすれば、地方ソヴェトの常設委員会は日本の議会の常任委員会に当たることになるが、常設委員会のあり方や活動はいくつかの点で日本の議会の常任委員会とは大きく異なっていた。

まず常設委員会に期待された主な役割は、ソヴェトの定例会の会期中に委員会審議をすることではなかった。もちろん定例会での審議に際しても常設委員会は報告や副報告を担当するのが望ましいとされていたが、定例会は年に数日から一〇日程度しか開かれなかったから、会期中の常設委員会の活動も限られていた。これもあって、常設委員会はむしろソヴェトの閉会中にソヴェトの「外」で活動することが期待されていた。[6]

さらに特徴的なのは、ソヴェトの常設委員会には当該ソヴェトの代議員が委員として選出されたが、常設委員会の活動には委員以外の代議員も参加するよう求められていたこと、そればかりか代議員ではない人々も参加するよう求められていたことである。

この点について『モスクワ市ソヴェト執行委員会通報』一九六一年八月号には次の説明が見られる。常設委員会での活動はソヴェトの活動への代議員の日常的な参加の最も有効な形態の一つであり、すべての代議員が参加しなければならない。常設委員会の活動に参加する代議員と常設委員会の委員である代議員の法的地位の違いは、後者が議決権を持つのに対し前者は審議権を持つという点だけである。

この説明に続けて、常設委員会が責務を果たせるのは代議員と意欲ある人々からなる活動家[7]とを組織することができた場合のみであり、すべての代議員が常設委員会の活動に積極的に参加したとしても、様々な専門家や先進的な生産者およびその他の広範な人々を引き入れることなしには課題を達成することはできないとも指摘されている（Бюллетень МГ: 1961/8/30-32）。

このように、常設委員会の委員であるか否かを問わず原則としてすべての代議員、さらには代議員ではない活動家が常設委員会の活動に参加し、課題を達成するよう求められていた。この点で常設委員会の活動は、国家と社会の「協働」の形態の一つだったと言うことができる。

とはいえ実際にはすべての代議員が常設委員会の活動に参加したわけではなかったが、それでも委員ではない多くの代議員、そして代議員ではない多くの活動家も常設委員会の活動に参加していた。たとえばモスクワ市ソヴェトの常設委員会の様子を見ると、一九五九年選出のソヴェトでは常設委員会が一三設けられ、一九五人の代議員が委員に選出された。委員とは別に五〇〇人以上の代議員が常設委員会の活動に参加していた。一九六一年選出のソヴェトは常設委員会を一六設け、二四〇人の代議員を委員に選出した。この他に委員ではない代議員約六〇〇人が常設委員会の活動に参加した。代議員ではない活動家は、一九五九年選出のモスクワ市ソヴェトの常設委員会では約四〇〇人が活動に参加していた。その数は年々増えていったとされ、一九七〇年には八二七九人、一九七四年には九五〇〇人が活動に参加していたとされている（Бюллетень МГ: 1960/12/26; 1961/8/30, 32; Алещенко: 29）。

しかし、一九六〇年代に入った頃からは、できるだけ多くの代議員が常設委員会の委員に選出されるのが望ましいとされていった。これはおそらく、常設委員会の役割が重視されたことに伴って常設委員会の設置される分野が拡大されてその数が増えていったためで、できるだけ多くの代議員を委員にするとともに、より多くの活動家を活動に引き入れることが目指された。たとえばウクライナ共和国では一九五七年に五万三〇〇〇の常設委員会で二四万八〇〇〇人の代議員が活動していたのが、一九六一年には六万一〇〇〇の委員会で三三万人以上の代議員が活動するようになっていた。これとともに代議員ではない活動家も一層多く常設委員会の活動に参加するようになり、その数は四六万五〇〇〇人から六六万人まで増えた（Тихомиров: 73-74）。ソ連全体では一九六三年選出の地方ソヴェトに二四万三七〇〇の常設委員会が設けられ、代議員全体の約八〇%に当たる一五二万〇九四一人の代議員が選出されていた。代議員ではない活動家は約二五〇万人が活動に参加していた（Социализм: 55-56）。

一九六〇年代半ばには、常設委員会に選出された代議員の数が少ないことは問題だと捉えられるようにさえなっていた。たとえば、トルクメン共和国の村ソヴェトの活動に関するソ連最高会議幹部会ソヴェト活動部の一九六五年五月一〇日付報告書には、「常設委員会に村ソヴェト代議員の半分未満しか選出されていないことを正常と認めることはできない。アシハバード地区バギル村ソヴェトの代議員五四人のうち六つの常設委員会に三人ずつの計一八人、すなわち全代議員の三分の一しか選出されていない」との批判が見られる（ГАРФ: 848/6）。

アルメニア共和国の村ソヴェトの活動に関するソ連最高会議幹部会ソヴェト活動部の一九六五年五月一九日付報告書でも、いくつかの村ソヴェトで代議員の大半が常設委員会に加わっていないことが指摘され、例として「シコフスキー村ソヴェトの九二人の代議員のうち常設委員会には四〇人しか選ばれておらず、オクチェムベリャンスク村ソヴェトでは代議員六七人のうち常設委員会委員になっているのは三〇人だ」との批判がなされていた（ГАРФ: 848/13）。

ロシア共和国の地方ソヴェトの常設委員会に選出された代議員の数と割合からも、こうした変化が起こっていった様子がうかがえる。一九六五年一月一日の時点ではロシア共和国の地方ソヴェト全体で一二万二四三〇の常設委員会があり、全代議員の四分の三と一六五万人の活動家が活動していた。一九七〇年一月一日の時点では一七万〇七三〇の常設委員会があり、全代議員の八〇・五％に当たる八七万六五二六人が委員に選出され、約一五〇万人の活動家が引き入れられていた。一九七〇年の末には常設委員会は一七万一七一八まで増え、代議員全体の八〇・六％に当たる八七万七六八六人の代議員が委員に選出されていた。代議員ではない活動家は一六六万五〇〇〇人を超えたとされた（ГАРФ А: 13/1941/433; 13/2936/26; 13/2982/19-20）。

一九七二年二月二九日のロシア共和国最高会議幹部会ではソヴェト活動部部長が、ロシア共和国の地方ソヴェトでは常設委員会に代議員のほぼ八〇％が選出されていること、常設委員会にも執行委員会にも入っていない代議員は二万七九一八人で全体の二・七％であることを指摘したうえで、各ソヴェトにおいて最大の数の代議員が常設委員会に加わるよう努めなければならないと述べていた（ГАРФ А: 13/3495/109）。

代議員のほぼ八〇％が常設委員会に加わり、常設委員会にも執行委員会にも選出されていない代議員は二・七％しかいなかったにもかかわらず、さらに多くの代議員が常設委員会に加わることが求められたのである。

ただ、こうした数字を額面通りに受け取ることができるかは疑問の余地もある。さきほど紹介したロシア共和国に関する数字は主に自治共和国最高会議幹部会、クライと州の執行委員会から提出された統計報告に基づいているが、一九七二年二月二九日のロシア共和国最高会議幹部会ではソヴェト活動部部長が、地方ソヴェトの執行委員会職員が統計報告を軽んじた態度をとっている、理解しがたいデータを提出し、ソヴェト活動部が問い合わせると説明なしに新たなデータをよこすと批判していた（ГАРФ А: 13/3495/112）。この批判は、地方ソヴェトの執行委員会からの報告の数字の信頼性を疑わせる。多くの代議員が常設委員会に選出されるのが望ましいとされ、常設委員会に参加している代議員が少ないことが批判されていた状況からすれば、各地からの統計報告の数字は水増しされていた可能性もある。

なお、常設委員会はソヴェトに設けられるものであり、そのソヴェトの代議員によって構成されるものだが、委員の選出には執行委員会が関与することが一般的だった。一例を挙げれば、ラトヴィア共和国のエカブピルス地区ソヴェトでは、一九六三年三月の選挙で一〇二人の代議員が選ばれ、最初の定例会で八つの常設委員会（財務・予算、文化・教育、住居・公共事業、保健・社会保障、生活サービス、商業・公共食堂、農業および社会主義的適法性遵守）が設けられた。執行委員会は選挙後最初の定例会の準備を慎重に進め、代議員たちと会談し、どの分野に関心があるか、どの委員会で活動したいかを確かめて委員会の人的構成をソヴェトに提案したと指摘されている（Филюшкина: 3-6）。

(二)常設委員会の活動

全国各地で広く設立された常設委員会は、具体的にはどのような活動をおこなっていたのか。

まず、ソヴェトの定例会や執行委員会の会議での問題の審議の準備に積極的に参加すること、ソヴェトの定例会での審議において報告や副報告をおこなうことが求められた。

ロシア共和国の地方ソヴェトの常設委員会に関する報告によれば、一九七〇年にはソヴェトの定例会で審議する二二万三〇〇〇の問題、執行委員会の会議で検討する三三万五〇〇〇の問題の準備に常設委員会が参加した。ソヴェトの定例会では約一二万の常設委員会が一八万五〇〇〇を超える報告と副報告をおこなった。一九七一年にはソヴェトの定例会では一七万を超える問題、執行委員会の会議では約二五万の問題が常設委員会も参加して準備され、審議された。ソヴェトの定例会で常設委員会全体の六四・三％に当たる一〇万九〇三一の常設委員会が合計で約一四万の報告と副報告をおこなった。一九七二年には常設委員会は一八万を超える問題を準備してソヴェトでの審議にかけ、約三五万の問題を準備して執行委員会の会議にかけた。一二万の常設委員会がソヴェトの定例会での報告と副報告をおこなった（ГАРФ А: 13/2982/19-20; 13/3495/16; 13/3531/21）。こうした活動がどれほどの実質を伴っていたかはともかく、少なくとも形式的には毎年一定の活動がなされていたと言えよう。

しかしこれだけが常設委員会のおこなうべき活動だったのではなく、常設委員会はソヴェトの閉会中にも、ソヴェトの「外」でも様々な活動をおこなうよう求められていた。

そうした活動の主なものとして当初は、ソヴェトと執行委員会の決定が正しく実行されているか、住民に対する様々なサービスが企業や商店によって適切に提供されているかといったことを現場で点検し、改善策を提案することが求められた。

モスクワ市の例では、一九五九年にモスクワ市ソヴェトの常設委員会はこうした点検を一五七八の対象でおこない、点検の結果について九九の会合を開いて検討していた。通例こうした委員会の会合は委員だけでおこなわれたのではなく、活動家、市の部局や企業の職員、社会団体の代表が広範に参加しておこなわれていた（Бюллетень МГ: 1960/12/27）。

ラトヴィア共和国のグルベネ地区とダウガフピルス地区の例では、両地区に各三〇～三五ある修理所と注文受付所を代議員と常設委員会が点検した結果、サービスの計画は達成されていたものの、多くの修理所と受付所のサービスは高価で、仕事の質は低く、多くの場合に市民は個人営業の店へ行くことを望んでいることがわかったとの指摘がなされている（Филюшкина: 38）。

このように、常設委員会が現場での点検で成果を挙げた例が多く紹介されていた。ただし、常設委員会には義務的な決定をおこなう権限はないとされ、常設委員会の決定や提案は勧告的性格のものと位置づけられていた[8]（Бюллетень МГ: 1961/8/31）。

このため、常設委員会の点検が適切におこなわれ、有益な提案がなされたとしても、それが事態の改善につながるかは執行委員会の対応にかかっていた。『モスクワ市ソヴェト執行委員会通報』一九六〇年一二月号掲載の記事によれば、モスクワ市ソヴェトでは、常設委員会の活動計画作成に当たって常設委員会の議長、副議長または書記が、執行委員会の副議長や関係部局の長と相談していたが、市執行委員会および区執行委員会の指導者や組織指導員部の職員のなかには、常設委員会の会合の準備と実施をほとんど支援せず、会合に出席せず、決議案の作成に参加していない者がいた。このことが、いくつかの常設委員会が定足数を満たさずに会合を開き、問題の本質を反映していない皮相な決議を採択し、権限を逸脱するなどのことにつながっていると指摘してこの記事は、区ソヴェトの執行委員会と組織指導員部は、常設委員会の役割の一層の向上を促し、不可欠な援助をしなければならないと記していた（Бюллетень МГ: 1960/12/26, 31-32）。『モスクワ市ソヴェト執行委員会通報』一九六一年八月号の記事も、常設委員会の課題を成功裡に達成するために多大な意義を有しているのは執行委員会との正しい関係であるとして、次のように指摘した。常設委員会は執行委員会に従属してはいないが、執行委員会との日常的な仕事上の結びつきなしに、執行委員会の支持と援助なしに良好な活動をおこなうことはできない。これに関して重要なのは、執行委員会の議長や副議長や書記や委員の常設委員会の会合への参加である。同様に重要なのが、常設委員会と執行委員会の活動計画を結びつけることである。常設委員会と執行委員会の活動の結びつきの日常的な強化と相互の支援は、常設委員会にとっても執行委員会にとっても活動の改善につながる最重要の課題である（Бюллетень МГ: 1961/8/31, 34-35）。

常設委員会と執行委員会の適切かつ密接な関係が重視されたため、次のような提案もなされていた。エストニア共和国キンギセップ地区ソヴェト執行委員会の活動についてのソ連最高会議幹部会ソヴェト活動部の報告書（書き込みから一九六三年八月一六日付と見られる）によれば、地区執行委員会、村ソヴェトおよびその他の組織の人々が、常設委員会議長を執行委員会の構成員とするよう提案した。「共和国の地方ソヴェトの常設委員会に関する現行規程は、執行委員会委員は常設委員会議長になれないと定めている（同様の規定は他の共和国でも有効）」。常設委員会議長を執行委員会に加えることは、執行委員会の側からの常設委員会の活動の調整の改善および執行委員会の実際の組織活動における常設委員会の参加の向上につながるだろう（ГАРФ: 554/73）。

このような提案がなされたということは、ここでは執行委員会と常設委員会の活動が適切に調整されてはいなかったと見てよい。ただ、執行委員会と常設委員会の関係がいかなるものだったかは一概には言いにくい。ラトヴィア共和国の事例について論じた文献では、エカブピルス地区ソヴェトの例に基づいて、執行委員会とその全機構が常設委員会に依拠しており、常設委員会の参加と助けなしに重大な意義のある事柄が済まされることはほとんどないと主張されていた。

ただし、常設委員会の活動は次のように紹介されている。エカブピルス地区ソヴェトには八つの常設委員会があり、各常設委員会には七～一五人の代議員が加わっていたが、彼らは地区の様々な地域に暮らし、互いに遠く離れていることも多かった。このため地区内の点検は一つの常設委員会の委員だけでは困難で、これが可能なのは活動家の助けと下級ソヴェトの常設委員会の参加があった場合のみである。地区ソヴェトの各代議員は自分の選挙区で、村ソヴェト、居住区ソヴェトまたは市ソヴェトの常設委員会と連携して活動していた。地区ソヴェトの常設委員会には合計で三〇〇人を超える活動家がおり、彼らは「自発的に、心の声に従って」活動していた。地区ソヴェトの常設委員会のなかでは商業常設委員会が最も広範に八〇人の活動家を引き入れており、商業改善に関する問題を地区ソヴェトで審議する準備をした際には、地区ソヴェト代議員とともに活動家と村ソヴェト代議員の計一二〇人が参加してほぼすべての商店と倉庫を点検した。こうした経験は、常設委員会の役割を過小評価している執行委員会の指導者たちは誤っていることを示している（Филюшкина: 6-9, 20-23）。

この紹介では執行委員会が常設委員会の活動にどのように関わっていたのか具体的にはよくわからない。その一方で、ラトヴィア共和国には常設委員会の役割を過小評価している執行委員会の指導者が複数存在していたことがわかる。

これとは異なり、常設委員会は通例独立して活動し、ソヴェトや執行委員会に訴えることなく勧告の実際的遂行に至るようになっていると指摘した文献もある。この文献によれば、たとえばモスクワ州ソヴェトの常設委員会は一九六〇年に検討した九二の問題のうち八〇の問題を独自に解決し、州執行委員会に提出したのは一二に過ぎなかった（Тихомиров: 84）。

ここでは常設委員会の活動の多くの事例を詳しく紹介することはできないので、常設委員会の活動がいかなるものとなるかは、常設委員会の委員および活動に参加した活動家の意識と能力、執行委員会およびその部局との関係、常設委員会に対する企業や施設の態度などにかかっていたためやはり一概には言いがたいところがあると述べるにとどめる。

なお、先ほど紹介した活動例にあったように、ソヴェトの代議員は選挙区の重なる上級または下級のソヴェトの代議員と協力して活動することが一般的だった。選挙区の重なる各級ソヴェトの代議員は、そこに住む同じ選挙人によって選ばれたのであり、その選挙人の代表であり代理であるという点では同じ立場にあったから、選挙人のために協力して活動すべきだと考えられていたのである。

その活動の仕方は様々だったにしても、商店などの活動を現場で点検し、欠陥を明らかにし、改善策を提案することが常設委員会には求められていた。当初はこれが主な活動と位置づけられていたようだが、次第に他の役割も強調されるようになっていった。

(三)常設委員会と共産主義理念

　序章で述べたように、一九五九年の第二一回党大会において共産主義建設が現実の目標に設定されていた。この頃に常設委員会の活動が重視されたことも共産主義理念と無関係ではなく、「国家の死滅と社会における自治」を実現してゆくための役割が常設委員会には求められた。一九六一年一〇月の第二二回党大会で採択されたソ連共産党の綱領は、常設委員会の機能の著しい拡大と、執行委員会の部局の管轄下にある多くの問題の常設委員会への漸次的移管を謳っていた（XXII съезд: 3/305）。なお、国家権力機関であるソヴェトに設けられた常設委員会の役割の拡大強化が「社会における自治」と結びつけられていたのは、第二章でも紹介したように、この綱領において「ソヴェトは国家機関の性格と社会団体の性格を合わせ持ち、その活動への大衆の広範で直接の参加によってますます社会団体として活動するようになっている」と位置づけられたためである（XXII съезд: 3/304）。このようなソヴェトの位置づけからすれば、常設委員会の活動には代議員ではない大勢の活動家も参加していたという点で常設委員会はソヴェトよりも社会団体の性格を一層強く帯びているということになるだろう。そして、そうであれば、常設委員会は社会における自治の担い手にふさわしいということにもなるだろう。

　党綱領でのこうした位置づけを受けて、実際にいくつかのソヴェトでは常設委員会が執行委員会の部局の機能を引き受けるなどして成功裡に活動しているとされた。

　まず、先に述べたように常設委員会の決定は義務的なものではなく勧告的なものだというのが当初の位置づけだったが、義務的決定を発する権限をソヴェトが常設委員会に与えた例が多くあった。たとえばモスクワ市ソヴェトは一九六二年五月に、予算、計画および物資の分配に関する決定を変更することを除いて、ソヴェトと執行委員会の決定の遂行に関係するすべての問題についてソヴェト管轄下の組織の指導者に対する義務的決定をおこなう権限を常設委員会に認めた（Тихомиров: 87）。

ベロルシア共和国の地方ソヴェトの活動に関するソ連最高会議幹部会ソヴェト活動部の一九六三年一〇月二八日付報告書によれば、執行委員会と部局のいくつかの職務を遂行する権限を複数の地方ソヴェトが常設委員会に与えていた。たとえばミンスク市のソヴェト区ソヴェトは公営事業・環境整備常設委員会に対して、街路委員会の活動を指導する権限、執行委員会の公営事業部および街路委員会とともに区の環境整備計画を作成し、その遂行を監督する権限を与えていた（ГАРФ: 568/8. 街路委員会については次節を参照）。

ロシア共和国ロストフ州ロストフ市の執行委員会は、四つの常設委員会（財務・予算、教育、保健および文化・啓蒙）に対して対応する部局のいくつかの機能を移管するよう市ソヴェトに提案し、市ソヴェトはこの提案を承認して、移管された問題に関する義務的決定を採択する権限を常設委員会に与えたとされる（Габричидзе: 74, 80）。

カザフ共和国のアルマ・アタ市および同市の区のソヴェトと執行委員会は、執行機関の部局の権限だった問題を党綱領の規定に基づいて次第に多く常設委員会の決定へと移していると指摘された（Ахметов: 17-18）。

これらの指摘では具体的にどのような権限が執行委員会の部局から常設委員会に移されたのか

よくわからないが、執行委員会の部局が廃止され、そのすべての職務を常設委員会が引き継いだとされた例もあった。たとえばウクライナ共和国リヴォフ州のボリスラフ市ソヴェトは、執行委員会の文化部を廃止してその機能と権限を常設委員会に移管する決定を採択した。同様の決定はレニングラード州ヴォルホフ市でもなされた。リヴォフ州のストルィイ市、ボリスラフ市、ゾロチェフ市およびサムボル市では執行委員会の商業部が廃止され、その職務が対応する常設委員会に移されたと指摘されていた。これらの例を紹介している文献によれば、常設委員会への部局や執行委員会の機能の移管が最も一貫しておこなわれたのはロシア共和国のゴーリキー州で、一九六二年九月一日には同州にある地方ソヴェト六五八のうち二七七がなんらかの問題を常設委員会の権限へと移し、三八六八あった常設委員会のうち八八九がこれに伴う管理権限を手にした。ゴーリキー州のこの発意はロシア共和国のいくつもの州で大きな広がりを得たとされ、エストニア共和国でも多くの地区と市で居住区の整備に関する問題の大半を常設委員会が解決しているとされた（Тихомиров: 84-87）。

しかし、こうした例が実質的な変化につながるとは限らなかった。先ほど紹介した、執行委員会の商業部が廃止されて常設委員会に職務が移されたと指摘されていたリヴォフ州のストルィイ市、ボリスラフ市、ゾロチェフ市およびサムボル市の例では、常設委員会の活動内容はその後もほとんど変化していないことがわかるとも指摘されていた。実際には常設委員会は、商業企業と公共食堂に関する報告を作成し、資金を配分しているだけで、残る権限は州の商業管理局または市にある商業機関やトラストに移されていて、常設委員会には追加的な権限は何も与えられなかったというのである（Тихомиров: 85）。

また、執行委員会とその部局は、常設委員会への権限の移管、これによる部局の廃止に常に積極的だったわけではない。たとえば一九六四年四月二七日付ロシア共和国最高会議幹部会決定「イヴァノヴォ州の地方ソヴェトの常設委員会の活動の実際について」に次の指摘がある。

同州の地方ソヴェトに設けられた計一二〇五の常設委員会に全代議員の七六％に当たる八七一六人の代議員が選出され、一万二〇〇〇人を超える活動家が活動に参加している。多くの常設委員会は、後見、補佐および孤児養育の問題、学校への資金配分、児童施設への児童の受け入れ、建築資材と燃料の分配、修理する住宅の選別とリストの承認、税の支払いの免除に関する市民の訴えの検討、個人での住宅建設用の土地の割り当てなどを常設委員会の決定事項へと移すことを適切と考えているが、執行委員会と部局は常設委員会の権限拡大の可能性を調査せず、有給の機構を当てにしている（ГАРФ: 668/30-31）。有給の機構とはすなわち執行委員会に置かれた部局のことであり、執行委員会もその部局も常設委員会への権限委譲、さらにはそれを通じての部局の廃止には否定的または消極的だったことがうかがえる。

また、この決定では、州の大半の執行委員会は常設委員会への関心が乏しく、各常設委員会がソヴェトの積極的な協力者となるようにするための方策をとっていないこと、この結果多くの常設委員会は明確な目的なしに活動し、企業と施設の活動の欠陥克服に目立った影響を及ぼしていないことも指摘されていた。活動家のなかには会議に出席しているだけの人物がおり、常設委員会の活動に参加しているのは委員全員には遠く及ばないこと、州ソヴェト、地区ソヴェトおよび市ソヴェトの大半の常設委員会は下級ソヴェトの当該委員会と連携していないことも指摘された（ГАРФ: 668/31-33）。執行委員会の関心が乏しく、適切に活動するよう働きかけていないから常設委員会が適切に活動していないというのである。

一九七〇年二月二四日のロシア共和国最高会議幹部会でも、常設委員会が常に適切に活動しているわけではないと批判された。この批判によれば、多くの常設委員会がソヴェトと上級機関の決定の遂行、自身の勧告の遂行ならびに部局の活動および選挙人の訓令の実現に対する監督を十分におこなっておらず、いくつもの常設委員会が不十分に活動し、権限外の問題に取り組み、官僚的に指導しようとし、執行委員会の職務をわがものとしていた（ГАРФ А: 13/2936/27, 191-192）。

常設委員会への権限の委譲どころか、そもそも常設委員会が設置されていなかった例が多くあった。しかも、法律で設置が定められていた常設委員会さえ設置されていなかった例も少なくなかった。たとえば一九六九年五月七日のロシア共和国最高会議幹部会での報告によれば、地方ソヴェトに前回選出のソヴェトよりも五七〇〇多い一六万六一五二の常設委員会が設けられた。法律で設置が定められている青年問題常設委員会が設けられていなかったソヴェトで設置が進み、州ソヴェト、クライソヴェトおよび管区ソヴェトのすべてと、地区ソヴェトおよび市ソヴェトのほぼすべてにこの委員会が設置されているが、三五の地区ソヴェトと一七一の市ソヴェトではまだ設けられていなかった。また、村ソヴェトと居住区ソヴェトに関する法律では計画・予算常設委員会の設置が定められているが、設けられていない例がいくつもあると指摘されていた（ГАРФ А: 13/2884/16, 108）。

一九七一年三月一五日のロシア共和国最高会議幹部会では、村ソヴェトと居住区ソヴェトは少なくとも三つの常設委員会（資格審査、計画・予算および社会主義的適法性・社会秩序維持）を設置する義務があるにもかかわらず、一〇二〇の村ソヴェトと三二の居住区ソヴェトで社会主義的適法性・社会秩序維持委員会が設けられていないことが指摘された（ГАРФ А: 13/2982/261）。

一九七二年二月二九日のロシア共和国最高会議幹部会ではソヴェト活動部部長が、法律に従って設けなければならない常設委員会がほぼすべてのソヴェトに設置されており、青年問題常設委員会が設けられていないのは地区管轄の市ソヴェト四四六のうち三九だけだと述べた。これに加えてソヴェト活動部部長は、一九七一年に五〇〇〇以上の常設委員会が新たに設けられたが、一九七〇年と較べると二〇〇〇減ったことも明らかにした。ソヴェト活動部部長は、これは主に村ソヴェトの常設委員会の拡大によるものだと説明し、これまで村ソヴェトの多くの常設委員会は三〜四人で構成されていて実質的には活動能力がなかったので、拡大と指導者層の強化は適切な方策だと述べた[9]（ГАРФ А: 13/3495/109-110）。

青年問題常設委員会を設置していないソヴェトはこのあとも残り、一九七四年三月二一日のロシア共和国最高会議幹部会でも、クラスノヤルスククライ、アルハンゲリスク州、ブリャンスク州およびモスクワ州のいくつかの地区管轄の市のソヴェトでは、法律で設置が定められている青年問題常設委員会が設けられていないことが確認されていた（ГАРФ А: 13/3565/26）。

これまで確認してきたように、ソヴェトの常設委員会は、ソヴェト活発化において重要な役割を果たすべきものとして活動が推奨され、様々な問題もあったが、国家と社会の「協働」の形態の一つとして一定の役割を果たすようになっていった。こうした役割を求められたのは常設委員会だけではなかったので、その様々な形態を次節で見ることにしよう。

第二節　住民や社会団体との「協働」

一　農村部での「協働」

(一)村ソヴェトの実情

本節ではソヴェト、代議員、執行委員会およびその部局などと地域住民や各種社会団体との様々な「協働」のあり方について検討する。

まず、「協働」の必要性が最も切実で、実際にいくつかの「協働」の形態がそこで始められたとされる村ソヴェトの様子について簡単に述べておくことにする。

圧倒的に農村人口の多かったソ連でも一九六〇年代前半には統計上都市人口が農村人口を上回ったが、その後も多くの人々が農村部に暮らしていた。国土の広大さや伝統的な農村の散在もあって、農村部の行政区画の末端に位置した村ソヴェトは行政機構の整備が十分ではなく、一九五五年までは執行委員会さえなかった。

一九五五年にすべての連邦構成共和国で村ソヴェトに執行委員会が置かれるようになり、これに伴い村ソヴェトの代議員の数はそれまでの九人以上から一五人以上に改められた。一九五九年の選挙から村ソヴェト強化のため二〇～五〇人の代議員が選出されるようになり、一九六三年には代議員は二五人以上と定められた。一般には村ソヴェトには二五～七五人の代議員が選ばれたとされ、一九六五年にはソ連全体の平均は三三人だったが、専従職員を置いた部局はなく、村ソヴェト管轄下の公共生活施設や社会文化施設は執行委員会が直接指導することになっていた（ГАРФ: 678/13-16; Барабашев: 332- 333）。

このように行政機構としての村ソヴェトの強化が進められてきてはいたが、領域や人口との関係では村ソヴェトの機構は依然として貧弱だった。

主として一九五〇年代半ばから合併などによる村ソヴェトの領域拡大が進められたため、すでに一九五九年にソ連全体で村ソヴェトの八〇％以上は人口一〇〇〇人以上で、一九六四年には大多数の村ソヴェトは人口三〇〇〇人を超えていた（ГАРФ: 678/15-16）。とはいえ地域差も大きく、エストニア共和国の村ソヴェトの活動に関するソヴェト活動部の一九六五年六月一〇日付報告書には、同共和国に二三九ある村ソヴェトのうち人口一〇〇〇人未満が一七、一〇〇〇人以上一五〇〇人未満が五六、一五〇〇人以上三〇〇〇人未満が一三四、三〇〇〇人以上が三二とある（ГАРФ: 842/4）。人口三〇〇〇人以上の村ソヴェトは一三％程度だったことになるが、それでも人口一五〇〇人以上の村ソヴェトがほぼ七割を占めていたことになる。

このため専従職員のいる部局を持たない村ソヴェトの執行委員会の負担は総じて大きく、執行委員会の議長、副議長および書記の負担は特に大きかった。書き込みから一九六三年八月一六日付と見られるエストニア共和国キンギセップ地区ソヴェト執行委員会の活動についてのソ連最高会議幹部会ソヴェト活動部の報告書によれば、現地で面談したすべての村ソヴェト執行委員会議長が、自身と書記の事務仕事の負担が重過ぎることに苦情を述べていた。実に多くの時間が国税と保険料の徴収、証明書や証書の発行、教師への燃料供給、徴兵司令部の出頭命令書の配達、年金に関する証言の点検などに費やされていることに彼らは苦情を述べ、こうした事務仕事の削減は極めて切実だと指摘していた（ГАРФ: 554/72）。

エストニア共和国各地の村ソヴェトの活動に関する報告をまとめて作成された一九六五年六月一〇日付の報告書でも、現地での面談で「特に、村ソヴェトをそれ自身のものではないいくつかの職務の遂行から解放する必要性についての提案がなされた。村ソヴェトの議長と書記の全員が、住民からの農業税の徴収が実に多くの時間を奪っていると苦情を述べた。四半期ごとに彼らはこれにほぼ一か月を費やしている」と記されている。現地では、地区組織の様々な通知や文書を届ける義務から解放することも提案されていた（ГАРФ: 842/10-11）。

しかも、第二章で見たように、村ソヴェトの職員は全般に法知識が乏しく、教育水準が低いことも指摘されていた。これに関連して、彼らの賃金の低さが問題だとの指摘もなされていた。たとえば一九五九年七月二九日のロシア共和国最高会議幹部会でモルドヴァ自治共和国最高会議幹部会議長が次のように述べていた。村ソヴェト議長の賃金は安く、教育を受けた有能な人材を就けるのが難しい。村ソヴェト議長と書記の賃金を上げる必要がある。村ソヴェト議長が四〇〇ルーブリ、ソフホーズの掃除婦が三〇〇～四〇〇ルーブリということがしばしばある。村ソヴェト議長として能力を示した同志がただちにコルホーズ議長へ登用される例がよくある。彼は喜んでこの仕事へ行く。賃金が三倍も高く、他の条件も全く違うからだ（ГАРФ А: 13/1157/270-271）。

一九六三年六月一二日のロシア共和国最高会議幹部会でサラトフ州の村ソヴェトの指導について審議された際にも、村ソヴェト議長五一四人のうち二一五人は四五ルーブリ、二二六人は五五ルーブリしか受け取っていない、こうした賃金では教育のある有能な人物を選抜することは容易ではないとの指摘がなされていた（ГАРФ А: 13/1839/120-121）。なお、一九五九年のモルドヴァの例では四〇〇ルーブリとあるのが、一九六三年のサラトフの例では四五ルーブリや五五ルーブリとあるのは、一九六一年に旧一〇ルーブリを新一ルーブリとする通貨単位の切り下げがおこなわれたためで、賃金自体は少しずつ引き上げられていた。それでもなお低かったのである。

同様の指摘はソ連各地でなされていた。一九六三年九月一八～二〇日にカザフ共和国最高会議幹部会が開いたクライソヴェトおよび州ソヴェトの執行委員会書記および組織部部長の共和国会議でも、村ソヴェトと居住区ソヴェトの執行委員会の議長、副議長および書記の賃金引き上げの必要性が指摘された（ГАРФ: 553/55）。

エストニア共和国の村ソヴェトの活動に関するソ連最高会議幹部会ソヴェト活動部による一九六五年六月一〇日付報告書では、賃金が低い結果として村ソヴェトで働きたい人を見つけるのが難しいと地方のソヴェトと党の職員が説明していることを紹介し、人口三〇〇〇人未満の村ソヴェト執行委員会議長のほぼ九〇％は月に六五ルーブリを受け取っており、農村図書館の館長より一〇ルーブリ少ないと指摘していた（ГАРФ: 842/8）。

ソ連最高会議幹部会ソヴェト活動部によるロシア共和国ヴラヂーミル州の村ソヴェトの活動に関する一九六五年六月二五日付報告書でも、人口一五〇〇人未満の村ソヴェトでは執行委員会の議長は六〇ルーブリ、書記は五〇ルーブリの月給を受け取り、一五〇〇〜三〇〇〇人の村ソヴェトでは議長は六五ルーブリ、書記は五五ルーブリを受け取っていること、初等学校の校長の賃金は上級で一五四ルーブリ、中級で九七ルーブリ、初級で八七ルーブリ、農村クラブの館長の賃金は六〇〜七〇ルーブリであることが紹介され、賃金が低いため村ソヴェトの執行委員会の議長と書記に有能な人を登用するのは極めて難しいことが指摘されていた（ГАРФ: 844/11）。

モルダヴィア共和国で一九六五年一一月一七日に開かれた市、村ソヴェトおよび居住区の執行委員会議長の集会でも、村ソヴェトと居住区ソヴェトの執行委員会の議長と書記の賃金は、農村で働く教師や医師、クラブや図書館の館長よりも低いことが指摘され、賃金の引き上げが提案された（ГАРФ: 846/2-5）。

このようにソ連各地で村ソヴェト執行委員会議長らの賃金が低いために有能な人物を就けられないと指摘されていた状況で、一九六七年三月八日付で採択されたソ連共産党中央委員会決定「勤労者代議員村ソヴェトおよび居住区ソヴェトの活動改善について」は、村ソヴェトと居住区の生活の最も差し迫った問題がソヴェトの定例会および執行委員会の検討に付される例が少ないこと、採択された決定の執行が十分組織されていないこと、常設委員会の活動は活発さが足りないこと、すべての代議員がソヴェトの活動に参加しているわけではないことを指摘し、地方のソヴェト機関と党機関は村ソヴェトと居住区ソヴェトの執行委員会の要員の選抜と教育についてしかるべき配慮を示さず、ソヴェトの活動の状態、住民に対するサービスの水準および地方におけるソヴェト権力の権威が多くの場合これらの要員にかかっていることを考慮していないと批判した。このために、村ソヴェトと居住区ソヴェトの執行委員会の何人かの議長と書記は、教育水準と組織者としての能力の点で村の国家権力機関が今日直面している課題の遂行を保障していないというのである（KПCC: 11/162）。

そしてこの決定は、村ソヴェトと居住区ソヴェトの活動改善のため連邦構成共和国共産党中央委員会、州党委員会、クライ党委員会、市党委員会および地区党委員会に対して、当該ソヴェト機関と共同で、より教育を受けて経験豊富な要員による村ソヴェトと居住区ソヴェトの執行委員会の強化、これらのソヴェトの勤務員の教育ならびに学習および能力向上に関する必要不可欠な方策をとるよう求めると決定し、住民の間に権威を有し、勤労者の需要と要望に親切に対応する優れた組織者が村ソヴェトと居住区ソヴェトの執行委員会議長と書記に登用されなければならないと指摘した（KПCC: 11/163-164）。

有能な人物を登用する必要性は地方でも認識されていたうえで、賃金が低いためそれは難しいとの指摘がなされていたのであり、こうした中央委員会の決定は解決にならないとも言えるが、中央委員会が現状を理解していなかったわけではなく、この決定では、村ソヴェトおよび居住区ソヴェトの執行委員会の選任された勤務員に対する賃金の引き上げを適切と認めること、村ソヴェトと居住区ソヴェトの執行委員会の議長、副議長および書記の職務給の一九六七年四月一日からの引き上げに関するソ連閣僚会議決定案を承認することも定められた[10]（КПСС: 11/164）。

村ソヴェトの活動の様子を見よう。村ソヴェトは、住民の身分事項の記録、後見、公証、各種証明書の発行およびコルホーズ農戸の家族・財産分割の登録などの様々な活動を担っていたが、住民を組織し、社会団体との「協働」を求めることによって進められたのは主に居住区域の生活環境の整備だった。村ソヴェトは住民の援助と直接の参加に立脚して、浴場や井戸や橋の建設、地域や建物や通りの緑化および道路の修理をおこなっていた。その際に村ソヴェトは居住区域や街区ごとに住民総会を招集し、そこで文化・生活施設建設や村と居住区域の環境整備における住民の自発的かつ無償の参加が決定されることが通例だった（Барабашев: 335-336）。

一九五九年七月二九日のロシア共和国最高会議幹部会におけるリャザン州ホドゥイニンスク村ソヴェト執行委員会議長の報告によれば、人口五〇三〇人の同村ソヴェトでは一九五九年三月一日の選挙で四三人の代議員が選ばれ、そのなかから執行委員会に五人、五つ設けられた常設委員会に三四人が選出されていた。居住区域の水の供給がひどい状態だったので、執行委員会は井戸を整備することを決めた。使った資金は材料費のみで、「穴を掘って井戸を設置するすべての作業はその井戸の水を利用する市民たちの力でおこなった」（ГАРФ А: 13/1157/250-251）。

ラトヴィア共和国の事例を扱った文献によれば、ドベレ地区では二八ある村ソヴェトの管轄下に一万七〇〇〇以上の小村が散在していたため、地区にはクラブが六九館、常設図書館が六八館あったものの多くの人々がこれらの施設から遠く離れたところで暮らしていた。こうした人々のため一〇～一二戸程度を対象としたミニセンターを設けるとの考えが浮かび、ソヴェトの代議員や活動家が利用可能な建物を探して、コルホーズとソフホーズの管理事務所、執行委員会の建物、学校などに二〇〇以上のミニセンターが設けられた。住民が自分の家を提供した例もあったという。ミニセンターの運営は社会的原則でおこなわれていたこと、移動図書館が付設されて毎週決められた曜日に家々に本の貸し出しに赴き、本の販売もしていたことも指摘されている（Филюшкина: 45-50）。

村ソヴェトは管轄領域における最高権力機関と位置づけられていたが、予算も資材も乏しかった。たとえば先ほど見た一九五九年七月二九日のロシア共和国最高会議幹部会での報告においてリャザン州のホドゥイニンスク村ソヴェトの執行委員会議長は、村ソヴェトの人口は五〇三〇人だと述べていたが、それにもかかわらず村ソヴェトの裁量で使える予算がほとんどないこと、コルホーズにある多くのものが村ソヴェトにはないこと、村ソヴェトには自前の建物がないのであばら屋をコルホーズから借りていることを指摘し、「交通手段の問題について。より正確には、われわれの村ソヴェトにはいかなる交通手段もない。馬が一頭いるだけだ」と述べていた。やはりこの日の幹部会で報告したロストフ州のカヴァレルスク村ソヴェトの執行委員会議長も、村ソヴェトは地区最大のものの一つで住民五三七三人だが、交通手段は馬二頭と馬車一台だと述べていた（ГАРФ А: 13/1157/238, 249, 258-259）。

総じて村ソヴェトは同様の状況にあったため、村ソヴェトが何をするにも、経済力や輸送力を持つコルホーズやソフホーズの協力を得ることが欠かせなかった。そればかりか、村ソヴェトや地区ソヴェトではなくコルホーズやソフホーズが労働者や構成員の福利厚生とともに社会資本の整備もおこなっていた例が各地で見られた。[11] たとえばゴーリキー州のコルホーズ「鎌と槌」は、コルホーズ員の休息や耕作作業中の無償の給食を組織し、キャンプに子供を送り、コルホーズ員に休息の家やサナトリウムの利用券を出していただけでなく、児童施設や文化施設、公共サービス企業の建設資金を支出していた（КМ: 1966/8/21-22）。

クラスノダールクライのキーロフ名称コルホーズは一九五九～一九六五年に学校二、幼稚園六、出産所一、レントゲン室一、飼育場の赤いコーナーと寮計一九、パン工場一を建て、水道と舗装された道路三二キロメートルを敷設し、電話局を設置していた（КМ: 1967/8/76）。

農村ではクラブが事実上唯一の文化施設であり娯楽施設だったが、[12] クラブのない村は少なくなかった。一九六〇年代初めにロシア共和国のイヴァノヴォ州、リャザン州、ヴラヂーミル州、カリーニン州、カルーガ州、モスクワ州、トゥーラ州およびヤロスラヴリ州のコルホーズの半分にはクラブがなかった（Денисова b: 172）。一九六五年にロシア共和国の農村住民の三分の一は、クラブがない村に住み、最寄りのクラブでさえ遠く離れていたため、クラブを訪れる可能性を持っていなかった（Денисова a: 96）。

このような状況だったため、次のような投書は珍しくなかった。一九六七年にペンザ州の農民から『農村生活』紙へ送られた投書には「われわれも人間であり、労働のあとは休息したい。われわれのところには何もない。クラブも電気もラジオも診療所もない。……若者は村から逃げていっている」と記されていた（Денисова a: 94）。一九六九年に送られたキーロフ州ファリョンキ地区ソルダリ村からの手紙には、次のように記されていた。「地区中心地から一二キロメートルのところにわれわれは住んでいるが、『ソルダリ流』には［地区中心地まで］一二〇キロメートルだ。バスがわれわれのところへ来るのは稀で、冬の訪れとともにまったく来なくなるからだ」。村の商店はしばしば閉まっている。「店には何もなく、ショーケースにはカビの生えたキャンディーがあるだけだ。パンが切れることがあり、様々な消費財が切れることといったらひどいもんだ。仕事のあとで若者が休息するところはない。クラブの建物は老朽化している。しばしば寒さから映画の上映が途絶える。音楽機器はない。若者にはここで暮らすのは退屈だ。彼らは村から出たがっている」（Денисова b: 151）。

こうした状況が放置されていたわけではなく、クラブを建設して農村の生活の単調さと貧しさを克服することが試みられたが、村ソヴェトには資金も資材もなかったため、農村のクラブは基本的にコルホーズの資金で建設された。ロシア共和国では一九六〇〜一九七〇年代に六〇〜七〇%の文化施設をコルホーズが建設し、一九八〇年代には半分をコルホーズが建てた（Денисова b: 173）。このように、村ソヴェトが何かする場合、特に資金と資材を必要とする仕事を進めようとする場合、コルホーズやソフホーズの協力が不可欠だった。

しかし、あちこちで村ソヴェトとコルホーズが共通の言葉を見つけられず、協調せずに活動していること、この場合仕事がその犠牲になっていることは「秘密ではない」との指摘もなされていた（Филюшкина: 84）。

また、村ソヴェトは資金、交通手段や物資の点でコルホーズやソフホーズに大きく依存していた一方で、人の面では地域住民や社会団体との「協働」が欠かせなかった。このため村ソヴェトは、以下に述べるスホードや村委員会を通じて住民を組織し、また様々な自主活動社会団体と「協働」して必要な活動をおこなっていた。

(二)農村部での様々な「協働」

個々の代議員としての活動については第二章第二節で扱ったが、選挙区において代議員は、選挙区が重なっている上級または下級のソヴェトの代議員と協力して集団で活動することも求められた。こうした活動を組織する過程で代議員グループと代議員評議会が設けられるようになった。たとえばラトヴィア共和国の事例を論じた文献は、村ソヴェトの領域に住み、そこに選挙区がある地区ソヴェトの代議員四人が村ソヴェトの積極的協力者となっている例を挙げ、地区ソヴェトの代議員は自分の選挙区で選挙人のために活動するだけでなく、村ソヴェトでの市民の面会がどうなっているか、人々が村ソヴェトへ訴えた問題がいかに解決されているか点検すべきであると記した。そして、ソ連のいくつかの州、クライおよび共和国の農村部では同じ村に住む村ソヴェトから連邦最高会議までの代議員が協力して活動するため代議員グループに統合されていることを肯定的に紹介していた（Филошкина: 75-78）。

一九六〇年代前半にはカザフ共和国の農村部でも同様の代議員グループと村ソヴェト全権代表の活動が始められていた。この活動の「発案者」とされたクスタナイ州のグラズノフスク村ソヴェトの管轄下には七つの居住区域があり、村ソヴェトから最も近い集落まで八キロメートル、最も遠い集落までは四〇キロメートルあったため、この活動が考え出されたという。この活動はクスタナイ州で広がり、同州では村ソヴェト、地区ソヴェトおよび州ソヴェトの代議員二五七四人によって四九九の代議員グループが設けられていた。代議員グループには、法令と決定の遂行および訓令の執行の監督、文化・生活施設や商業企業の活動改善、居住区域の環境整備、スホードの開催およびその他が委ねられ、各代議員グループの一人は村ソヴェト全権代表に任ぜられていた。村ソヴェト全権代表は証明書の用紙と印章を持っていて、居住区域で各種の証明書を発行し、多子の母と独身の母の手当受給に必要な手帳の記載内容を確認し、住民の居住登録およびその他の書類を発行していた（Ахметов: 40-42）。

ここに出てきたスホードとは一般に、村ソヴェトの管轄下にあって自前のソヴェトを持たない村の住民集会のことを指す。スホードは一九二〇年代からソヴェト政権によって公的な位置づけを与えられていたが、一九五〇年代以降には経済建設と文化建設の課題解決における勤労者の参加形態の一つと位置づけられ、その役割が改めて強調されるようになった（Габричидзе: 106）。

スホードの役割が一九五〇年代に強調されるようになったのは、末端の行政区画である村ソヴェトの規模が一九五〇年代に拡大された結果、村ソヴェトの中心地から遠く離れた村や小村が増えたこととも関係していた。このため、主に一九六〇年代に多くの村ソヴェトが、管轄下にあって独自のソヴェトを持たない村に村委員会、社会ソヴェト、代議員グループを設けるようになったのである。これらの担った役割には若干の違いがあったとされるが、明確な区別があったわけではない[13]。いずれも村ソヴェトの代議員と活動家による活動で、村の環境整備、商業と公営サービスの改善、学校や治療施設やクラブや図書室の活動に取り組み、市民に各種証明書を発行し、税金と自己課税資金を集め、スホードを招集するなどしていた（Барабашев: 229-230）。

ソ連各地でこうした活動がおこなわれるようになったことの表れとして、一九六三年八月に開かれた連邦構成共和国と自治共和国の最高会議幹部会の書記とソヴェト活動部部長の会合では、複数の報告者と発言者が村委員会や代議員グループに言及した。主な発言内容を紹介しよう。

ウクライナ共和国最高会議幹部会書記は、同共和国では村ソヴェトの中心地から一二キロメートル離れている村で一九六一年一〇月にスホードが村委員会を選出したこと、村委員会は村ソヴェトの代議員を議長として計九人で構成され、社会的原則で活動し、村ソヴェトの指導の下で村ソヴェトを助けていること、村委員会は地域の力で文化教育活動をおこない、スホードを招集してコルホーズの農作業支援および社会秩序の強化と社会主義的所有の保護などに向けて住民を組織していることを紹介し、ウクライナ共和国では村ソヴェトや居住区ソヴェトの中心地ではない村でこうした委員会が次第に広まっていると指摘した（ГАРФ: 559/28-29）。

カザフ共和国最高会議幹部会ソヴェト活動部部長は、主に村ソヴェトの中心地から離れた村や居住区に代議員グループが設けられていると述べて、クスタナイ州の例を次のように紹介した。同州では村ソヴェトの中心地から遠い大きな居住区域のほぼすべてに代議員グループが存在している。代議員グループは村ソヴェトの定例会で設立され、スホードを招集する権限を与えられている。代議員グループによって一九六二年にスホードが一五四六回開かれ、一九六三年に入ってからの六か月には一一〇〇回開かれた。スホードでは、居住区域の環境整備、緑化と衛生状態改善、学校や橋や井戸の建設と修理、自己課税の実施、住民からの畜産物の買い付け、共和国最高会議幹部会令の遂行およびその他の問題が審議された。州のほぼすべての代議員グループが市民との面会をおこなっていて、代議員グループが活動している居住区域から執行委員会へ届く苦情は急激に減っている。ソヴェト活動部部長はこのようにクスタナイ州の例を紹介したうえで、こうした活動経験はカザフ共和国で広範に広まっていると指摘した（ГАРФ: 559/57, 59）。

ロシア共和国のタタール自治共和国の最高会議幹部会書記は、ヴェルフニエ・カチェエヴォ村の代議員グループについて紹介した。代議員グループは、設けられてただちに住民に認められたわけではなく、最初の頃は住民はどんな問題についても七キロメートル離れた村ソヴェトへ行き続けた。代議員グループの活動が活発化するにつれて人々はようやく、村ソヴェトへ行かずに地元で問題を解決することができると確信するようになったという（ГАРФ: 559/125）。

ウクライナ共和国ドネツク州の州執行委員会書記は、村ソヴェトや居住区ソヴェトの中心地から離れている居住区域に計三五六の村委員会や居住区委員会が設けられ、環境整備、社会文化施設や住民の生活に関わる各種の企業の活動への支援、居住区域の衛生浄化、適切な時期での税の徴収およびその他の重要な問題に従事していること、委員会はスホードで選出され、村ソヴェトや居住区ソヴェトに活動報告をおこなう義務があることなどを紹介した（ГАРФ: 559/131-132）。

このようにソ連各地で設置されてきていた村委員会や代議員グループの活動が紹介され、肯定的に評価されたことで、村委員会や代議員グループは一層の広がりを見せた。

ウクライナ共和国最高会議幹部会が一九六四年一二月二日付でソ連最高会議幹部会議長に宛てた報告書によれば、村ソヴェトと居住区ソヴェトの中心地ではないすべての居住区域において村委員会または居住区委員会がスホードで選ばれ、その活動には地方ソヴェトの代議員が積極的に参加していた。村委員会と居住区委員会はソヴェトの名において住民の広範な層を引き入れてソヴェトの職務を遂行していた（ГАРФ: 668/161-162）。

スホードと村委員会についてはソ連最高会議幹部会ソヴェト活動部職員がロシア共和国リャザン州での活動を点検して一九六四年一一月一〇日付で報告書をまとめているので、その内容をやや詳しく紹介しよう。

報告書はまず、村スホードは新たな形態ではなく、以前も大きな役割を果たしたが、現在スホードはより広く存在するようになってきており、これによって地方の問題の解決への住民の直接かつ最も大規模な参加が保障されていると述べる。具体的な様子として、リャザン州では一九六三年および一九六四年一～七月に約八〇〇〇のスホードが開かれ、四〇万人超が参加したこと、通例スホードには村ソヴェトの執行委員会委員か代議員が参加し、村や居住区の環境整備と衛生状態改善について、道路や橋や井戸の修理と建設について、クラブや学校や病院の修理と建設について、学校の活動について、住民からの農産物の買い付けについて、執行委員会の報告について、社会秩序維持についておよびその他の問題についての審議がなされていたことが紹介されている[14]（ГАРФ: 687/1-2）。

報告書によれば、リャザン州では村ソヴェトの領域が広く、管轄下の村から村ソヴェトの中心地まで一〇～二〇キロメートルという例もあるため、遠方の八四の村ではスホードによって社会人民ソヴェトが選出されていた。社会人民ソヴェトの議長は村ソヴェトの代議員で、通例村ソヴェトの社会的原則での副議長に選出されていた。ベレゾフスキー村ソヴェトにあるボロク村の社会人民ソヴェトのおこなった方策の一つは、村ソヴェトの中心地にある学校で学んでいる子供の送迎だった。社会人民ソヴェトのメンバーは地区と州の組織に再三訴え、専用のバスを提供させることに成功した。これは社会人民ソヴェトに仕事への自信を与え、住民の間での権威を高めた。社会人民ソヴェトが設けられた村では住民に対する文化生活サービスが改善され、労働規律が強化され、社会秩序侵犯の例は減少し、人々は様々な証明書を受け取るために村ソヴェトや地区の組織を訪れる必要から解放された（ГАРФ: 687/3-8）。

このように社会人民ソヴェトの活動を肯定的に紹介したうえで報告書は、ロシア共和国の他の州やクライや自治共和国では「社会人民ソヴェト」と同様の機関が「村委員会」と名づけられていること、ソヴェトとの混同を避けるため村委員会のほうが適切な名称であること、社会人民ソヴェトの権限を定めた規程がないため同ソヴェトが他の機関の職務をおこなっている例があることを指摘した（ГАРФ: 687/8-9）。

さらにこの報告書は、有給の機構を備えている地方ソヴェトと執行委員会に固有の職務を社会ソヴェトへ移管することは正当化されるものではない、これは代議員の過剰な負担につながっていると批判した。代議員はソヴェトと常設委員会で活動し、選挙区で活動し、社会人民ソヴェトに加わっていて、委ねられたすべての課題の遂行に十分な時間を割くことができないというのである[15]（ГАРФ: 687/10-11）。

このように、業務の担い手の負担が多過ぎることは問題視されていたが、村委員会が農村部の住民にとって便利な存在だったことは明らかであり、次第に広く活用されるようになっていった。たとえばヴラヂーミル州の村ソヴェトの活動に関するロシア共和国最高会議幹部会ソヴェト活動部の一九六五年六月二五日付報告書には次のように記されている。ヴラヂーミル州では四〇以上の村落が村ソヴェトの中心地から一〇〜一二キロメートル以上離れていて、その住民は村ソヴェトで何かの証明書を受け取るために遠方まで行かなければならないため、こうした村落に村委員会を設立することが決定された。最初の村委員会は一九六三年一一月に設けられ、今は六六ある。村委員会は地区執行委員会の同意を得てスホードが二年任期で選出する。村委員会は村ソヴェトに対して報告する義務があり、村ソヴェトの指導の下で活動し、住民の生活に関わる各種の企業や施設の活動に対する監督をおこなう。村委員会は市民と面会し、各種の証明書を発行するなどの活動もしている。州の村委員会全体では一九六四年に約二〇〇〇人の訪問者を受け入れ、様々な証明書を六四五通発行した（ГАРФ: 844/9）。

こうして、村ソヴェト、村委員会、スホードなどが協力することで行政と地域住民の「協働」が進められたが、常に適切に機能していたわけではない。たとえばソ連共産党中央委員会決定「村ソヴェトと居住区ソヴェトの活動改善について」[1967.3.8]では、村ソヴェトと居住区ソヴェトの活動の問題点の一つとして村の市民集会が稀にしか開かれていないことが挙げられ、村または居住区の生活に関わる最重要の問題を市民の審議に諮り、ソヴェトまたはその執行委員会の採択した決定を住民に知らせ、これらの決定の遂行のため組織活動をおこなわなければならないと定められていた（КПСС: 11/162, 164）。

二　国家の機能の社会への移管

(一)国家機構の簡素化と社会的原則の奨励

広大な農村部の行政機構が貧弱なため代議員を中心に地域住民の活動が組織された様子を見てきたが、こうした活動がおこなわれたのは農村部だけではなく、都市部でも同様の活動が大規模に展開されていった。たとえばシベリアの主要都市の一つオムスク市に関する著作では、ソヴェトの代議員は文化・生活上の差し迫った問題の解決に際して住民を支援する役割を担っていたと指摘され、一九六一年には代議員を選挙人に近づけてこうした活動をより機能的に進められるように選挙区に「代議員グループ」と「代議員ポスト」が設けられるようになり、社会的原則の他の組織とともに活動していったと記されている（Сизов: 19-20）。

このように農村部でも都市部でも代議員を中心として地域住民の活動が組織されていったことには主として二つの事情があった。

一つ目の事情は、スターリン期には国家の行政機構や経済管理機関などが肥大して膨大な数の職員がいたが、スターリン死後これが問題視され、改善が求められたことである。一九五四年一〇月一四日付ソ連共産党中央委員会・ソ連閣僚会議決定「ソ連の省庁構造における本質的欠陥および国家機構の活動改善策について」は、行政管理機構が増大して事務手続きが煩雑化し、職員の賃金支出が国家にとって重荷となっていると指摘した。それだけでなく、国家機構の活動における欠陥が「国民経済の発展にブレーキをかけている」こと、その原因の一つは管理機構が増殖して著しい数の有能な専門家を生産から役所へ移す「有害な官僚主義的実践」であることも指摘され、管理機構の簡素化と人員削減、その人員の生産活動への配置換えを進めることが定められた（КПСС: 8/438-445）。

この決定の採択には党第一書記フルシチョフが積極的に関わったとされているが、それにもかかわらず管理機構の簡素化と人員削減は遅々として進まず、一九五五年七月に開かれた党中央委員会総会でも、多くの専門家が管理機構で働いていることが批判された。それでも一九五四〜一九五五年には約一万の様々な部局や組織が廃止され、七五万人が解雇された（XX съезд КПСС: 24, 83-84, 304）。

連邦中央の諸機関だけでなく共和国の省庁と地方のソヴェト機関でも行政機構の簡素化と職員の削減が奨励され、実際にこれがおこなわれていった。この結果、地方の執行委員会のいくつかの部では有給の専従職員が部長の他に一人か二人しかいない状況、時には部長しかいない状況も出現した。

しかし、それまでいかに管理機構が増殖していたとはいえ、これほどの人員削減に見合うだけ行政の仕事が削減されたわけではなかった。このため、専従職員が削減された「穴」は、他に仕事を持っている人や年金生活者が社会的原則で（すなわち無給で）働くことによって埋められた。こうした人々は「社会的原則での職員」や「定員外の職員」などと呼ばれた。

ソヴェトの代議員が執行委員会の部局において社会的原則での職員や副部長、時には部長として勤務することもおこなわれた。代議員と活動家からなる「社会的原則の部」や「定員外部」と呼ばれる、部そのものが専従職員ではない人々によって構成される部を設けることも試みられた。

代議員を中心として住民の活動が組織されていった二つ目の事情は、一九五九年の第二一回党大会以後、国家が果たしている機能を社会に委ねてゆくとの目標が掲げられたことである。これは、国家機構の簡素化と管理機構の人員削減の流れに棹差すものでもあったが、共産主義理念に基づく「国家の死滅と社会における自治」という考え方に基づくものでもあった。何度も述べたように、第二一回党大会では党第一書記フルシチョフによって共産主義建設が具体的な目標として宣言され、大会決議にもその旨が明記されたからである。ただしフルシチョフは、共産主義建設に取り組み始めると宣言する一方で、ただちに共産主義が実現すると考えるのはナイーヴだとも指摘して、「現在国家がおこなっている一連の機能を社会団体がおこなうことは、社会主義社会の政治的基礎を拡大強化し、社会主義的民主主義の一層の発展を保障するだろう」と述べていた[16]（XXI съезд: 1/105）。

フルシチョフが一九六四年一〇月に失脚したことで、共産主義建設が強調されることは少なくなった。それでも、その後もたとえばソ連共産党中央委員会の理論・政治雑誌『コムニスト』一九六七年一三号で、近年ソヴェトとその管轄下の機構は次第に広く、より様々な方法で社会団体や多数の活動家を管理の問題の解決に引き入れている、勤労者の自主活動のあらゆる形態を活発に利用することは社会主義的民主主義の発展の主要な方法の一つであると指摘されたように（KM: 1967/13/57-58）、行政機構における社会的原則での活動は以後も正当化され、奨励され続けた。

行政機構における社会的原則での活動の例としては、社会的原則による執行委員会副議長の制度が次第に広まっていて、ロシア共和国のペンザ州では地区執行委員会で一一人、村ソヴェト執行委員会で二三九人、居住区ソヴェト執行委員会で一二人が活動している、モスクワ州ではすべての村ソヴェトと居住区ソヴェトの執行委員会に社会的原則の副議長がいるとの指摘が一九六三年刊行の文献でなされていた。この文献によれば、社会的原則の副議長は、正規の副議長の権限をすべて有し、差異は活動の量だけだった。社会的原則は地方ソヴェトの部門別機関にまで及んでいて、代議員は部局の活動に社会的原則の副部長または副局長として活発に参加していた。こうした紹介をしたうえでこの文献は、執行委員会の活動における社会的原則の強化が代議員の一層の活発化と国家的問題の日常的な管理における彼らの役割の向上を可能とすることには疑いがなく、時が経てば部局の指導者の職務を代議員が社会的原則によっておこなうことも可能だろうと指摘していた（Тихомиров: 114-116）。

ソ連全体では、実際にどれくらいの人がこうした活動に関わっていたのだろうか。大まかな数字としては、一九六三年八月に開かれた共和国および自治共和国の最高会議幹部会書記とソヴェト活動部部長の会合においてソ連最高会議幹部会書記が述べた、執行委員会と部局で社会的原則で働く人々は国全体で一三〇万人に上るとの数字がある（ГАРФ: 559/8-9）。時期による違いもあるので、いくつかこれに関わる指摘を紹介しておこう。

一九六三年に出版されたカザフ共和国の事例に基づく文献には、地方ソヴェトでは三九三の非職員部で三七二〇人が活発に活動し、アルマ・アタ市に置かれた区の執行委員会では組織・指導員部や商業・公共食堂部や建設部など計一五の部が社会的原則で組織され、その活動に二一五人が活発に参加しているとの指摘がある。さらに、カザフ共和国では一九六二年六月から有給の専従職員を置かずにすべて社会的原則で活動している村ソヴェトがあり、ここでは村ソヴェトが決定を採択すると、代議員が選挙区で人々や社会団体を動員して決定を遂行していると記されている。この例を紹介してこの文献は、この村ソヴェトと執行委員会は、有給職員の機構を持っていたソヴェトと執行委員会におそらくいささかも劣ることなく活動しているとの評価を記している（**Ахметов: 21, 28, 35-37**）。

第二章でも見たように代議員から選ばれる執行委員会議長、副議長および書記はその職の専従となり、部局の職員も一般に専従だったが、ロシア共和国の地方ソヴェトで当該ソヴェトの代議員が社会的原則で執行委員会の副議長を務めている例は一九六三年に計二万二九二八あり、このうち村ソヴェト執行委員会で二万〇二七七人、居住区執行委員会で一五三八人、市執行委員会で五五八人、地区執行委員会で四二五人、区の執行委員会で一二七人、民族管区執行委員会で三人だった。執行委員会議長を社会的原則で務める例は五一あり、このうち四人が市執行委員会、九人が居住区執行委員会、三八人が村ソヴェト執行委員会の議長だった。地方ソヴェト全体で執行委員会に定員外の部が六二一二設けられて六万八五〇〇人が働き、この他に執行委員会の部局で二六万二五〇〇人以上が社会的原則で働いていた（**ГАРФ А: 13/1875/12, 135**）。

一九六四年の地方ソヴェトの状況を審議した一九六五年二月二五日のロシア共和国最高会議幹部会ではソヴェト活動部部長が、ロシア共和国の地方ソヴェトに二万六五〇一人いる執行委員会副議長のうち二万二二七九人が社会的原則で活動していること、市ソヴェト執行委員会で五人、居住区ソヴェト執行委員会で一七人、村ソヴェト執行委員会で三六人の計五八人の執行委員会議長が社会的原則で活動していること、合計で六五七七の定員外の部で七万二四三六人が社会的原則で活動していることを肯定的に紹介しつつ、ベルゴロド州、コストロマ州、クルガン州、ケメロヴォ州、リペツク州、ヴォロネジ州、カリーニン州およびモスクワ州には社会的原則の地区執行委員会副議長が一人もいないと批判した（ГАРФ A: 13/1941/433）。

一九六八年にはロシア共和国の地方ソヴェトの執行委員会で二万四〇六八人の副議長が社会的原則で活動していた。この他に執行委員会では五八七〇の定員外の部で五万六〇〇〇人を超える人々が社会的原則で働くなど、三八万四〇〇〇人以上が社会的原則で執行委員会とその部局の仕事に参加していた（ГАРФ A: 13/2865/44）。

このように執行委員会における社会的原則での活動は大規模に展開され、奨励され続けていたが、問題がなかったわけではなかった。一九六四年一月一四日付送り状のあるアゼルバイジャン共和国の地方ソヴェトの活動における社会的原則の発展に関するソヴェト活動部の報告書によれば、スムガイト市では執行委員会の社会的原則による商業・公共食堂部は二七人からなり、このうち二二人が市ソヴェト代議員だった一方で、市ソヴェトの商業常設委員会には代議員は一七人しかいなかった。商業・公共食堂部は多くの点で常設委員会の職務を遂行し、常設委員会の活動は実質的に部の活動の監督になっていた。このように指摘してこの報告書は、こうした状況を正常と認めることはできない、一つのソヴェトに事実上同一の活動をする二つの機関を設けることの正しさが疑いを呼んでいる、現在社会的原則による部がおこなっている活動を常設委員会がおこなうのが適切と考えられると述べていた（ГАРФ: 695/7, 17）。

一九七〇年にはロシア共和国の地方ソヴェト全体で二万四五〇五人が社会的原則で執行委員会副議長を務め、執行委員会では五三八八の定員外の部で五万人以上が活動し、合計では四〇万八〇〇〇人を超える人々が執行委員会とその部局で社会的原則で働いていた。しかしいくつかのクライや州や自治共和国では不自然な参加の例があると指摘された。たとえばヴォルゴグラード州の州ソヴェトの執行委員会ならびにいくつかの地区ソヴェトおよび市ソヴェトの執行委員会には街路委員会の指導のための非定員部が設けられていること、スヴェルドロフスク州のいくつかの市では市民の手紙と訴えの検討のための定員外の部が活動していることが挙げられた（ГАРФ А: 13/2982/21-22. 街路委員会については後述する）。これらの部の活動が常設委員会および執行委員会の活動と重複していたことが問題視されたのである。

一九七一年の地方ソヴェトの活動について審議した一九七二年二月二九日のロシア共和国最高会議幹部会ではソヴェト活動部部長が、カレリア自治共和国、ロストフ州およびノヴォシビルスク州のいくつかの執行委員会は数に熱中して不要で不自然な社会的組織を設けていたと指摘して、次のように批判した。同様の正規の部があるときに非定員部を設立する必要があるだろうか。市民の手紙、苦情、訴えを検討する非定員部がいくつかの地区ソヴェト執行委員会に設けられているのを適切と認めることはできない。この仕事には執行委員会の指導者自身とその機構が取り組まなければならない。正規の部の部長が非定員部の部長に任命されていたり、執行委員会と部局の正規の職員が社会的原則によって執行委員会の部局で働いていたりするのは適切ではない（ГАРФ A: 13/3495/111-112）。

このように、社会的原則での活動が広くおこなわれるようになると、手段であったはずの社会的原則での活動が目的化していったかのような様子があちこちで見られるようになり、様々な場面で批判されるようになったのである。

一九七四年三月二一日のロシア共和国最高会議幹部会では、ロシア共和国の地方ソヴェトでは一九七三年に地区ソヴェトと市ソヴェトの執行委員会副議長八〇〇人、村ソヴェトと居住区ソヴェトの執行委員会副議長二万三八三八人、五一七三の非定員部の四万五〇〇〇人を超える人々など合計で約三五万人が執行委員会と部局の仕事に社会的原則で参加していたと報告された（ГАРФ A: 13/3565/28）。この数字は前年よりやや少ない。前年に最高会議幹部会でおこなわれた不自然な活動への批判が影響したのかは定かではないが、この報告ではいくつかの執行委員会は最近社会的原則の発展への注意を弱めているとも指摘されたので（ГАРФ A: 13/3565/29）、最高会議幹部会の批判によって地方の現場には社会的原則での活動への取り組みに混乱が生じていた可能性もあるだろう。

（二）社会団体との「協働」

これまで見てきたのは執行委員会とその部局、すなわち国家権力機関において人々が社会的原則で活動した例であり、公務員と市民の「協働」の形と言うことはできるとしても、厳密に言えば国家の機能が社会に移されたわけではない。

しかし一九五九年の第二一回党大会で党第一書記フルシチョフは「国家機関によっておこなわれている多くの機能が次第に社会団体の管轄に移されなければならないということは今日すでに明らかである」と述べていた（XXI съезд: 1/103）。フルシチョフは一九六一年の第二二回党大会での中央委員会報告でも「党は今後とも国家の機能のますます多くを社会団体に移管する方針を採っていくだろう」と述べた（XXII съезд: 1/97）。この大会で採択された党綱領には「共産主義の全面的建設期には社会団体の役割が高まる」、「社会団体を文化施設、保健施設、社会保障施設の管理にもっと広範に参加させ、劇場・映画館、クラブ、図書館、その他現在国家の管轄下にある文化啓蒙機関の指導を、ここ数年のうちに社会団体に移さなければならない」と記された（XXII съезд: 3/308-309）。

社会団体には労働組合とコムソモール、そして共産党も含まれるが、これとは別に、地域や企業や学校を単位に設けられた自主活動社会団体として、建物委員会、街区委員会、街路委員会、同志裁判所、人民自警団、建物修繕団、学校付設の父母委員会、文化・医療施設付設の社会評議会、ソヴェトの決定の執行点検に関する社会監督員、同志裁判所の活動に関する社会評議会など実に多様な社会団体が多数設けられていた。

たとえばカザフ共和国では一九六二年に、街路委員会と街区委員会、人民自警団、同志裁判所、クラブと図書室の評議会、医療施設付設の支援評議会、社会的原則の交通監視員、商業企業と生活サービス企業の監督員、環境整備と緑化に関する評議会およびその他の多くの自主活動社会団体は合計で八万を超え、七〇万人以上がそこで活動していたと指摘されていた。活動している社会団体としては、文化啓蒙施設支援評議会一五〇三、クラブ・図書室・農村読書室の評議会二七五五、学校・児童施設の父母委員会九八四〇、女性評議会二二四二、社会主義財産保護に関する委員会二八九、商店・食堂委員会八〇一五、商業監督員グループ五七二、保護者評議会一七五、衛生全権代表と衛生ポスト一万三八四〇、医療施設評議会八七〇、工業企業やコルホーズやソフホーズに付設の生産・技術評議会と技術・経済評議会六八二、コルホーズのブリガーダ（班）評議会一四八、警察代理グループ四三一、火災監督員グループ一六八、住居登録・分配委員会八〇、共産主義的児童教育評議会三三、自然保護協会二一五、塩害との闘いに関する監督部一三二およびその他という指摘も見られる（Ахметов: 6, 52-53）。

ロシア共和国で一九六四年に活動していた社会団体の名称と数、そこで活動していた人数について主なものだけを記すと、街路委員会と建物委員会一七万〇三四六に九一万九七二二人、学校、児童施設および建物委員会に付設の父母委員会一七万二三八八に一一三万八五〇七人、医療施設付設評議会一万〇六〇〇に一二万七四五一人、クラブ、図書館および農村読書室の評議会六万四五四九に四五万四五二四人、文化・生活建設支援評議会七一七四に九万九五三七人、女性評議会三万二六〇七に二九万七九〇四人といった具合だった。他にも多くの社会団体があり、総計では団体が九六万六四一二、そこで活動していたのは九七七万四三七二人とされる（Социализм: 88）。

このように実に様々な社会団体が多数設けられていたため、勤労者の自主活動社会団体の活動は、ソヴェト社会における生活のあらゆる基本的な側面を収めているとの指摘もなされたほどである（Ахметов: 5）。

こうした社会団体は地域によっても文献によっても名称に少しずつ差があり、活動内容にも差があったので、そのすべてについて詳しく紹介することはできない。ここでは概《おおむ》ね日本の町内会や自治会に当たる建物委員会、街区委員会および街路委員会の大まかな様子だけ確認しておくことにする。

アゼルバイジャン共和国の地方ソヴェトの活動における社会的原則の発展に関するソ連最高会議幹部会ソヴェト活動部の報告書（日付なし。送り状の日付は一九六四年一月一四日）によれば、街区委員会は住宅管理事務所の管轄領域に住む住民によって選出され、建物委員会は住宅管理事務所の管轄領域にある協同組合の建物に住む住民によって選出され、街路委員会は市民の個人所有の建物に住む住民によって選出される。いずれの委員会もソヴェトの執行委員会によって承認される。これらの委員会に委ねられている課題は、住宅の維持、防火規則と衛生規則の遵守に対する監督、建物と付属領域の環境整備、道路と歩道の修理、緑化、水道管と電線の敷設、学校およびその他の児童施設の修理、社会主義的所有を大切にする態度の育成や文化教育的方策の実施、子供の校外教育に関する支援、障害者への補助、社会秩序維持における警察への支援、寄生的生活を送っている者の発見に関する活動への住民の組織、税金の期日通りの支払いの組織、代議員が選挙人と会う手助けである。街区委員会と街路委員会には、市民集会を招集する権限、執行委員会と部局に提案と請願をおこなう権限、常設委員会の活動に関する方策の策定に参加する権限およびその他の権限が付与されていた（ГАРФ: 695/6, 10-11）。

さきほど紹介したように、ロシア共和国には一九六四年に街路委員会と建物委員会が一七万〇三四六あり、九一万九七二二人がそこで活動していたとされているが、モスクワ市では一九六五年に建物委員会、街区委員会および街路委員会の活動に四万八〇〇〇人の活動家が参加し、建物の階段と吹き抜け部八万二一四三平方メートルと玄関部六万八二二六平方メートルを修理したり、塗装したりした。これらの委員会によって街区の環境整備活動に一三〇万人の市民が引き入れられ、一四万本の樹木と七〇万本以上の灌木《かんぼく》を植え、七〇〇〇以上の児童公園を整備した（Алещенко: 47）。

カザフ共和国のアルマ・アタ市および同市の区の執行委員会は様々な自主活動社会団体三〇二四を設立し、一九六三年にはそうした団体の活動に五万八五二二人が活発に参加しているとされた。たとえばソヴェト区にある第三三街路・街区委員会は五人からなり、この他に一七人の活動家が活動に参加していた。同委員会は住民集会を開いて社会秩序侵犯の責任を問い、区執行委員会および市執行委員会の環境整備に関する決定の遂行について審議し、地域の清掃や道路整備や植樹に関する住民の日曜労働を組織していた。オクチャーブリ区の街路委員会は区ソヴェトの代議員が率いており、この委員会の発意で土曜労働と日曜労働が何度もおこなわれた。住民の参加により映画館が建てられ、道路と歩道と堀が整備され、多くの木が植えられた。街路・街区委員会と住民自身の助けによってアルマ・アタ市では一万五〇〇〇メートル以上の散水用堀が修理されたり作られたりし、一万以上の鑑賞樹と果樹が植えられた一九六三年春だけでアルマ・アタ市の環境整備に五万人以上の住民が参加した（Ахметов: 15, 45-46）。

こうした活動は行政の仕事を補完または代替するものだが[17]、それに留まるものではなく、イデオロギー的に肯定的な位置づけもなされた。何の手当もない自主活動社会団体の活動への勤労者の広範な引き入れは、労働に対する社会主義的態度と共産主義的な意識という新しい人間の特質を彼らに育てているとされたのである（Ахметов: 5-6）。

このように、行政上の必要という観点からもイデオロギーや理念に基づく望ましさという観点からも社会団体の役割が強調され、多数の社会団体が組織された。これらの社会団体は自主活動団体であること、人々の自発性が求められることも常に強調されたが、序章でも述べたように、実際にはこれらの社会団体は行政から独立して自主的に活動していたわけではなかった。今紹介したアルマ・アタ市の例でも、街路・街区委員会や建物委員会などの活動計画は区ソヴェト執行委員会と市ソヴェト執行委員会の同意を得ていたのであり（Ахметов: 45）、その活動はあくまでカギ括弧付きの「自主活動」だった。

もっとも、そもそも協働である以上、社会団体と行政の活動計画のすり合わせは不可欠であり、活動計画について行政の同意を得ていたからといって社会団体の自主性が否定されるものではないとの考え方もあるだろう。

しかし、たとえば何度か言及した、一九六三年八月に開かれた連邦構成共和国および自治共和国の最高会議幹部会書記とソヴェト活動部部長の会合では、キエフ市ソヴェト執行委員会書記が次のように述べていた。今盛んにおこなわれている社会運動は「本当に自主活動なのか」。これは人民の自覚を促している党の指導の結果である。「団体は自主活動であってはならず、よく準備され、多くの知識を備え、党によって統制され指導されていなければならない」。党組織の指導の下で初めて本当の社会組織のシステムが生まれるのだ（ГАРФ: 559/159）。

この発言は決して特異なものではなかった。この発言ののちにソ連最高会議幹部会書記もまた、社会団体に対する党の指導に言及するとともに、「ソヴェト、常設委員会、代議員グループおよび執行委員会の側からの監督なしの社会団体の活動をわれわれは想像することができない」と述べていた（ГАРФ: 559/185）。

同様の指摘は、同じ頃ロシア共和国のロストフ州ソヴェトにおいて経済建設と文化建設への勤労大衆の積極的な参加に関する地方ソヴェトの活動が審議された際にもなされていた。ロストフ州がこの地域のモデルケースとなることを想定しての審議だったが[18]、採択された決議は、州の地方ソヴェトは多数の勤労者の自主活動団体の設立に関して肯定的な活動をし、団体の活動を支援し、指導していると指摘したと同時に、すべての自主活動団体に対する体系的な組織活動を強化する必要性に下級ソヴェトの注意を向けさせた（Габричидзе: 66-67）。

ただ、執行委員会と社会団体の関係は法的には必ずしも明確に定められていたわけではなかった。今見たロストフ州ソヴェトでの審議の様子を紹介した文献には次のような指摘も見られる。ベロルシア共和国の規程［1958.6.27］では、市および区の執行委員会は「街路委員会、建物管理部付設支援委員会およびその他の勤労者の社会的原則による自主活動団体の活動を指導する」と定められているが、各共和国の地方ソヴェトに関する規程の大半ではソヴェトと自主活動団体の相互関係は示されていない。このことは否定的に作用している。いくつかの地方ソヴェトと執行委員会が自主活動団体と十分な相互活動をせず、団体の活動に通じていないからだ（Габричидзе: 120-121）。

このように、党やソヴェトや執行委員会や常設委員会や代議員が「自主活動」社会団体を指導し、支援することが前提とされていた。とはいえ現実にはこれが徹底されていたわけではない。たとえばアゼルバイジャン共和国の地方ソヴェトの活動に関するソ連最高会議幹部会ソヴェト活動部の報告書（日付なし。送り状の日付は一九六四年一月一四日）は、執行委員会はあらゆるところで街区委員会や建物委員会や街路委員会に十分な注意を払っているわけではないと指摘していた。報告によれば、街区委員会と街路委員会の活動を導く機関がいくつかの執行委員会に設けられている。規程ではこれらの委員会の指導は執行委員会がおこなわなければならず、他の機関の設立の適切さは疑いを呼ぶ。街区委員会、建物委員会および街路委員会の選出とこれらの住民に対する報告に執行委員会がしかるべき意義を付与していない結果、委員会は一年任期で選出されるとの規定は守られず、様々な自主活動団体の活動は重複し、活動家の分散につながっている。街区委員会は年金生活者と主婦の機関になっていて、働いている住民をより多く引き入れる必要が生じている。街区委員会に地方ソヴェトの代議員を選出することも、街区委員会と地方ソヴェトの結びつきを強め、街区委員会と代議員評議会の重複を解消するので適切だろう（ГАРФ: 695/12, 17, 18）。

一九六三年一〇月二八日付ベロルシア共和国の地方ソヴェトの活動に関する報告書でも、ミンスク市のザヴォド区、オクチャーブリ区およびフルンゼ区では街路委員会と建物委員会の指導のための評議会が設けられている、街路委員会と建物委員会に関する規程では執行委員会が指導しなければならないと指摘されていた（ГАРФ: 568/12）。

また、エストニア共和国の村ソヴェトの活動に関するソ連最高会議幹部会ソヴェト活動部による一九六五年六月一〇日付報告書にも次のように記されている。いくつもの地域で村ソヴェト執行委員会は社会団体の活動にほとんど注意を向けていない。ラクヴェルスク村ソヴェトとラックスク村ソヴェトの議長は、どのような社会団体があるのか、何人の活動家が参加しているのか答えることさえできなかった。いくつかの自主活動社会団体の活動には重複がある。ヴィリヤンヂ地区には一二〇を超える名称の様々な社会団体が存在する。不完全なデータによっても住民の間での文化啓蒙活動に二〇を超える名称の社会団体が従事している（ГАРФ: 842/8-11）。

一九六三年六月一二日にロシア共和国最高会議幹部会がサラトフ州の様子について審議した際にも、現地で点検をおこなった職員が、社会団体の数は多いが、農村では活動していない、紙の上では様々な社会団体が登録されているにもかかわらず、その指導者たちに会おうとしたら当該団体に選ばれていることさえ知らない有り様だったと指摘した[19]（ГАРФ А: 13/1839/124）。

一九六三年一〇月二三日にロシア共和国最高会議幹部会がペルミ州の地方ソヴェト執行委員会による社会団体の指導について審議した際には、現地で点検をおこなったソヴェト活動部職員が、多くの社会団体の設立にソヴェトと執行委員会の十分な組織的役割はなかった、このため多くの執行委員会職員がどのような団体が設立され、いかに活動しているのかを知らなかったのは偶然ではないと批判した。この職員はさらに、多くの執行委員会は社会団体に事実上いかなる支援もしていない、社会団体の活動の重要性と意義を過小評価しているからだ、面談で何人かの職員たちは社会的原則の力を信じていないことを率直に認めたと指摘し、常設委員会や代議員は選挙区で活動する街区委員会と関わりを持っていない、街区委員会議長が市ソヴェトや地区ソヴェトの代議員を知らないことは実にしばしばあるとも批判した（ГАРФ А: 13/1859/59, 61）。

現地での点検の報告を受けて準備された、この件に関する幹部会決定の案には次のように記されていた。常設委員会も代議員グループも執行委員会さえも自主活動団体と結びつきを持たず、団体に依拠していない。このため多くの団体はソヴェトから切り離され、互いに孤立し、自らの課題と権限と義務を知らず、不適切な職務を引き受け、活動が重複している。指導者やメンバーの選抜も不適切で、一人の人間が六～八もの団体に属していて活発に参加できないのは珍しくない[20]（ГАРФ А: 13/1858/12-13）。

この議題の審議に際してロシア共和国最高会議幹部会議長が、社会団体が広範な広がりを見せていることと関連してソヴェト機関は社会団体に責任を押しつけたいのではないかとの考えも出てきていると指摘したことも注目される。これに続けて幹部会議長は、憲法に基づいて選出された人々や執行委員会から責任を取り去るべきではない、学校に暖房が入らず、浴場が営業していないことが社会団体の責任だろうかと述べ、われわれには自主活動団体の指導に対してだけでなく生活の改善に対しても責任がある、厳しい批判を社会団体にではなく執行委員会に向ける必要がある、人民の生活改善にソヴェトは自ら取り組まなければならないと主張したのである（ГАРФ А: 13/1859/68, 71）。

このように、広範に設立された自主活動社会団体は党と執行委員会の指導の下で「協働」に励むべきものと位置づけられていたが、実際にはこの指導は常に適切におこなわれていたわけではなかった。

その一方で、こうした社会団体での活動を通じて人々は様々な形で自発性を発揮してもいた。そして、こうして発揮された自発性は必ずしも政権の求めたものではなかった。だからこそ、社会団体に対する指導の必要性、指導を改善する必要性が何度も指摘されたという面もあった。第四章ではこうした様子を人民自警団と同志裁判所の活動に注目して描くことにしたい。

第四章

犯罪との闘い——大規模な「協働」の試み

第一節　犯罪との闘いと「協働」

一　犯罪との闘いと「協働」

これまで見てきたように、ソ連では一九五〇年代末から国家と社会の「協働」が求められ、その実現に向けた取り組みが様々になされていた。本章ではその具体例として、犯罪との闘いにおける国家と社会の「協働」の様子を詳しく見ることにしよう。多くの「協働」の分野や形態のなかで犯罪との闘いを取り上げるのは、当時、犯罪との闘いは政権にとっての最重要課題の一つであり、「協働」が全国で大規模に展開されたからである。

一九五〇年代末頃から犯罪との闘いが最重要課題の一つとなっていた事情を簡単に説明しておこう。一九五三年三月五日のスターリンの死後、一九五三年三月二七日付ソ連最高会議幹部会令「大赦について」によって多くの囚人が釈放された。その後も恩赦や刑期短縮による釈放が断続的におこなわれ、一九五八年九月までに約四一二万人が釈放された。ここで釈放された囚人のなかには殺人や強盗などの罪で服役していた刑事犯も多くいて、その再犯率が高かった影響もあって治安が悪化した。一九五三〜一九五七年に犯罪総数は三九％増え、殺人は二倍に増えたと指摘されている（Dobson a: 588; Dobson b: 109）。

こうした状況に多くの人々が不安を抱き、治安の悪さを訴える手紙を国家機関、党機関や新聞各紙の編集部へと送った。こうした手紙には、釈放された囚人たちが再び罪を犯すことへの不安とともに、銃やナイフを持った無頼漢がいるため安心して町を歩けない、夜の散歩ができない、昼間でも物取りや殺人さえ起きているといった現状への不安と不満が記されていた（РГАНИ: 1/4/225/9; 1/4/226/5; 5/32/26/35-36; 5/32/101/6, 32; 5/32/103/238; 5/32/104/17, 19; Dobson b: 40-43, 165-170）。

このように、実際に犯罪発生件数が増えると同時に人々の「体感治安」も悪化していたため、犯罪との闘いに国家と社会の総力を挙げることが必要と考えられるようになった。そのことを示すように、一九五九年末にはソ連共産党中央委員会の雑誌『党生活』において中央委員会行政機関部部長が、犯罪根絶の課題は、行政機関、社会団体および全住民の共同の積極的な努力によってのみ達成され得ると指摘していた[1]（ПЖ: 1959/24/14）。

こうした状況に加えて、犯罪との闘いを国家と社会の「協働」が求められる最重要課題の一つと位置づける役割を果たしたのが、一九五九年の第二一回党大会だった。何度か述べたように、一九五九年の第二一回党大会は共産主義建設に取り組み始めたと宣言した大会であり、この大会で党第一書記フルシチョフは「国家の死滅と社会における自治」の考え方に基づいて「国家機関によっておこなわれている多くの機能が次第に社会団体の管轄に移されなければならないということは今日すでに明らかである」と述べていた。そのうえでフルシチョフは、国家機関の機能を社会団体の管轄へ移すべき分野として文化・保健・スポーツに言及して次のように述べた。「社会秩序の維持と社会主義的共同生活の規範の確保といった問題も、ますます社会団体の管轄に移さなければならない」。社会秩序侵犯の事実と断固として闘う必要がある。「われわれの社会団体はこのために警察、裁判所、検察の諸機関に劣らぬ可能性と手段と力を有している」。社会秩序維持の機能を国家機関と並んで社会団体が果たす方向へ事態は進んでいる。「社会主義社会は、人民警察、同志裁判所およびこれに似た諸機関のような、自由意志に基づく社会秩序維持機関を創設している。これらの機関は新しいやり方で活動し、新しいやり方で社会機能を果たすだろう」（XXI съезд: 1/102-105）。これを受けて第二一回党大会の決議にも「今日国家機関によって遂行されている多くの機能が社会団体の遂行へ徐々に移されなければならない」、「人民警察、同志裁判所およびこれに類する自主活動社会団体がますます重要な役割を果たすことを求められている」と明記された（XXI съезд: 2/445）。

そして、この大会後には人民自警団（おそらくフルシチョフの言及した人民警察に当たる）と同志裁判所が続々と設立され、社会秩序の維持に重要な役割を果たすことを求められるようになった。ただし、フルシチョフも述べていたように、その役割は警察や検察や裁判所とは異なる「新しいやり方で」果たされるべきものであり、自警団や同志裁判所の「活動の主な方法は説得と予防である。その主要な課題は、違反者を捕らえて権力の手に引き渡したり、自ら一層厳しく罰したりすることではなく、おこないの誤りを説明し、違法行為の再発可能性を除去する方策をとることである」とされていた（СГП: 1963/5/81）。

こうした課題が掲げられたことには次のような背景があった。第二一回党大会でフルシチョフは「社会に害をなすいかなる非行が一部の人々に現れることも予防し、まったく起こらないようにする方策をとることが必要である。重要なのは予防であり、教育活動である」とも述べて、教育による非行や犯罪の予防の重要性も指摘していたのである（XXI съезд: 1/104）。さらにフルシチョフは一九五九年五月二二日の第三回ソ連作家大会では「矯正されない人間はいない。……思いやりのある態度をとり、常に人間を、共産主義のための闘いにおける自らの究極の目的を見出すことが必要だ。それ故必要なのは人を駆除することではなく、教育・再教育することである」と述べて（Хрущев: 504）、教育による犯罪者の矯正の必要性と重要性も訴えていた。

こうした教育による予防や矯正を重視する考え方は、フルシチョフ個人の主張というわけではなく、一九五〇年代後半から整備が進められた刑事立法の基礎となっていた。この点を簡単に確認しておこう。スターリン死後、新指導部は刑事抑圧を緩和する路線に向かい始めた。その象徴的な端緒が、先に触れた一九五三年三月二七日付ソ連最高会議幹部会令「大赦について」だった。この幹部会令は、大赦を定めるとともに、危険性の小さい犯罪に対する刑事責任を行政手続きや懲戒手続きによる処分に替えること、いくつかの犯罪に対する刑事責任を軽減することを念頭に置いて連邦と連邦構成共和国の刑法を見直すことを必要不可欠と認め、連邦司法省に対して一か月以内にしかるべき提案をおこなうよう委任していたのである（Сборник: 3/409-411）。

連邦司法省が期限通りに提案をおこなったのかは確認できていないが、いずれにしても刑法の見直しは数年の時間を要した。その事情もすべてを明らかにすることはできないが、理由の一つは、スターリン期には過度に中央集権化されていたとの認識から連邦と共和国の間での立法権限の見直しが進められたことだった。この見直しも時間を要したが、連邦が立法内容の基本的な原則を定め、この原則に沿って共和国が具体的な立法をおこなうことが大筋で固まって、一九五八年一二月に「ソ連および連邦構成共和国の刑事法の基本原則」（以下「刑事法の基本原則」とする）が制定された（Сборник: 3/309-335）。この「刑事法の基本原則」はソ連の刑事法で初めて罪刑法定主義を明記し、刑罰の目的として懲罰とともに矯正と再教育を掲げるなど刑事政策の大きな転換を示したと評価されている（Сборник: 310, 316; 藤田：114-115, 126; 中山 b: 226-227, 237-238）。

これ以後、「刑事法の基本原則」に基づいて、犯罪撲滅のためには社会の力を用いることが必要であり、危険の小さい罪を初めて犯した者への働きかけの主な手段は「懲罰ではなく、説得、社会的な影響と教育の方策である」という考え方、危険な罪を犯した者には厳罰を科す一方で、危険の小さい罪を犯した者には軽い罰を科すか、刑罰に代えて社会的感化と教育の手段をとるという考え方が強調されるようになった。こうした考え方に基づいて、新たな刑法と刑事訴訟法が各共和国で制定された（Общественность: 107-108）。刑罰をめぐるこうした流れのなかで、軽微な罪を初めて犯した者を感化し矯正する方策として、自由剝奪に処すのではなく職場の勤労集団や社会団体の再教育に委ねる「身柄引き受け」[2]という制度も適用されてゆくようになった。

このように、第二一回党大会前後の時期には犯罪との闘いが重大な課題となっており、この課題への取り組みとして「違法行為者に対する社会的感化と国家的感化の手段、説得と強制の手段の結合という課題」が提起された（ВФ: 1960/12/36）。国家と社会がそれぞれの役割を果たす「協働」の実現による犯罪根絶が目指されるようになったのである。

犯罪との闘いにおいて社会に期待された役割は、犯罪を許さぬ雰囲気作り、犯罪・違法行為の通報、警察・検察の捜査や裁判における社会的原則での活動、人民自警団と同志裁判所の活動、軽微な罪を犯した者の社会団体や勤労集団による身柄引き受けなど多様であったが、人民自警団、同志裁判所および身柄引き受けに焦点を当て、それぞれ節を設けて「協働」のあり方やその問題点を論じてゆくことにする。

第二節　人民自警団

一　自警団の設立

第二一回党大会の約一か月後、一九五九年三月二日付でソ連共産党中央委員会およびソ連閣僚会議決定「国の社会秩序維持における勤労者の参加について」が採択され、社会秩序維持の活動へ勤労者を広範に引き入れるため人民自警団を設立すると定めた（Собрание: 1959/4/74）。第二一回党大会でフルシチョフが言及した人民警察と名称は異なるが、時期と内容からしてこれに当たるものと考えられる。

これより前、一九五八年末頃にレニングラードやドンバスなどで自発的に自警団が設立されていて、これが人民自警団の起源との指摘が見られるが（Яблоков: 4）、一九五九年三月二日付決定の採択以後には人民自警団はソ連全土で大規模に設立されていったことが報じられた。ソ連全体では一九六〇年の後半に八万を超える自警団に二五〇万人以上の団員がいたと報じられ、一九六四年半ばには自警団は約一五万、団員は六〇〇万人を超えたとされた。一九六四年後半にはロシア共和国だけで約四〇〇万人の自警団員がいるとの指摘もなされていた（ВФ: 1960/12/35; ПЖ: 1964/10/11; ГАРФ А: 13/1910/140）。

自警団発祥の地とも言われるレニングラード市とレニングラード州では、一九五九年の半ばにはすでに一三二七の自警団が設立されて団員は約九万人を数え、一九六四年半ばには団員は一七万人を超えていたとされる。このうち党員は四万八〇〇〇人、コムソモール員は五万五〇〇〇人だった（ВФ: 1959/8/29; СЮ: 1964/16/18）。これは大まかな数だろうが、この数字によるならば、党員でもコムソモール員でもない人々が六万七〇〇〇人ほど自警団に加わっていたことになる。

自警団設立を決めた一九五九年三月二日付決定では、自警団は「厳格に自発性の原則によって充員される」と定められていたが、これとともにこの決定は、共和国共産党中央委員会とクライ・州・市・地区の党委員会に対して、自警団を組織すること、その成功裡の活動を保障することを義務づけていた。この目的で住民に対して広範な「説明活動」をおこなうとも記されていたが（Собрание: 1959/4/74）、党委員会などの活動の多くはおそらく「説明」にとどまらなかった。そのことを示す例をいくつか見よう。

一九五九年六月三日のロシア共和国最高会議幹部会ではイヴァノヴォ州における犯罪との闘い

が議題となった。現地でおこなわれた点検の報告書では、自警団員の選抜は滞っており、州党委員会も州ソヴェト執行委員会も自警団の数と構成に関する情報を持っていなかったと指摘されていたが、幹部会での審議ではイヴァノヴォ州ソヴェト執行委員会議長が、自警団設立に著しい活動がなされた、三五〇の自警団が設立されていて団員は一万七二五四人いると反論した（ГАРФ А: 13/1148/276, 321-323）。報告書の指摘も執行委員会議長の反論も事実を述べているとすれば、点検の前には執行委員会の活動が不十分だったため自警団の設立が進まず、点検ののちは執行委員会の「著しい活動」によって自警団が短期間に組織された可能性をうかがわせる。

ロシア共和国のスヴェルドロフスク州では、一九五九年半ばに複数の地区で自警団の設立が完了していなかったため、州党委員会ビューローが市と地区の党委員会に対してすべての企業やコルホーズなどで自警団を設立するよう義務づけ、ソヴェト執行委員会に対しては自警団を設立するよう求める決定を採択したと報じられている（ПЖ: 1959/16/79-80）。

警察が自警団設立に活発に関与したとの指摘もある。ウクライナ共和国のドニエプロペトロフスク市のある工場では当初自警団に一〇〇人しか加わらなかったが、区警察部の「広範な説明活動のおかげで」団員は急速に増え、一〇〇〇人を超えたという（СЮ: 1960/2/12）。一〇倍もの増加は、「広範な説明活動」が果たして「説明」だったのかとの疑念を抱かせるに十分だろう。

よりはっきりと、自警団の設立が「お役所的に」なされた、人々は自発的に加わったのではなく、命令によって任命されたと指摘している例も見られる（ПЖ: 1960/2/34）。人々が自警団に加入したがらなかったため、企業によっては「総員登録」がなされたとの指摘もある（LaPierre:

144)。自発性原則の強調にもかかわらず、多くの自警団員が動員されたことは確かだろう。
しかし、「説明活動」が動員の性格を持っていたとしても、そのことをもって人々に自発性がまったくなかったと言い切ることはできない。上記の例でも、「著しい活動」や「広範な説明活動」がなされる前にも自警団に加わっている者がいた。そしてまた、動員、さらには強制の存在は自発性の存在を否定しないからである（Kotkin: 358）。実際、次に見るように、自警団が活発に活動し、目覚しい成果を挙げた多くの例が指摘されていることを考えれば、団員は単に動員されただけで自発性や使命感に乏しかったと言うことは難しい。

二　自警団の活動と人々の反応

動員による部分もあったとはいえ短期間に大規模に組織された自警団の活動ぶりや、これに対する人々の反応はどのようなものだったのだろうか。自警団設立の経緯からすれば当然とも言えるが、肯定的な評価が多く見られる。

早くは一九五九年六月三日のロシア共和国最高会議幹部会でレニングラード市党委員会第二書記でもある幹部会員が、メーデーにレニングラード市の宮殿広場でおこなわれたデモの際に警察の姿はなく、自警団員だけでかつてなく秩序が保たれたことから、自警団が実に大きな事業であると確信したと述べていた（ГАРФ А: 13/1148/329）。

一九六三年一〇月二三日のロシア共和国最高会議幹部会ではタムボフ州における社会秩序の維

持および犯罪との闘いの現状が審議された。現地での点検に基づく報告書によれば、社会秩序維持への社会団体の引き入れで注目すべきはミチューリンスク市の例で、そこでは四〇〇〇人を超える団員を擁する六二の自警団が社会秩序維持と犯罪との闘いに参加していた。一九六三年一～八月に自警団によって約二〇の犯罪が未然に防がれ、社会秩序を侵害した一〇六四人が拘束され、酔って街頭にいたかどで一〇〇〇人以上が拘束された。自警団員は無頼漢にとって脅威となり、住民の尊敬を勝ち取っていた。ミチューリンスク市では一九六三年の初めの八か月間に前年同期と較べて犯罪が一八・九%、特に危険な犯罪は二〇・五%減ったとされ、これは主に、街頭や公共の場での犯罪が減ったことによると指摘された（ГАРФ А: 13/1859/2, 4）。

一九六三年刊行の文献には、モスクワ州のいくつかの市では自警団設立までは無頼漢が公共の場や薄暗い通りで我物顔に振る舞っていたが、自警団が活動を始めると彼らに出くわすことはずっと少なくなった、彼らは団員が現れると威勢を失い、身を隠そうとするとの指摘が見られる（Яблоков: 4-5）。一九六二年に刊行された別の文献でも、自警団員は無頼漢と酔っ払いの脅威となり、人々は自警団の活動の意義をその真価に従って評価して、自警団員について感謝とともに語っている、団員は人々に信頼され、頼りにされ、困難な時に助けを求められていると記されている（Начала: 99, 103）。後述する一九六〇年七月に開かれた会合では自警団長自身が、自警団は個々の市民や勤労集団や施設から権威と尊敬を勝ち取っている、ささやかなものであるかもしれないがこの尊敬と権威の兆《きざ》しはすでに現れ始めていると述べていた（От: 324）。こうした発言や記述は、団員が熱心に活動していたことを示唆している。

各地の自警団が地域の実情に応じて様々な活動方法を考案していたことも団員たちの自発性や意欲の存在をうかがわせる。ロシア共和国カルーガ州のレフ・トルストイ居住区では自警団員は、パトロールや当直に写真機を持参して法や規則に違反した者たちを撮影するようにした。この居住区ではほぼすべての住民が文化の家〔文化活動や娯楽活動のための施設〕を利用するため、文化の家での映画上映の際に幻灯機を用いてその写真を示し、音声と音楽も付けて違反者を笑い者にするようにしたのである。これは違反者に強い影響を及ぼし、違反は激減したという（Яблоков: 11-12）。同じくロシア共和国のペルミ市のある工場の自警団では、泥酔して無頼行為を繰り返している労働者がいることを踏まえ、団員たちが担当を決めてこうした労働者の家族を支援するようにした。給料日には勤務後にこうした労働者を家まで送り届け、家族に金が渡されるようにした団員もいた（Яблоков: 12）。素行の悪い成員のいる家庭を団員が訪問して教育や支援をする例は各地で見られた（СЮ: 1960/2/12; 1960/5/8; ЦГАМО: 5701/1/384/62）。

モスクワ市党委員会ならびにソ連科学アカデミーの哲学研究所および国家と法研究所によって一九六〇年七月に開かれた学術会議での自警団長（モスクワ市にあるレーニン勲章労働赤旗勲章バウマン名称モスクワ高等技術学校の人民自警団の団長）による報告は、自警団長としての公的な意見とともに団員自身の考えや意識をある程度示していると思われるので、やや詳しく紹介しよう。

自警団長はまず、「勤労者の共産主義的な自覚が大きく成長した現状では、反道徳的および反社会的な行為は日増しに許しがたいものとなっている」と述べ、自分たちの自警団について次のように紹介した。現在わが校の自警団員は約一〇〇〇人で、労働者と職員が一〇〇人超、残りは学生からなる。四月におこなわれた報告・選挙集会で団員を一二〇〇人まで増やす決定をした。団員を増やすのは、寮での当直および寮と学校の敷地のパトロールのためだ。人数を増やすとともに自警団の質的構成の改善に向けた活動もおこなわれる。団員の責任と規律の向上のため、わが校の人民自警団の規約を定め、毎年団員の資格審査をおこなう決定を採択した。団員が酔っ払って警察にしょっぴかれ、七昼夜拘束された事件があったためだ（Or: 321-322）。

このように述べたうえで自警団長は、「われわれの自警団の経験に基づいて」次の提案をおこなうことができると述べて、複数の提案をおこなった。そのなかから四つを紹介しよう。

一．〔社会秩序維持に協力する組織には〕警察支援協会、警察支援ブリガーダ、捜査グループ、コムソモールパトロールグループ、コムソモールの区委員会と市委員会の部隊などがあるが、こうした多くの組織があるのは適切ではない。これらの組織をすべて人民自警団に統合し、人民自警団の新しい規程に反映させるべきだ（Or: 325）。

二．人民自警団の活動経験の交換のため、活動の長期的な計画作成のため、その他の問題の解決のために全連邦調整センターを設立するのが適切である。もし現時点ではこれが時宜に適わないならば、市自警団本部の設立が不可欠だ（Or: 325）。

三．人民自警団の活動の宣伝のため、とりわけ自警団の活動経験の交換のために全連邦規模の新聞または雑誌『人民自警団員』を発行することが適切だろう。壁新聞や展示会など、それから中央紙で自警団の活動をもっと宣伝することが不可欠だ。『プラウダ』、『イズヴェスチヤ』、『コムソモーリスカヤ・プラウダ』およびその他の新聞は自警団の活動に関する記事をわずかしか載せていない（Or: 326）。

四．「通りから人々、特に若者を引き離し、彼らを……文化施設かスポーツ施設へ向かわせる必要がある。ダンスをしたりボードゲームなどをしたりすることができる入場自由の若者向け夜間カフェを開設することを恐れる必要はない」。若者は友達と座って語らったり、ダンスをしたりして過ごしたい。家でいつもできるわけではないし、レストランは高い。「若者向け夜間カフェでなくていったいどこでこれができるのか」。「自警団員がそこで必要な秩序を保障すると確信している。それに、社会秩序の侵犯者がそこで気楽に過ごすようなことをカフェの常連客自身が許さないと思う」（Or: 326-327）。

こうした提案、特に最後に紹介したものは、自警団員の経験に基づくものであると同時に若者としての実感に基づくものではないだろうか。

このように、自警団の活動内容や団員の発言からは、団員が積極的意欲的に活動に取り組んでいた様子がうかがわれる。自警団員としての活動は当然ながら危険を伴い、だからこそ人々は自警団に参加したがらなかったこと、参加したのちも団員たちは犯罪者や無頼漢に襲われる恐怖を感じていたことが指摘されているが（LaPierre: 143）、身の危険を冒して犯罪防止に取り組んだ団員も少なくなかった。団員が酔っぱらいや無頼漢を注意したり退去させたりする際に脅された例、ナイフや銃で抵抗された例、団員が命を落とした例などは定期刊行物で報じられたものだけで複数確認することができる。こうした例も団員の積極性や責任感を示していよう。

自警団員が襲われたり、抵抗されたりして命を落とした例がどれくらいあったかは不明だが、その事実が決して無視できるものではなかったことは次の事実から明らかである。すなわち、一九六二年二月一五日付ソ連最高会議幹部会令によって、警察官と人民自警団員に対する反抗と侮辱を処罰する規定、彼らの生命を脅かす行為には死刑の適用も可能とする規定が設けられ、これに合わせて刑法が改正されたのである[3]（CIO: 1962/6/25）。

とはいえ熱心に活動した団員がどれくらいいたのかは、実数としても割合としても示すことはできない。動員がなされていたのは確かであり、その結果として自警団に登録されていても活動実態のない「紙の上」だけの団員が多く存在したことも指摘されている。しかしそれでも、熱心に取り組んだ団員もまた確かに存在した。こうした団員たちの活動理由や動機は人によって様々だろうが、いくつか考えてみることはできる。

第一に、当時は治安の悪化が深刻に感じられたから、自警団の活動は、自分自身や家族、友人知人、そして地域社会を守るための活動と感じられただろう。もちろん、そう感じることと自警団に加わって熱心に活動することとは別の問題だが、こうした実感があったならば、自警団の活動に熱心に取り組む理由となり得ただろう。

第二に、先ほどその提案を紹介したレーニン勲章労働赤旗勲章バウマン名称モスクワ高等技術学校の自警団長は「首都における自警団の多大な責任を考慮しなければならない」とも述べていた。彼によれば、モスクワはソ連の政治の中心であり、科学、文化および芸術の世界的な中心であって、人民民主主義諸国から大勢の代表団がやってきたり、資本主義諸国の進歩的活動家が訪れたりする。モスクワ市とその郊外には七〇〇万人を超える勤労者が暮らし、働き、休息している。どんな市民もどんな訪問者も安心して暮らし、働き、休息することができるようにあらゆることをおこなわなければならない。「首都の自発的な人民自警団は市の社会秩序維持の事業を引き受けることができるし、引き受けなければならない」（От: 327）。彼が常にこうした意識を持って活動していたとは限らないが、このような主張に共感した団員もいたかもしれない。

第三に、自警団が目覚しい活動をした結果、無頼漢に恐れられ、住民からは尊敬されているとの指摘も多くあった。これも熱心に活動する動機となり得ただろう。

第四に、自警団に関する規程は、社会秩序維持に貢献した自警団や個々の団員に対する報賞制度を定めていた（Собрание: 1959/4/79）。これは紙の上だけの定めではなく、各級のソヴェトや社会団体、企業などによって実際にかなり広くおこなわれた。たとえば一九六一年に開かれた第一回モスクワ州人民自警団員大会では、ロシア共和国最高会議幹部会の表彰状が八人に、コムソモール全ソ中央委員会の表彰状が四人に、モスクワ州ソヴェト執行委員会の表彰状が一四二人に、モスクワ州労働組合評議会とコムソモールモスクワ州委員会の表彰状が各一〇三人に授与された（Бюллетень МО: 1961/17/26）。個々の企業でも、たとえばモスクワ小型自動車工場の勤労集団が自警団員への感謝の意を示して表彰していた（ПЖ: 1960/21/6-7）。こうした名誉もまた団員として熱心に活動する動機となり得ただろう。

第五に、報賞として価値ある品や金銭が授与されることもあった。すなわち報賞制度は、表彰によって名誉を与えるとともに直接の物的刺激を与えるものでもあった。当時の生活条件ではこの物的刺激もまた団員として熱心に活動する動機となり得た可能性がある。

ここで意識しなければならないのは、ある団員がたとえば住民から尊敬されたいとの思いや報賞の金品を得たいとの動機から活動していたとしても、その団員に使命感や責任感がなかったとは限らないということである。上記の動機はいずれも排他的なものではなく、同時に存在し得るものである。そして、いかなる理由や動機に基づいてであれ、熱心に活動した団員は自らの意思によって自発的に活動していたのであり、単に動員されただけの存在ではなかった。

なお、自警団員として活動する動機や自発性は常に望ましいものや好ましいものだったわけではなかった。たとえばカリーニン州カリーニン電気機器工場の自警団には、ロマンと冒険を求めて加わった不真面目な者もいたことが批判的に言及されていた。こうした団員は、通りで団員の赤い腕章を見せびらかすが、勇敢さを示す必要のある時には尻込みして無頼漢と関わらないようにするというのである（Начала: 100）。自警団員は登録上は数百万人いたことを思えば、これがこの工場の自警団員だけの特殊な事例だったとは考えにくい。

さらに、自警団員の称号を打算的な目的、時には犯罪的な目的で利用する人間もいるとの批判も早くからなされていた（ПЖ: 1960/21/19）。一九六六年にはロシア共和国のロストフ州で自警団員がその立場を利用して計六件の強盗を働いていたことが明らかになり、厳しく批判されていた（ГАРФ А: 13/2038/49-50）。自警団員の立場を利用して罪を犯していた例は他にも指摘されており、そもそも犯罪行為を隠すために自警団に加わった犯罪分子も存在した（Shelley: 45, 219）。

このように、政権にとっても地域住民にとっても望ましくない目的や動機で自警団に加わっていた者もいた。しかしこうした団員もまた「自発性」を発揮していたことは否定できない。

自警団の活動に対する批判には様々なものがあり、次のような批判もなされていたが、こうした批判の存在もまたある種の自発性の存在を示している。

先に見たように、一九六三年一〇月二三日のロシア共和国最高会議幹部会は、タムボフ州における社会秩序維持と犯罪との闘いの状況について審議した。その際、タムボフ州では犯罪が八・五％増えたことが指摘され、この増加は主としてコルホーズとソフホーズからの建築資材、飼料、穀物や野菜の窃盗と横領によるものと説明された。そして、自警団は街頭や勤労者の休息の場での社会秩序維持においてはある程度の活発さを見せているのに対し、各企業や経営の内部ではその活動は実にわずかである、コルホーズとソフホーズにおける違法行為と窃盗の増加はこのことによって説明されると指摘された（ГАРФ А: 13/1859/71, 73）。

定期刊行物においても、多くの自警団員が中心街のパトロールを主な責務と考えていて居住地や企業での予防・教育活動への取り組みは弱いこと、自警団が組織されている企業において窃盗、労働規律違反および無頼行為が少なからず見られることが指摘され、「団員はまだ『自分の家』における秩序を正す活動に常に積極的には参加していない」との批判がなされていた（СП: 1964/6/6-7）。

こうした批判は、自警団員が自主的な判断によって活動に軽重をつけていたこと、その意味で自発性を発揮していたことを示している。

その一方で、動員されて仕方なく自警団に参加していただけの人々も大勢いた。おそらくはこのために、設立されたもののまもなく休眠状態になった自警団も多くあった。一例だけ挙げよう。

上述の一九六三年一〇月二三日のロシア共和国最高会議幹部会での審議に向けてタムボフ州でおこなわれた点検の報告書は次のように指摘した。州には二万八一七〇人からなる九七八の自警団が設立されたが、自警団は活動を著しく弱め、企業、特にコルホーズやソフホーズでは活動を停止してしまった。タムボフ市のある工場ではコムソモール委員会の書記が、工場に自警団が存在することさえ知らなかった（ГАРФ А: 13/1859/l, 5）。

このように、おそらくは動員によって組織された自警団の多くは事実上休眠状態となることも多く、他方で自発性を発揮した団員のいる自警団は、政権の求める役割をある程度果たしたと同時にその自発性故に政権にとって好ましくない活動をすることもあった。

ただ、自警団の活動において欠陥や問題が見られたのは、団員の意欲の乏しさや悪しき自発性の発揮のためだけではなかった。

三　自警団との「協働」における問題とその原因

自警団の活動には欠陥や誤りも多々見られた。政権は欠陥や誤りが多く存在していることを認識しており、何度も批判し、改善を指示していたが、自警団の活動における問題点は指摘され続けた。そして、これは自警団だけのせいではなかった。

自警団に意欲と能力のある人々が加わったとしても、活発に活動し続けるためには党機関やソヴェト機関、そして「協働」の直接のパートナーとなるはずの行政機関（内務諸機関、警察、検察などの治安機関）の理解と助力が必要だった。

先に紹介した批判にも見られるように、自警団には街頭でのパトロールなどだけでなく企業やコルホーズにおいても秩序と規律の維持に取り組むことが求められていたが、この役割を果たすためには、企業やコルホーズの指導者の理解と助力も必要だった。そうでなければ活動の機会や対象が制約されるおそれがあり、それによって団員の意欲が削がれることもあり得る。

政権もこの点を認識しており、各級の党機関、ソヴェト機関や行政機関に対してはもちろん、企業やコルホーズの指導者に対しても自警団に協力するよう繰り返し求めたが、企業やコルホーズの指導者の理解と助力はなかなか得られなかった。それどころか、党機関やソヴェト機関、行政機関の理解と助力さえ常に得られたわけではなかった。

たとえば、犯罪との闘いや社会秩序維持における「協働」で自警団の直接のパートナーとなるはずの行政機関は、犯罪との闘いや秩序維持の活動をすべて自警団に押しつけようとしたり、反対にこうした業務は行政機関や裁判所のみの仕事であると考えて自警団を軽視したりすることによって、自警団に対して傍観者的態度をとったり、自警団を相手にしない態度をとったりした（こうした意識と態度は、後述する同志裁判所についても同様に生じた）。

自警団に対する傍観者的態度は、すでに一九六〇年二月刊行の『ソヴェト司法』で批判されていた。書き手は警察の少佐で、「自警団と警察機関の適切な相互関係と協力体制を作ることが特に重要である」と記したうえで、そのために実に有害となり得るのが「人民自警団は社会団体の指導の下で設立されて活動しているものであり、勤労者が自主的に作り上げたものだから、警察機関は人民自警団に対し傍観者の立場をとってよいという現に存在している考えである」と述べて、傍観者的態度が警察に現に存在していることを批判した（СЮ: 1960/2/14）。『ソヴェト司法』はロシア共和国の司法省と最高裁判所の雑誌であり、個人名によるものとはいえこうした批判が掲載された意味は小さくなかった。

さらに『党生活』一九六〇年一九号（一〇月刊行）の無署名の巻頭論文が、裁判所・捜査機関には「人民自警団と同志裁判所にすべてを押しつけ、傍観者的態度をとる」勤務員がいて、国家機関の機能を社会団体に移管していく党の方針を極端にまで推し進めていると指摘した。「彼らの考えでは、今日裁判所・捜査機関のほぼすべての機能を自警団と同志裁判所に移管する必要がある」。こうした誤った立場の結果、警察、検察、裁判所が「犯罪者に対し許しがたい寛容さを示し始めている」と批判したのである（ПЖ: 1960/19/5）。『党生活』はソ連共産党中央委員会の雑誌であり、無署名の巻頭論文は事実上の党の公式見解と見ることができるので、ここでの批判は一層重大な意味を持つものだった。

各地のソヴェト機関、党機関や企業の指導者に対しても様々な批判がなされていた。たとえば一九六二年五月一九日付モスクワ州ソヴェト執行委員会決定「オレホヴォ・ズエヴォ市ソヴェトおよびオレホヴォ・ズエヴォ地区ソヴェトの社会秩序維持活動について」は、執行委員会と経済組織の指導者が自警団に具体的な支援をしておらず、その結果ほとんど活動していない自警団があると指摘していた（Бюллетень МО: 1962/12/21）。

この決定で批判されたオレホヴォ・ズエヴォ地区ソヴェトの一九六二年八月一〇日の定例会で

は、〔地区内の〕リキノ・ドゥリョヴォ市には自警団員が約五〇〇人いるが、実際に活動しているのはこれより少ない、毎月団員が辞めていくが党組織指導者は対策をとっていない、党組織書記は自警団を指導せず、団員となっている者は一人もいないとの指摘がなされた。この定例会で発言したオレホヴォ・ズエヴォ地区ソヴェトの執行委員会議長は「法秩序侵犯者に対する活動は警察、検察、裁判所の仕事だと考えている者がいる。こうした同志たちはひどく誤っている」と批判した（ЦГАМО: 5701/1/384/62-64,72-73）。

一九六二年八月三〇日のロシア共和国最高会議幹部会では、自警団員に支援をせず、団員から通報があればこれは団員の仕事ではないと考える企業の指導者がいる、こうした無関心な態度がいくつかの企業での自警団の活動の著しい悪化につながっているとの指摘がなされた。幹部会員の一人は、これは実に深刻な問題だ、「人々は活動したいのにさせてもらえない。人々は活動したいのに、我々がそうさせていないのだ」と訴えた（ГАРФ А:13/1288/284, 291-293）。

先に見たように、自警団の設立と充員には「自発性の原則」が定められていた一方で、自主活動団体の常として活動においては党機関が組織し、指導することが原則とされていたが、この原則も必ずしも実現していなかった。

党機関の不適切な対応についてはすでに一九五九年の末に『党生活』誌上でソ連共産党中央委員会行政機関部部長が、犯罪と違法行為の根絶には行政機関とすべての社会団体の長く粘り強い活動が必要であり、これを指導すること、日常的に方向づけることを党機関は求められているが、残念ながらこの役割を十分理解していない党組織があると批判していた（ПЖ: 1959/24/14）。

しかし、この批判ののちも状況は改善されず、党行政機関部部長は一九六二年にも、党組織が指導を弱めた結果、多くの場所で自警団の活動は極めて消極的となり、時には解散してしまったと指摘することになった（ПЖ: 1962/5/10-11）。

このように、政権の側が国家と社会の「協働」を求めたのにもかかわらず、政権は「協働」が有効に機能するような環境を作り出すことができなかった。この点は数年にわたる取り組みのなかではっきりと確認されていた。それでもなお政権が「協働」に期待し、期待通りの活動と成果を実現しようとしていたことは注目すべきである。その様子を示す発言をいくつか紹介しよう。

一九六四年一〇月三〇日のロシア共和国最高会議幹部会ではロシア共和国最高裁判所議長が、「これまで行政機関と社会団体の活動を調和させるいくつかの方策がとられたが、「その結果としてあるべき効果は生じなかったと率直に言う必要がある」と述べ、決定案では行政機関と広範な社会団体との活動を調和させる課題を強調することが必要不可欠だ、「何故なら、未成年者の犯罪のようないくつかの問題については行政機関だけの努力で問題を解決することは困難だからだ」と指摘した（ГАРФ А: 13/1910/132,138）。

この日の幹部会ではロシア共和国最高会議幹部会書記も、自警団と同志裁判所は実に非効率的に活動しているが、それはこの組織への注意が弱められていたからだ、「これは実に大きな、死活的な問題だ」と述べて、社会団体の引き入れ、社会団体への立脚が十分ではないと批判していた（ГАРФ А: 13/1910/188）。

『社会主義的適法性』一九六五年一号ではソ連検事次長が、犯罪との闘いを組織するうえで検察は自警団と同志裁判所に注意を向け、支援しなければならないと記していた（C3: 1965/1/4-5）。

一九六五年後半にはロシア共和国社会秩序維持相が『党生活』で、「近い過去に警察の役割が過小評価され、そのことは……定員の根拠のない削減に表れた。今日ではこの欠陥は改められている」と指摘したが、その一方で、犯罪との闘いが「ソ連の人々全員の事業」であるのは合法則的現象であり、「犯罪、社会秩序侵犯との闘いにおける、法侵犯者の再教育における社会団体の役割、全住民の役割を一層高めることが必要不可欠である」と記していた（ПЖ: 1965/20/16, 20）。

ロシア共和国社会秩序維持相は一九六六年三月一日のロシア共和国最高会議幹部会でも、昨年ロシア共和国で二万二〇〇〇人、連邦全体で三万五〇〇〇人、警官が増員されたと述べたうえで、この問題では警察だけに頼ること、抑圧の強化に頼ることはできない、犯罪との闘いと違法行為の予防に社会団体を広く立ち上がらせることが必要だ、無頼行為との闘いは社会全体の問題だと述べていた（ГАРФ А: 13/2038/244,249-252）。

『社会主義的適法性』一九六六年九号巻頭論文は、「すべての行政機関の高い水準の活動と社会団体の広範な引き入れを予定した、深く考えられた、首尾一貫して粘り強く実現される方策なしには」犯罪を根絶することはできないと記した（C3: 1966/9/3）。同誌の一九六七年八号ではソ連社会秩序維持相が「法秩序の強化、犯罪およびそれを生み出す原因との闘いに行政機関のみが取り組む時代はとうに過ぎた。この闘いにおける極めて大きな役割は、人民自警団、同志裁判所……その他の社会団体のものである」と記していた（C3: 1967/8/11-12）。

このように、自警団という形での、犯罪との闘いにおける国家と社会の「協働」は、政権の期待通りに機能したわけではないが、それでも政権はこの「協働」に期待し続け、期待通りの活動と成果を実現するための取り組みを続けようとしていた。

第三節　同志裁判所

一　同志裁判所の設立

前節で見たように、第二一回党大会のほぼ一か月後、一九五九年三月二日付で採択されたソ連共産党中央委員会およびソ連閣僚会議決定「国の社会秩序維持における勤労者の参加について」によって人民自警団の設立が決定されたが、これに続いて、同志裁判所の役割を強化する法案「ソヴェト法規および社会主義的共同生活の規則違反との闘いにおける社会団体の役割の向上について」と「同志裁判所に関する模範規程」案が新聞雑誌に公表され、全人民討議に付された。法案では、犯罪その他の違法行為根絶の課題は警察、検察、裁判所の力だけでは解決され得ないことが指摘され、同志裁判所の役割を著しく高めることが求められていた（ПЖ: 1959/21/31）。

役割を高めることが求められたところからもわかるように、同志裁判所はこの時に初めて設置が検討されたのではなく、一九一七年の十月革命後に設立され始め、一九一九年には広く設置され、一九二八〜一九三三年に最盛期に至ったのち活動をほぼ停止したとされる（中山 a: 70/4/6-10）。それでも制度自体は存続していたから、上記の法案の成立や規程の制定を待たずに多くの休眠状態にあった同志裁判所が活動を再開し、新たな同志裁判所も設立されていった。[4] 一九六四年にはロシア共和国で一一万二三七二の同志裁判所に六九万三四三四人が選出されており、ソ連全体では二〇万を超える同志裁判所が存在していたとされる（藤田 : 133; ПЖ: 1964/10/11）。

活動をほぼ停止していたとされる同志裁判所がこれほど大規模に設立されたことからは、ここにも人民自警団同様に動員の可能性を見るべきだが、この過程で人々の自発性がなかったわけでもないというのも同様だったろう。

では、大規模に活動するようになった同志裁判所はどのような活動をしていたのか。一九六四年六月一二日のロシア共和国最高会議幹部会ではリペツク州の地方ソヴェトによる同志裁判所の指導状況が審議された。事前に現地でおこなわれた点検の報告書には次のように記されている。

リペツク州に一三五六の同志裁判所が設置された。内訳は企業と施設に五五五、コルホーズに一二四、ソフホーズに二八二、建物管理部と街区委員会に二五六、居住区域に一一八、中等・高等専門教育機関に二一である。「ほぼすべての同志裁判所が規程に従って勤労者総会で選ばれた」。選ばれた八一五八人のうち労働者が四三七一人、技術人員と職員が一四八九人、コルホーズ員が九三三人、年金生活者が九三五人、主婦が四三〇人で、このうち党員と党員候補が二九六六人、コムソモール員が六七七人だった。一九六三〜一九六四年に州の同志裁判所には九五五七件が送付され、このうち八七五六件が審理された。内訳は労働規律違反一六四八、軽微な無頼行為一三〇八、軽微な窃盗一二六一、公共の場および職場に酔っ払って現われたことおよびあるまじき振る舞いをしたことが一二六二、侮辱・殴打・悪態九九五。同志裁判所は高い権威を得ており、裁判にかけられた者のほとんどは再び違反することはない。たとえばリペック州リペック地区ドブロエ村の同志裁判所はこの四年間に三四七件を審理したが、内訳は一九六〇年に一〇二件、一九六三年に六七件、一九六四年にはわずか七件となり、「その活動は違法行為の減少に役立った」。リペック州のあるコンビナートの組立工はしばしば酔って無頼漢のように振る舞い、アパートの隣人を殴ったため同志裁判にかけられることになった。同志裁判には二〇〇人以上が出席し、発言した者は組立工の振る舞いを厳しく非難した。組立工は同志裁判所と勤労集団に対して「生産でも生活でも模範的となる」ことを約束し、この言葉を守って今では共産主義労働班の一員となり、党員候補となっている（ГАРФ А: 13/1891/109-110）。

ここでも言及されているように、同志裁判所の審理は、裁判にかけられた当人への教育効果、さらには他の人々への教育効果も期待して公開でおこなわれることが多く、大勢の人々が参加していたとされる。たとえばレニングラード州の同志裁判所の審理には一九六四年上半期に総計で一〇万人以上が参加し、一万二〇〇〇人を超える人々が意見を述べていたとされる（СЮ: 1965/6/11）。同志裁判所の審理の教育効果を疑問視する指摘もあったが（フェイファー：64）、先に見たリペック州の組立工の例のように教育効果があったとする指摘は多く見られる。

また、同志裁判所でのこうした審理の様子が広く知られるようになると、こうした裁判にかけられたくないという「抑止」効果につながったことも指摘されていた。たとえば『党生活』では

「したいようにしてください、ただ〔同志〕裁判で審理することだけはしないでください。同志たちの前で恥ずかしい」と述べる非行者がいたことが報じられた（ПЖ: 1961/5/48）。

モスクワ州モジャイスク地区ソヴェトの定例会でも、同志裁判所での審理を「酔っぱらいは火のように恐れる、同志たちがいるので恥ずかしいのだ」と指摘されていた。[5] 同じ定例会でボリソヴォ村ソヴェトの同志裁判所議長は「我々の同志裁判所は住民の間で権威があり、法秩序侵犯者は出頭するのを恐れている」と述べていた（ЦГАМО: 2847/1/1583/5, 10）。

ただ、同志裁判所の活動の主眼は説得と予防にあるとされており、裁判にかけることが最重要の目的ではないとも言われていた。そうした活動の例をいくつか紹介しよう。

ロシア共和国カリーニン州トルジョク市のある同志裁判所議長は、同志裁判所の主要な注意は予防に向けられており、裁判に至らずに解決することを目指していたと述べている。この同志裁判所議長は、同志裁判に訴えたい市民を週に四回クラブで受け付けているにもかかわらず同志裁判所の構成員の自宅にまで説明や助言や介入を求めにやってくる人々も多いとも述べており（Начала: 76）、身近な紛争を解決するための相談や助言の機関として人々に重宝されていた面もあったようだ。

モスクワ州モジャイスク地区ボロディノ村ソヴェトの同志裁判所は年に六件しか審理していなかったが、そのことが問題視されることはなく、積極的に予防活動に取り組み、家庭ごとに面談をおこなっていたことが肯定的に評価されていた（ЦГАМО: 2847/1/1549/8）。

ロシア共和国ヴラヂーミル州カラバノヴォ市では、アパートの住人間の争いが危険なことにならないように、同志裁判所の構成員に建物が割り当てられていて、担当のアパートで争いが起こるとただちに対処していた。教育と予防を第一とする考えから、教育的性格の面談を重ねることで和解させるよう努める同志裁判所は他の地域にもあり、そうした取り組みは推奨されていた（СЮ: 1965/5/9; 1963/14/21）。

家庭内の様々な不和について人々が同志裁判所に助言を求めにくる例もしばしばあったとされ（ПЖ: 1961/5/48）、助言や相談では解決せず、家庭内の諍《いさか》いが同志裁判所の審理にかけられた例もあった。たとえば一九六四年三月三一日のモスクワ州モジャイスク地区ソヴェト定例会では地区検事が報告し、同志裁判所での審理の教育的意義を示す例として次のように述べた。K家では長いこと諍いが絶えなかった。同志裁判所は原因を究明し、同志裁判にかけることを決めた。審理は全村集会でおこなわれ、一〇〇人以上が参加した。地区検事によれば、同じ村の人々による裁判は効果を発揮し、K家の面々は村の人々に対し、仲良く敬いあって暮らすことを約束したという（ЦГАМО: 2847/1/1583/29）。

二　同志裁判所との「協働」の欠陥とその原因

人民自警団の場合と同様に、同志裁判所についてもその活動や国家との「協働」には欠陥や誤りも多々見られた。政権がそれを認識し、何度も批判し、改善を指示していたにもかかわらず問題点が解消されなかったのも、それが同志裁判所だけのせいだったわけではなかったのも自警団の場合と同様だった。

まず、同志裁判所が活動していないとの指摘が多数なされていた。早くも一九六〇年末にはソ連最高裁判所議長が、多くの同志裁判所は活動しておらず、解散したものもあると指摘していた（ПЖ: 1960/22/25）。同志裁判所は選挙制で二年の任期ごとに改選されなければならないが、モスクワ州モジャイスク地区では、同志裁判所の改選がなされず任期が切れたままになっている例、改選されたものの活動していない例があると一九六三年四月に指摘されていた（ЦГАМО: 2847/1/1517/11）。

先にも見たように、一九六四年六月一二日にロシア共和国最高会議幹部会がリペツク州の地方ソヴェトによる同志裁判所の指導について審議していた。現地での点検の報告書とこれに基づいた幹部会決定の案には同志裁判所の問題点が次のように列挙されていた。労働規律と社会秩序の侵犯が少なくないのに同志裁判所が設置されていない企業や組織もある。同志裁判所に要注意人物が選ばれた例もある。定足数を満たさないまま審理する、審理期間を守らない、他の機関で審理されるべき事案を決定する、規程で定められていない感化の方策を採る、行為の軽重と被告人の人間性を考慮せず罰金を科すなど規程に違反している同志裁判所がある。多くの同志裁判所で任期が切れているが、改選はなされていない。企業、コルホーズ、機関、施設で、改選する代わりに任期を二年自動的に延長した例がある。同志裁判所の選出がなされず、議長と構成員が党組織書記によって任命された例、同志裁判所が党員集会で選出された例がある。村ソヴェト執行委員会議長、労働組合の地方委員会の議長や副議長が同志裁判所の議長に選出された例もあるが、適切ではない。規程によれば地方ソヴェト執行委員会と労働組合の地方委員会は同志裁判所を指導するからである（ГАРФ А: 13/1891/4-5, 112-113）。

この議題の審議においてロシア共和国最高会議幹部会議長は、リペツク州で広まっている罰金方式は教育の手段ではない、罰金方式の広い適用は常軌を逸した現象だと言わなければならない、同志裁判所の活動を罰金を科す方向に導いてはならないと繰り返し指摘していた[6]（ГАРФ А: 13/1891/153, 155）。

活動している同志裁判所については、その活動が不適切、時には違法であるとの批判が他にも多く見られる。今も紹介した、リペツク州の同志裁判所の活動についての現地での点検に関する報告書では次の指摘もなされていた。一九六三～一九六四年に同志裁判にかけられた八七五六人中四七四九人が、同志的警告、社会的非難、社会的戒告を宣言され、被害者または勤労集団への公開謝罪をおこなった。四九三人については給与の低い職への配置転換または降職が、八四人については解雇が、三二人については同じ企業での未熟練の肉体労働への配置転換が管理部に提案された。しかし同志裁判所は罰金を選択しがちで、二七三九人、すなわち三一・二％が罰金を科せられた。行為の軽重や人間性を考慮せず罰金の法定最高額一〇ルーブリを科すという誤り[7]もある。一〇ルーブリを超える罰金を科す、矯正労働を科す、労働規律違反に罰金を科すなど規程で定められていない感化方法を採用する同志裁判所もある（ГАРФ А: 13/1891/114-115）。

この報告を踏まえたロシア共和国最高会議幹部会での審議においてはソヴェト活動部の副部長が、一九六一年にコストロマ州の同志裁判所の活動について審議した際に幹部会で指摘された欠陥がリペツク州に残っていると述べ、地方ソヴェト、特に村ソヴェトの執行委員会は通例同志裁判所にまったく関わっていないと批判した。ソヴェト活動部副部長によれば、点検に行き、クラスニンスク村ソヴェトにあるコルホーズ「共産主義への道」の同志裁判所の活動を調べ、罰金が唯一の活動方法なのは不適切だと指摘した。仕事に遅れたら罰金一〇ルーブリ、酒を飲んだらやはり一〇ルーブリという具合だったのだ。この指摘に村ソヴェト職員が、いけないのかと答えたことを紹介してソヴェト活動部副部長は、彼らは同志裁判所について何もわかっていない、片っぱしから罰金を科すことが流行している、一五、二〇、五〇ルーブリさえだ、村ソヴェトはこれに介入していないと批判した（ГАРФ A: 13/1891/147-148）。

オレンブルグ州についての点検の報告書でも、同志裁判所はしばしば規程で定められていない感化方法を適用するなど法を侵していると指摘されていた（ГАРФ A: 13/1910/112）。モスクワ市、レニングラード市、プスコフ州ヴェリーキエ・ルーキ市の同志裁判所についても同様の例が指摘されており（СЮ: 1963/12/15; 1964/20/20; 1965/24/15）、『ソヴェト司法』は、そうした同志裁判所が少なくないことを巻頭論文で指摘していた（СЮ: 1963/17/2）。

ただ、同志裁判所に関する規程の定めに反した判断を多くの同志裁判所が下したことについては、同志裁判所で活動する人々だけの問題とは言いにくい面もあった。たとえばロシア共和国では一九六三年一〇月二三日付の共和国最高会議幹部会令によって同志裁判所に関する規程が改正されて権限が拡大されたが、さきほど見た一九六四年六月一二日のロシア共和国最高会議幹部会では、この幹部会令によって付与された権限を大半の同志裁判所は十分行使していない、これは何より地方ソヴェトの執行委員会が一九六四年の二〜三月になってようやくこの幹部会令を同志裁判所に伝えたためであるとの批判がなされていた。もっともこれに対しては執行委員会の側から、同志裁判所に関する規程の発行部数が少なく、二〇〇〇以上の同志裁判所があるのに規程は七〇〇部しか与えられなかったとの苦情も述べられていた（ГАРФ А: 13/1891/5, 149）。

批判と苦情の内容が事実とすれば、同志裁判所が新たに付与された権限について知らなかったのは、同志裁判所だけの責任とも執行委員会だけの責任とも言いがたい。しかし、いずれにしても一九六四年二〜三月には執行委員会は同志裁判所に規程改正について知らせたのであり、その後もこの規程改正で付与された権限を同志裁判所が十分行使しなかったのであれば当然同志裁判所の側にも問題があったということになるだろう。

さらに言えば、一九六三年一〇月の規程改正については『ソヴェト司法』が、同年一二月に発行された第二三号の巻頭論文においてその意義を説明したうえで規程改正の幹部会令全文を掲載しており（СЮ: 1963/23/1-6）、一九六四年第五号にはこの規程改正について「我々の裁判所の構成員は公表後ただちに勉強した」との同志裁判所議長の投書も掲載されているから（СЮ: 1964/5/25）、関係する法令や決定を常に意識していたか否かという同志裁判所の側の意識や取り組みの問題という面もあったと言うべきだろう。ただし、同志裁判所に関する規程を入手できなかったところでは『ソヴェト司法』もまた身近にはなかった可能性もあり、その場合はやはり同志裁判所だけの問題とは言いにくい。

人民自警団の場合と同様、同志裁判所に意欲と能力のある人々が選出されていたとしても、適切で活発な活動を続けるには党・ソヴェト・行政機関の理解と助力、さらには企業やコルホーズの指導者の理解と助力が必要だったが、同志裁判所に対してもこうした理解や助力はしばしば与えられなかった。[8]

自警団の節で見たように、犯罪との闘いでの「協働」における党機関の不適切な対応について、ソ連共産党中央委員会行政機関部部長は一九五九年に『党生活』で、犯罪と違法行為の根絶には行政機関とすべての社会団体の長く粘り強い活動が必要であり、これを日常的に指導するよう党機関は求められていることを十分理解していない党組織があると批判し、一九六二年にもやはり『党生活』で、党組織が指導を弱めた結果自警団とともに同志裁判所も多くの企業や建設現場で存在しないか、または活動していないと指摘していた（ПЖ: 1959/24/14; 1962/5/10-11）。

同志裁判所に対する指導を弱めるどころではなく、同志裁判所の活動を制約しようとする党組織も存在した。同志裁判所には党員を裁く権限はないと言う党委員会書記は正しいかとの質問が同志裁判所の議長から『党生活』に寄せられ、回答とともに掲載された。回答は、党員も同志裁判所の審理対象となると答えたうえで、同志裁判所における公の非難を避けさせることで党組織が自らの権威を強めると考えてはならないと指摘しており（ПЖ: 1965/11/43）、同志裁判所における党員への非難を避けさせようとした党組織が他にも存在しただろうことをうかがわせる。

行政機関や裁判所の対応も批判されていた。たとえばリペツク州で一九六三〜一九六四年に人民裁判所へ届いた軽微な無頼行為の事案のうち同志裁判所へ送られたのは九・二％に過ぎないこと、警察は、酔っ払って拘束された者の資料の三・八％しか同志裁判所に送っていないことが指摘されていた（ГАРФ А: 13/1891/6）。ロシア共和国アルハンゲリスク州レンスキー地区のある同志裁判所の議長は、人民裁判所は「我々の裁判所の存在を知らないかのよう」で、同志裁判所の構成員を会合に招かず、書面での照会に回答しないと批判していた（СЮ: 1963/14/21）。

他方で、これも自警団の節で見たように、『党生活』一九六〇年一九号巻頭論文は、裁判所・捜査機関には「人民自警団と同志裁判所にすべてを押しつけ、傍観者的態度をとる」勤務員がいる、「彼らの考えでは、今日裁判所・捜査機関のほぼすべての機能を自警団と同志裁判所に移管する必要がある」と批判していた（ПЖ: 1960/19/5）。

そして、この批判ののちも「同志裁判所にすべてを押しつけ、傍観者的態度をとる」例はなくならなかった。たとえばロシア共和国イルクーツク市の人民裁判所はしばしば軽微な犯罪に関する市民の訴えを刑事事件として受理せず、訴えた者を直接同志裁判所へ送っていると批判されていた（Общественность: 121）。同じくロシア共和国のウリヤノフスク市では人民裁判所と警察が同志裁判所へ移送する決定の写しのみを同志裁判所に送付し、取り調べた資料は送らないため、同志裁判所は事前の調べに多大な労力を費やすことを強いられていると同志裁判所議長が批判していた（СЮ: 1964/5/25）。

一九六四年三月三一日のモスクワ州モジャイスク地区ソヴィエト定例会では、ボリソヴォ村ソヴェトの同志裁判所議長が「同志裁判所にとって実に重要な問題」として次の例を紹介していた。播種《はしゅ》用のえんどう豆を盗んだ事件が警察から送られてきた。資料では八キロ盗んだとされていたが、実際には八〇キロ盗んでいたため社会的譴責《けんせき》に処すことはできず、刑事責任を問う決定をした。同志裁判所議長は、こうした例は他にもあるとして、「警察の勤務員は誤った立場をとっているとわれわれは考える」と批判した。播種用種子の窃盗は重大犯罪で、厳しく罰する必要がある。証拠を集められないときに助力を求めるのはよいが、「事件を放り出すのではなく、同志裁判所の助けで証拠を集め、人民裁判所の審理に移すべきだ」（ЦГАМО: 2847/1/1583/10）。

各種定期刊行物の記事を見る限りでは、一九六四年一〇月にフルシチョフが失脚すると一九六〇年代後半には自警団や同志裁判所への言及が次第に少なくなった印象を受ける。それでも犯罪との闘いにおける国家と社会の「協働」を目指す路線に大きな変化はなく、政権の同志裁判所に対する関心が失われたわけでも同志裁判所が再び休眠状態に入ったわけでもなかった。

一九七一年三月一五日のロシア共和国最高会議幹部会はクルスク州における同志裁判所の活動について審議し、クルスク州執行委員会議長が報告した。報告の内容をやや詳しく紹介しよう。一九七一年一月一日の時点でクルスク州には一万一五九五人で構成する一九六六の同志裁判所があり、一九六九年と較べて五五増えた。一九七〇年に人民裁判所によって二万五九八五件の審理がなされ、同志裁判所へは一万一五六六件の資料が送られて、一万一三九四件が審理された。審理された一万一三九四件について同志裁判所は、公開謝罪、同志的警告、社会的非難および社会的戒告を四八七四人に、給与の低い職への配置転換の提案を二一三人に、総計で六万ルーブリを超える罰金を四九七〇人に適用した。多くの同志裁判所は決定を勤労者全員に知らせるため、目立つ場所に掲示したり、壁新聞に載せたり、勤労集団の総会で知らせたり、違反者の勤務先または通学先の社会団体に知らせたりしていた（ГАРФ А: 13/2982/274-277）。

このように同志裁判所の活動を紹介したのに続けて、クルスク州執行委員会議長は同志裁判所の構成員に対する教育活動について次のように述べた。地区と市の執行委員会に社会的原則の法務評議会が設けられ、同志裁判所に法的な支援を与えている。州の地方ソヴェトによって、同志裁判所の教育と法的支援の機構が設けられている。最も活発に活動しているのが一九六四年二月に組織されたクルスク市法知識大学である。教育期間は二年で、授業は月に二〜三回ずつおこなわれる。同志裁判所の議長や他の社会活動家が学んでおり、過去三回の卒業で一二〇人の同志裁判所の議長と構成員が卒業した。現在七五人が学んでいる（ГАРФ А: 13/2982/277-279）。

続いて同志裁判所の活動の宣伝についても次のように紹介された。ルイリスク地区執行委員会は一九七〇年八月に同志裁判所の活動に関する映画を撮影させた。この映画は企業や組織やコルホーズや法知識大学での講義や同志裁判所のセミナーで上映され、住民の間で多大な人気を博した。現地のテレビ番組でも同志裁判所の肯定的な活動経験が広められている（ГАРФ А: 13/2982/279-280）。

次いで、クルスク州執行委員会議長はソヴェトと執行委員会の取り組みを紹介した。一九七〇年三月に州執行委員会は州労働組合評議会幹部会とともに同志裁判所の活動について検討して、地区と市のソヴェトの執行委員会と労働組合機関に対して同志裁判所の指導を改善し、構成員の選抜を適切におこない、活動報告を聞くように提案した。一九七〇年だけで地区ソヴェトおよび市ソヴェトの定例会と執行委員会の会議で同志裁判所の活動に関する三七五の問題が審議された（ГАРФ А: 13/2982/280-281）。

裁判所や行政機関については、一九七〇年だけで裁判所、検察、警察の働き手によって二〇〇〇以上の講義や報告や会談が同志裁判所向けになされたこと、一〇〇〇以上の同志裁判所に対して現場で実際的な支援がなされたことが報告された（ГАРФ А: 13/2982/281）。

このように肯定的な活動を紹介した一方でクルスク州執行委員会議長は、しかし多くの同志裁判所が活用されていないと指摘して、次のように述べた。一九七〇年に州では警察によるだけで一一万七七〇〇人が行政責任を問われたが、行政機関によって同志裁判所の審理へ送られたのはその四％に過ぎない五〇〇〇件だった。多くの企業と組織の指導者たちは同志裁判所の役割を軽視している。いくつかの同志裁判所は主体性なく活動し、少ない人数で出席者の積極性なしに審理し、違反者と勤労集団に教育的影響を与えていない。同志裁判所の審理に企業の管理部や労働組合の代表が出席せず、同志裁判所が審理の期限を破り、教育的方策ではなく罰金を選択していることがしばしばある。昨年、同志裁判所で審理された者の約四〇％に対して罰金が選択された。規程に定められていない事案に罰金が科されたり、法定額を超える罰金が科されたりしている（ГАРФ А: 13/2982/281-282）。

そしてクルスク州執行委員会議長は、同志裁判所の活動における深刻な欠陥と規程違反は、執行委員会と労組委員会が指導と監督を十分おこなっていない結果であると述べた。同志裁判所の活動を検討する際には通例審理件数だけが評価され、活動の分析はなされない。このため執行委員会と労組委員会によって採択される決定は一般的な性格を持ち、同志裁判所の活動改善と欠陥克服に不可欠な影響を及ぼしていないというのである（ГАРФ А: 13/2982/283）。

クルスク州執行委員会議長の報告に続いて、現地で点検をおこなった幹部会職員が、同志裁判所の多くは罰金を科すのに熱中していると批判した。同志裁判所の審理に付されたほぼ二人に一人に当たる約四四%が罰金を科されている。同志裁判所の審理によって教育的な影響を及ぼし、違法行為を許さない雰囲気を作るためには多くの時間と労力が必要だ。罰金を科す決定をするにはわずか数分でよい。多くの同志裁判所が楽な道を進み、違反者の再教育と反社会的現象を許さぬ雰囲気作りに注意を払っていない。反社会的現象を同志裁判所が黙認する例も見られる。このように述べてこの職員は次の例を紹介した。仕事中に酔っ払っていた労働者の一件が同志裁判所で審理された。事情を聴かれてこの労働者は、月曜に祝宴に参加し、火曜は頭痛がして二日酔いだったので昼休みにウォッカをコップ一杯飲んだと答えた。このあと同志裁判所の構成員が発言した。「これはわれわれの工場では一度ならずあることで、こうしたことのあとは職長も不愉快だし、相棒も不愉快だ。私が思うに、頭が痛いならば朝からコップ半分飲むことだ。そうすれば話は別だ。仕事中に飲んではならない。これは控える必要がある」(ГАРФ А: 13/2982/285-287)。

この幹部会職員は同志裁判所に対する指導についても次のように批判した。同志裁判所が放置されていて、労働組合もソヴェト機関も指導と監督をおこなっていない。「同志裁判所が忘れられてしまっていると言うことはできない」。折々に思い出され、執行委員会の会議でも労働組合の会議でも同志裁判所の活動が審議されている。しかし深い分析はなされず、審理された件数の評価より先に進んではいない。「活発化する」との全般的な勧告を伴う決定が採択されるが、変化はほとんどない。執行委員会と労働組合の側からの監督と指導はもっと深く具体的でなければならない（ГАРФ А: 13/2982/287-288）。

　こうした批判を受けて最高会議幹部会議長も、同志裁判所は罰金刑に熱中してはならない、勤労集団の同志の名による社会的非難は罰金を科すよりも強力な影響を持ち得るのだと指摘した（ГАРФ А: 13/2982/292）。

　このように、一九七〇年代に入っても同志裁判所が重要な役割を果たすべきだと考えられていた一方で、同志裁判所の活動にも同志裁判所に対する態度にも依然として問題があった。本節で見てきた様々な問題がほぼそのまま指摘されていたのである。

第四節　身柄引き受け

一　身柄引き受け制度の導入

　身柄引き受けは、社会団体や勤労集団の請願に基づいて、検事および捜査取調機関が事件に着手せずに、または事件を中止して、違法行為をした者の身柄を再教育のため社会団体や勤労集団に引き渡す、もしくは裁判所が事件を中止して身柄を引き渡すという制度である[9]。身柄引き受けへ移された者は誠実な労働と模範的な生活態度によって改心を証明しなければならず、一年間これを全うすると自動的に刑事処分を免れた（Раджабов: 152; СЮ 1961/2/14; 1965/1/10）。

身柄引き受けと似た制度として、請願に基づいて裁判所が刑の執行を猶予し、社会団体や勤労集団の再教育へ委ねる制度（以下、「執行猶予による再教育」とする）がある。

当時のソ連の刑法学の議論では、身柄引き受けは裁判での判決に至ることなく刑事責任を免除される教育的方策であり、執行猶予による再教育は有罪判決が下されたうえで刑の執行が猶予される方策であって、この二つの方策は本質的に異なるとの主張がなされた一方で（たとえばСОС: 230）、この違いを認めつつ、二つの方策の本質は罪を犯した者を社会団体や勤労集団の教育によって矯正することであり、本質は共通しているのだとの指摘もあった（たとえばСОУ: 154-155）。

国家と社会の「協働」という観点からは、罪を犯した者を国家による刑罰に処すのではなく社会団体や勤労集団の教育によって矯正するというこの二つの制度の共通点こそが重要であるため、ここでは身柄引き受けだけでなく執行猶予による再教育についても扱うことにする。

制度が定められたのは執行猶予による再教育のほうが早かった。一九五八年一二月制定の刑事法の基本原則は、執行猶予について定めた第三八条に、被告人の勤務先の勤労集団や社会団体による執行猶予の請願のある場合、執行猶予判決を受けた者の再教育と矯正の義務をその勤労集団等に課すことができるとの規定を置いた[10]（Ведомости СССР: 1959/1/6）。これに対し、身柄引き受けに関する定めは刑事法の基本原則にはなかった。

また、何度か見たように一九五九年一～二月の第二一回党大会でフルシチョフは社会秩序維持における社会団体の役割を強調し、教育の重要性も強調したが、身柄引き受けに通ずるような指摘はなかった。大会で発言した者のなかでは唯一人、国家保安委員会議長シェレーピンが、軽微な罪を犯した人々の身柄を引き受ける権限を社会団体と勤労集団に付与する問題について検討すべきだと述べていたが、[11] シェレーピンは「私の考えでは」と留保をつけており、大会決議にもこの内容はない（XXI съезд: 2/253, 429-455）。

とはいえ、執行猶予による再教育も、刑事法の基本原則には定められたものの適用例はまだ限られていた。大きな変化が見られたのは一九五九年の半ばである。

まず、一九五九年六月一九日付ソ連最高裁判所総会決定が、自由剝奪を伴わない刑罰と執行猶予の広範な適用の可能性、多大な社会的危険のない違法行為を犯した者の矯正と再教育のための社会団体等の引き入れの必要性を法が定めているにもかかわらず裁判所は自由剝奪を主要な刑罰とみなして軽微な犯罪にさえ適用していると指摘し、下級裁判所に対して指導的説明を与えた。その主な内容は第一に、重罪を犯した者と特に危険な再犯者に厳罰を科す一方で、多大な社会的危険のない罪を犯し、社会から隔離せずに矯正可能な者には自由剝奪を伴わない刑罰を適用しなければならない、第二に、自由剝奪の適用なしに矯正が可能で、社会団体や勤労集団の請願がある場合には、執行猶予判決を受けた者を再教育と矯正のため引き渡さなければならない、第三に、請願の権利を社会団体や勤労集団に説明しなければならないというものだった（C3: 1959/9/14-15）。

次いで、一九五九年七月二〇日付ソ連検事総長命令が次のように指摘した。ソ連最高裁判所は本年六月一九日付決定で、裁判所が自由剝奪を主要な刑罰とみなし、多大な社会的危険のない犯罪にさえ自由剝奪を適用していると指摘した。検察にも同様の欠陥はあり、著しい社会的危険のない罪を初めて犯した者への社会的感化の力を軽視し、刑事責任を問い続けている。このように指摘してこの命令は、著しい社会的危険のない事件に社会的感化の方策を広く適用し、請願によって社会団体や勤労集団へ違法行為をした者を引き渡すこと、その場合、刑事法の基本原則の第七条第二項および第四三条に従って事件を中止することをすべての検事と取調官に命じた（C3: 1959/9/17-18）。

先に述べたように、刑事法の基本原則に定められていたのは執行猶予による再教育だけであり、ソ連最高裁判所総会決定［1959.6.19］が指示したのもその広範な適用だったのに対して、このソ連検事総長命令は、検事と取調官に対して請願によって社会団体等へ違法行為をした者を引き渡すこと、その場合には事件を中止することを命じており、この命令こそが身柄引き受け制度適用の端緒《たんしょ》となったと言えよう[12]。

しかし、刑事法の基本原則には身柄引き受けを定めた規定はなかったため、この点を問題視する指摘もなされ、議論となった。

ロシア共和国の司法省と最高裁判所の雑誌『ソヴェト司法』一九五九年九号は「討論向け」として、刑事法の基本原則と刑事訴訟手続きの基本原則は身柄引き受けに関する諸問題が解決され得る規定を持っていない、この諸問題は共和国の法令において解決されるべきものであると指摘する法学博士ペルロフの論文を掲載した。ペルロフによれば、その問題とは、誰が、いつ、いかにして決定するのか等である、刑事法の基本原則によれば有罪か否かを決定するのは裁判所のみであり、身柄引き受けは有罪のときのみ適用される以上、裁判所が裁判においてのみ決定することができる、このため身柄引き受けは刑罰の一種であるとされた（CIO: 1959/9/21-24）。

ソ連科学アカデミー国家と法研究所の機関誌『ソヴェト国家と法』一九五九年一〇号でも、刑事責任を免除される身柄引き受けの制度は刑法学者や訴訟法学者からの反対を呼んでいるとの指摘がなされた。反対理由は、刑事法の基本原則はこの制度を共和国刑法に盛り込む法的根拠を与えていないというもので、言い換えると身柄引き受けによって軽微な犯罪の事件を検察が中止する実例の適法性に疑義が示されている、確かに刑事法の基本原則には刑事責任を免除される身柄引き受け制度は直接には定められていないと指摘された（CTIT: 1959/10/77）。

こうした指摘に対しては、『ソヴェト司法』一九五九年一〇号に、身柄引き受けが事件の中止を想定していることに反対もある、最も完全な反対意見はペルロフ論文で示されたものだとする反論が掲載された。この反論は、ペルロフは、身柄引き受けは現行法で定められていない、身柄引き受けは捜査取調機関や検察ではなく裁判所の専権事項だ、身柄引き受けは刑罰の新たな様式で有罪判決に際してのみ適用され得ると主張すると紹介したうえで、実際、身柄引き受けは直接には定められていないと認めつつ、刑事法の基本原則の原則的な考え方は身柄引き受け適用の法的根拠を有しており、裁判所だけでなく検察と捜査機関にも適用の権限があると主張した（CIO: 1959/10/54-56）。『ソヴェト司法』は翌一一号にも、身柄引き受けは裁判においてのみ決定され得るとペルロフは断固として主張する、彼の考えでは身柄引き受けは刑罰である、こうした主張は法に基づいておらず、法に矛盾しており、実務と実際から完全に乖離《かいり》しているとの反論を掲載した（CIO: 1959/11/52）。

『社会主義的適法性』一九五九年一一号には次のように主張する論文が掲載された。刑事法の基本原則には身柄引き受けに関する特別の規定はない。よく似た規定は第三八条にあるが、これは裁判での有罪判決の際になされるものだ。しかし司法、検察、捜査機関の実践は現在ずっと先に進んでいる。刑事法の基本原則第七条と第四三条に定められている場合以外にも身柄引き受けによって事件が中止されている。こうした実践は社会的感化へ向かう路線から出てきたものだが、最近ペルロフが反対を表明した。彼はこれは刑罰で、裁判所による有罪判決の際にのみ決定されると主張した。彼は現在とられている方策の社会的政治的本質を理解していない。『ソヴェト司法』編集部がペルロフ論文を掲載し、始めるべきではなかった議論を始めたのは適切ではなかっただろう（C3: 1959/11/13-16）。

この論文の筆者Л・スミルノフの肩書きは記されていないが、同姓で名の頭文字も同じソ連最高裁判所副議長がおり、おそらくこの人物ではないかと推測する。論文の内容と論調からして筆者にふさわしく、その一方で、別人ならば別人とわかるようにしたのではないかと考えるからである。もしそうだとすれば、ソ連検察庁の機関誌である『社会主義的適法性』がソ連最高裁判所副議長によるペルロフと『ソヴェト司法』編集部への批判を掲載することで、ソ連検事総長命令に始まる身柄引き受けの法的根拠をめぐる議論の決着を図ったのではなかろうか。

しかしこれで決着とはならなかった。一九六〇年二月の研究集会ではレニングラード大学助教授が、同年五月の研究集会ではハリコフ法科大学の刑法・刑訴法講座の主任が、身柄引き受けは現行法に定めがないと指摘した[13]。

さらに、『ソヴェト国家と法』一九六〇年七号に掲載された論文は、刑事訴訟手続きの基本原則と刑事法の基本原則では身柄引き受けに移すことによる検察や捜査取調機関による事件の中止は直接には定められていない、刑事法の基本原則第四三条第一項を法的根拠とする見解は誤っている、身柄引き受けに伴う事件の中止の決定で刑事法の基本原則第七条第二項と第四三条第一項が引用されるのは単に身柄引き受けを直接に定める規定が存在しないためだと指摘した（СГП: 1960/7/89）。

先に見たように、一九五九年七月二〇日付のソ連検事総長命令は刑事法の基本原則第七条第二項と第四三条による事件の中止を命じていたのであり、「刑事法の基本原則第四三条第一項を法的根拠とする見解は誤っている」と述べたこの指摘は、ソ連検事総長命令自体に疑問を呈したものと言えよう。

身柄引き受けの適用を正当化する主張にも刑事法の基本原則に直接の規定はないと認めるものもあったこと、この時期に公表されて広範な審議に付されていた連邦法案「ソヴェト法規および社会主義共同生活の規則への違反との闘いにおける社会団体等の役割の向上について」に身柄引き受けに関する定めがあったことからすれば[14]、現行法には身柄引き受けに関する定めはないとの指摘に理があったのだろう。

社会主義的適法性の遵守が強調されていた時期にもかかわらずこうした事態が生じたこと、後述のようにこの時にはすでに身柄引き受けが広く適用されていたこと、その状況で主に刑法学者と刑事訴訟法学者が現行法に定めがないとの指摘を続けていたことは、この時期のソ連の政治的社会的な雰囲気を理解するうえで注目に値しよう。

なお、結局「ソヴェト法規および社会主義共同生活の規則への違反との闘いにおける社会団体等の役割の向上について」の連邦法は制定されなかった。その詳しい経緯は不明だが、スターリン死後、連邦から共和国へ権限を移す動きがあり、立法についても連邦は刑事法の基本原則のように立法の原則を定め、各共和国がこの原則に基づき刑法典を制定するといった具合に共和国の立法権限が少なくとも形式的には尊重されるようになっていたことがおそらく理由の一つだった。このように立法権限の範囲を定めたことからすれば、連邦レベルでこうした個別法を定めるのではなく、その内容を共和国での立法に委ねるのが適切であるとの指摘が見られるからである[15]。『ソヴェト国家と法』誌上でも、身柄引き受けに関する法案の規定は共和国の刑法と刑事訴訟法にも反映されなければならないとの指摘がなされていた（СГП: 1960/1/125）。そして実際、身柄引き受けの制度はちょうどこの頃に各共和国で制定されていった刑法と刑事訴訟法に明文規定を得たのであり、連邦レベルで個別法を定めることが避けられた可能性は高いだろう[16]。

二　身柄引き受け等の奨励とその実際

身柄引き受けの法的根拠の有無をめぐる議論がおこなわれていたのと並行して、身柄引き受けの肯定的な実践例が報じられ始めた。『社会主義的適法性』一九五九年八号ではソ連検察庁の部長が、酔って無頼行為をした若者二人の事件を紹介した。この紹介によれば、職場の管理部と社会団体が二人に肯定的な評価を与えたため検事は勤労集団の考えを明らかにしようと決め、約一三〇人が出席して集会が開かれた。同志たちは二人の無頼行為を厳しく非難し、裁判に引き渡すべきだと何人かが述べたが、勤労集団とコムソモールの監督の下で改心することができると考えた者もいた。二人は勤労集団の名誉を汚したことを認めて許しを請い、今後は酒を飲まず立派に振る舞うと約束し、集会に招かれていた被害者にも許しを請うた。勤労集団は、二人の若さ、改悛、職場と日常生活での態度に関する約束を考慮し、「父親のような配慮を示して」、身柄引き受けに移すよう検察に要請すると全員一致で決定した。こうした例を紹介した一方でこの検察庁部長は、勤労集団が常に身柄を引き受けるわけではないとも指摘し、ラトヴィア共和国ユルマラ地区で軽微な窃盗をした労働者について労働者集会が「盗人に対する刑事事件に着手するよう警察に要請する。勤労集団は彼らを身柄引き受けに受け入れられない。彼らは酒飲みで、労働規律に違反し、生活態度が悪いからだ」と決定した例を挙げている（C3: 1959/8/22-23）。

こののち『社会主義的適法性』では毎号のように身柄引き受けの事例が紹介された。一九五九年九号ではウクライナ共和国ルガンスク市の副検事が、酔って乱暴狼藉を働いたЛの件で勤労集団の総会に約一五〇〇人が集まった例を記している。この記事によれば、総会では検察勤務員がЛの行為を簡潔に述べ、刑事責任を問うか、コムソモールの身柄引き受けへ移すかを審議するよう提案した。二七人が発言を希望し、その全員がЛのおこないを激しく非難したが、刑事手続きでЛを裁くよう提案する者もいれば、身柄引き受けへ移すよう提案する者もいた。Лは許しを請い、二度としないと誓った。投票の結果、勤労集団はЛの刑事責任を問わないよう検事に要請することを決めた（C3: 1959/9/51-52）。

一九五九年一〇号にはロシア共和国ノヴォシビルスク市の企業でAが公金を着服した件の記事が掲載された。この記事によれば、勤労集団の総会が開かれ、まず検事が発言した。われわれはAを書類で知っているが、「あなたがたは皆、人間として、勤労集団の一員として彼を知っている」。主要な課題はAを刑務所へ入れることではなく、「彼が改心するのを助けること、彼を教育することだ」。このように述べて検事は、あなたがたはAを再教育するため身柄引き受けに受け入れることができるかと問うた。人々はAにすべてを話すよう求め、Aは許しを請い、今後は期待を裏切らないと約束した。総会はAの行為を非難する一方で、初犯であること、Aが良く働き、技術学校で学んでいること、罪を認めて改心すると述べたことを考慮し、身柄引き受けを認めるよう求めると全員一致で決定した。この記事を書いた記者は、この話を次のように結んでいる。集会をあとにしてわれわれは思った。勤労集団の力は偉大だ。同志たちによる厳しい非難は国家と勤労集団に対する罪をAが深く自覚するのを助けるだろう。「そして彼はもちろん改心する！」（C3: 1959/10/62）。

『社会主義的適法性』はソ連検察庁の機関誌であり、ソ連検事総長が適用を命じた身柄引き受けの法的根拠の有無をめぐる議論が起こっていたこの時期に身柄引き受けの肯定的な事例をいくつも報じたのは偶然ではないだろうが、一九五九年後半からは様々な文献で、違法行為者の再教育の責任を引き受けるか否かに関する勤労集団等の審議の様子が盛んに報じられていった。こうした審議について、道を踏み外した人間の再教育となるだけでなく、他の動揺しやすい人々に対しても重大な感化となるとの指摘もなされ、勤労集団での審議ののち軽微な違法行為や労働規律違反が減ったとの指摘もなされた（От: 225; Ахмедов: 55）。

なお、これまで見た例にあったように、勤労者の集会に検事など検察の人間が出席して説明をおこない、身柄引き受けに移すかどうかの判断を求めることは稀ではなかった。検事などが審議に参加することは肯定的に捉えられており、検事や裁判官の集会への出席を義務とすべきだとの主張も見られた。これは、正確な情報を伝えることで勤労者の集会が正しい決定をする可能性を与え、集会の圧力によって犯行の事情を語らせ、共犯者の名を明かさせる可能性を得るためであるとされた（СОУ: 111-112）。

とはいえ身柄引き受けと執行猶予による再教育が「ばら色」の方策として描かれていたわけではなく、再教育は長く困難な過程で、肯定的な成果は勤労集団全体の毎日の教育活動によって達成されるとも指摘されていた。その教育活動としては、労働による教育、労働規律の遵守、模範的生産者による職場での支援がまず挙げられた。教育活動は職場での勤務時間に限定されず、重要なのは身柄引き受けに受け入れた者の仕事に対する態度だけでなく生活上の態度へも注意を払うことであるとされた。特にアルコール愛好者について最も有効な再教育の形態は社会活動や文化活動、スポーツへの引き入れであるとされ、担当に定められた人物による個別的支援、生産・技術の能力や全般的な教育水準の向上の支援、定期的な対話、自宅への訪問などが成功につながっているとの指摘がなされていた（СОУ: 17, 162-163; СОС: 234）。

身柄引き受けと執行猶予による再教育が適用された数や割合に関する網羅的な資料は見出だせていないが、ある程度の様子がわかる数字をいくつか挙げておこう。

執行猶予による再教育についてはソ連最高裁判所決定にいくつか数字が見られる。一九六〇年三月二六日付ソ連最高裁判所総会決定は、自由剝奪を主要な方法と捉える誤った観点はある程度克服され、執行猶予判決が広く適用されるようになったと認めた。この決定によれば、一九五九年の一～三月に執行猶予判決は有罪判決総数の七・六%だったが、四～六月には八・一%、七～九月には一四・七%、一〇～一二月には二二・五%となった（СЮ: 1960/5/33）。

この数字は再教育を伴わない執行猶予も含んでいるが、一九六〇年一～三月には有罪判決総数の二二・九%が執行猶予判決で、執行猶予による再教育の判決は有罪判決総数の一六・〇%（再教育を伴わない執行猶予が六・九%）との数字もある（От: 198, 202）。

身柄引き受けについては、一九五九年にモスクワ市で一〇〇〇人以上、レニングラード市では一五〇〇人以上が身柄引き受けへ移されたとされる[17]（СОС: 227）。件数はわからないが、ロシア共和国の五〇の自治共和国、クライおよび州の検察の資料によれば、一九五九年に提出された身柄引き受けの請願の九一%が認められたとされる（СГП: 1960/7/92）。一九六〇年一～三月期には捜査取調段階で刑法犯の五二・六%が社会団体等の再教育へ移されたとの指摘もある（От: 216）。刑法犯の捜査取調段階で社会団体の再教育へ移すというのは、身柄引き受けに委ねたことを意味する。刑法犯のなかでは重大な犯罪よりも軽微な犯罪のほうが多いということを考慮しても、刑法犯の半数以上が身柄引き受けへ移されたというのは、事実とすれば相当な割合と言えるのではないか。

身柄引き受けと執行猶予による再教育へ移された者は誠実な労働と生活態度によって改心を証明しようとするのが通例だと強調されたが、再び罪を犯す者もいた。その数や割合も網羅的に確認することはできないが、一九五九年に勤労集団の再教育へ移されて再び罪を犯した者が相対的に多かったレニングラード市では再教育に移された者の三～四％程度が再び罪を犯したとの指摘がある（Ахмедов: 76）。

一九六四年一〇月三〇日のロシア共和国最高会議幹部会でのロシア共和国検事の指摘によれば、刑事手続きでの処罰の対象となる社会的に危険な行為をした者の約三〇％が勤労集団の再教育へ移されており、この三年間で約四五万人が移され、約一万人が再び罪を犯していた（ГАРФ A: 13/1910/156-157）。

『社会主義的適法性』一九六七年一号ではウクライナ共和国最高裁判所議長が、過去三年半の間に自由剝奪を伴わない判決を受けて勤労集団や社会団体へ引き渡された者の一・六％だけが新たな罪を犯したと記している（C3: 1967/1/21）。

ロシア共和国検事の挙げた数字ではロシア共和国でおおよそ一九六一年半ばから一九六四年半ばまでの三年間で再犯率は二・二％程度、ウクライナの例ではおそらく一九六三年半ばから一九六六年末までの三年半で再犯率一・六％であり、だいたい二％前後の再犯率だったと見ることができるかもしれない。この数字が正確ならば、再犯率は低かったと言えるだろう。

ただし、次に述べる様子からすれば、果たしてこの数字が正確なのか疑問も感じられる。

三　身柄引き受け等の否定的側面

これまで見てきたように、身柄引き受けと執行猶予による再教育が適用され始めると肯定的な例が盛んに報じられたのだが、その一方で否定的側面も早くから指摘されていた。『党生活』一九五九年二〇号（一〇月刊行）に掲載されたアゼルバイジャン共和国司法省の部長と上級顧問による記事は、多くの勤労集団が請願をおこない、犯罪者の再教育に取り組んでいることを肯定的に紹介しつつ、身柄引き受けを決める際には決して許してはならない罪があることを意識しなければならないが、時にこれは忘れられ、値しない者に関する請願が気軽になされているとも指摘していた。この記事によれば、社会団体の指導者のなかには、違反者の親類が頼むと熟慮せずに請願を用意し、勤労集団の審議なしに捜査機関や司法機関へ請願を送る「気のいいおじさんやおばさん」がいる。身柄引き受けに受け入れたならば再教育と矯正に責任を持たなければならないが、時にこれは忘れられ、そのため受け入れた者が仕事を辞めたり、再び罪を犯したりする例がある（ПЖ: 1959/20/48-49）。

これと同様の、安易な態度で再教育を引き受ける勤労集団等に対する批判は多く見られた。一九五九年一二月の研究集会ではレニングラード市党委員会書記が、再教育に引き受ける決定をしたのに勤労集団が感化の具体的な形態を定めず、生活態度を監督し指導する人物を選ばないことがあると指摘し、このように勤労集団が具体的責務を引き受けていない結果、一部の違法行為者は再び不道徳な道へ入っていると批判した（СОС: 124）。一九六〇年七月の研究集会ではロシア共和国内務相が、いくつかの企業の勤労集団は再教育を引き受けても教育的感化の方策をとらず、受け入れた者の生活態度に関心がなく、社会活動に参加させていないため、新たな非行と犯罪につながっていると批判した（От: 226）。一九六〇年末には『党生活』でソ連最高裁判所議長が、身柄引き受けに受け入れる決定をした勤労集団がその責任を忘れてしまうことがあると指摘した（ПЖ: 1960/22/25）。

身柄引き受けの制度が広く適用されるようになると、犯罪者もこの制度を利用しようとした。ロシア共和国ヴォロネジ州の内務局勤務員は、犯罪者が犯罪的な活動を続けるために法の人道性を利用しようとすることがよくあると指摘した。彼らは「涙を出して」身柄引き受けに受け入れてくれるよう頼むので、社会団体と勤労集団は身柄引き受けの決定には一層注意深く接しなければならないというのである（Роль: 69-70）。

犯罪者の涙にだまされないよう注意を喚起したのは当然としても、請願に基づいて身柄引き受けに移すか否かを決定をするのは行政機関である以上、内務機関の人間が、請願する側に一層の注意深さを求めるのは当を失している面もないではない。そして実際、裁判所や行政機関の判断や対応にも問題があり、批判が相次いでいた。

一九六〇年三月二六日付ソ連最高裁判所総会決定は、ベロルシア共和国ゴメリ市の人民裁判所が請願だけを根拠として前科二犯の男を勤労集団へ引き渡したこと、ウクライナ共和国のリヴォフ州裁判所が企業長、党組織書記および労働組合委員長の請願によりBを執行猶予による再教育へ移したことを批判した。後者の例については、勤労集団がBの罪を二度審議し、再教育への引き受けを拒んでいたことも明らかにされた。こうした誤りを考慮してこの決定は、再教育への引き渡しは勤労集団等の総会で採択された請願によってのみおこなわれ得ることを定めた（СЮ:

1960/5/34-35）。

『社会主義的適法性』一九六〇年一〇号に掲載されたウクライナ共和国検察庁捜査部部長と法学博士候補の連名の論文は、不適切な身柄引き受けの例を次のように分類して批判した。犯罪の社会的危険や結果の重大さが考慮されていない例。罪を認めていない者、悔い改めていない者が身柄引き受けへ移されている例。この場合、身柄引き受けは教育の可能性と意義を失う。前科のある者が移されている例。初犯でなければ身柄引き受けによる矯正の可能性は減ずる。身柄引き受けへ移された者が再び罪を犯し、二度目の身柄引き受けへ移された例。これは犯罪との闘いに害をなすだけである。請願がないのに身柄引き受けが決定される例。刑事事件が中止されたのちに身柄引き受けの問題が提起される例。これは罪に問われないとわかっているため勤労集団での審議は形式的なものとなってしまう。利害関係者による請願が認められる例。総会での審議に参加した検事や取調官が自身の意見を押しつけようとし、誤った情報を伝える例[18]（C3: 1960/10/38-40）。

『社会主義的適法性』には他にも検察と裁判所の誤りを指摘する手紙が多数掲載されている。たとえばロシア共和国モルドヴァ自治共和国からの手紙では、しばしば集会での審議なしに一人か二人が勤労集団の名で請願し、裁判所や検察が認めていると指摘された。モスクワ市裁判所の裁判官は、請願が総会で審議されていない例、重罪を犯した者について社会団体が請願し、裁判所が認める例があると書き送った。同様の誤りは、ロシア共和国のヤロスラヴリ州やゴーリキー州、ラトヴィア共和国のリガ市、ウクライナ共和国のザポロージエ市やスターリノ市からの手紙も指摘している（C3: 1960/3/53; 1960/6/54）。こうした例はソ連各地で広く見られたと考えてよいだろう。

一九六〇年四月二六日のロシア共和国最高会議幹部会ではロストフ州における身柄引き受けの実情が議題となり、この日議長を務めた幹部会副議長が、値しない者が身柄引き受けに移されている、「何故彼らは……身柄引き受けへ移された勤労集団のいる施設や組織に現れさえしないのか。何故……勤労集団は……彼らを知らずに身柄引き受けに受け入れているのか。何故検察や警察や裁判所はこの過ちを許しているのか」と批判した（ГАРФ A: 13/1188/117）。

この批判に対しロストフ州執行委員会副議長は、社会団体等や警察、裁判所、検察にとって新たな事業で経験がなかったためだと釈明し、同州検事第一次長は、犯罪との闘いへ社会団体等を引き入れる重要性をただちに理解できず、検事のなかにはこの問題を十分理解せずに重罪を犯した者を再教育へ移し始めた者がいたと述べた（ГАРФ A: 13/1188/117, 119）。

このあと発言した幹部会員は「身柄引き受けへ移された者の三分の一は職場に現れさえしない。……こうした人々といったいどんな教育活動があり得るのか。教育活動はない」と厳しく批判した（ГАРФ A: 13/1188/121）。

議長を務める幹部会副議長は、ロストフ州の欠陥や誤りは他の地域にとっても典型的なものだと述べ、「再教育をおこなう義務を引き受けて、仕事に雇わず、時には引き受けた人物を知らないことさえある。これは許しがたい」と改めて批判した（ГАРФ A: 13/1188/126）。

ここで指摘されたように、同様の欠陥は他でも見られた。『社会主義的適法性』一九六三年九号に掲載された全連邦法学通信大学上級講師とクラスノダール市検事の連名の投稿は、身柄を引き受けた違法行為者の人数や教育内容を工場の管理部も労働組合の委員会も知らず、違法行為者の多くが依願退職していた同市の工場の例を挙げ、こうしたことは身柄引き受けの請願は刑事責任を免れる手段であるかのような誤ったイメージを生む可能性があると指摘した。二人によれば、この工場に限らず身柄引き受けに移された違法行為者はしばしば勤労集団等に黙って依願退職し、管理部はこれを勤労集団等に知らせないことで違法行為者が監督から逃れるのを事実上助けているのであり、クラスノダール市で身柄引き受けへ移された者の約四分の一が数か月のうちに依願退職していた（C3: 1963/9/53-54）。

被告人を裁判から救うためだけに身柄引き受けの請願がなされる例は、ソ連共産党中央委員会の理論・政治雑誌『コムニスト』一九六〇年一〇号（七月刊行）ですでに指摘されており、危険な罪を犯した者の身柄引き受けを検察と裁判所が認めていることについて「社会主義的人道主義は何でも許すこととはなんら一致するところはないということの忘却は深刻な誤りにつながり得るし、つながっているのだ！」と批判されていた（KM: 1960/10/57）。その後も『コムニスト』一九六一年三号（二月刊行）ではソ連共産党中央委員会行政機関部部長が、偽りの同志的共感から「われわれの」人間を救うことに全力を向ける人々の影響で誤った措置がとられると批判した[19]。

一九六四年一〇月三〇日のロシア共和国最高会議幹部会で「オレンブルグ州における犯罪との闘いの状況について」審議した際にはロシア共和国検事が次のように述べていた。現在刑事手続きで罰せられる行為を犯した者の約三〇％は司法上の責任を問われずに再教育のため勤労集団へ移されている。この三年間に約四五万人が移され、大多数は矯正された。しかし、しばしば勤労集団は引き受けた道徳的責務を忘れてしまい、矯正がどうなっているかに関心がない。このため多くの者が矯正されず、不道徳な振る舞いを続け、再び罪を犯す。身柄引き受けに移された約一万人が再び刑事責任を問われる罪を犯している（ГАРФ A: 13/1910/118, 156-157）。

これまで見てきたように、教育重視の刑事政策の一環としての身柄引き受けと執行猶予による再教育の制度については実際の適用に際して様々な問題や欠陥が指摘された。おそらくそのために一九六〇年代に入ると適用例が減少したようだ。その一方で一九六一〜一九六二年には死刑の適用対象の拡大など刑罰を強化する一連の法が制定されており（C3: 1964/4/10）、この頃に刑事政策は厳罰化へ転換したようにも見える。

しかし『コムニスト』一九六一年三号でソ連共産党中央委員会行政機関部部長は次のように主張した。違法行為をした者は罰せられるべきだが、あらゆる場合に刑罰が科されるべきか。「まったくそうではない」。違法行為が軽微で社会への危険がなく、違反者が罪を贖うつもりで、司法機関が身柄引き受けによって矯正されると確信するならば、この方策が用いられなければならない。再教育には時間と労力を費やす必要があるが、そうした時間を惜しんではならない。「道を踏み外した人間の運命はソヴェト社会にとってどうでもよいことではない。もし彼を、自由を剝奪せずに矯正することができるならば、そのときはもちろんこの方法が用いられなければならない」。何人かの指導者は法秩序維持への社会団体等の一層の引き入れに疑いを抱いている。あらゆる活動が国家機関のみに委ねられるべきだとの声さえある。「こうした考えは誤っている」。国家機関のいくつかの機能の社会団体への移管、法秩序維持への最も広範な大衆の引き入れへ向かう路線を党は堅固に維持している（KM: 1961/3/67, 68, 74）。

一九六一年一〇月には第二二回党大会でフルシチョフが、わが党は今後も次第に多くの国家的機能を社会団体へ移す路線をとると確認したうえで、多くの重要な国家的機能を社会団体へ移すこと、説得と教育の力を社会生活の規制の主要な方法へと次第に変えていくことは、法規範および労働と生活の規律の厳守に対する監督の弱化を意味しないし、意味するはずがない、法の力も、社会的な感化、影響の力も最大限に利用する必要があると述べた（XXII съезд: 1/97）。

このように、厳罰化が見られた一方で、社会的感化を重視する方針も強調され続けた。フルシチョフも述べているように、もともとこの路線は刑罰と社会的感化を正しく組み合わせる路線だったからである。『コムニスト』一九六一年三号掲載の党行政機関部部長の論文も「悪質な犯罪者に対しては社会からの隔離以上に効果的な感化の手段はないし、あり得ない」、「重要なのは、社会的感化の方策と刑罰を正しく組み合わせることだ」と述べていた（KM: 1961/3/71, 73）。刑罰の厳罰化自体は教育重視の路線と矛盾しないのであり、教育と社会の役割を重視する路線は確かに維持されていた。だからこそ党行政機関部部長は『党生活』一九六二年五号（三月刊行）でも次のように主張した。最近わが国の出版物で、身柄引き受けへ移す際の誤りが厳しく批判されている。危険な犯罪者、再犯者にさえ軽い刑罰や社会的感化の方策が適用されるといった誤りは実際にあった。しかし、最近わが国で自由剝奪を伴わない刑を宣告された者の数、身柄引き受けへ移された者の数が激減している状況も正しいと認めることはできない。多くの裁判所・検察の諸機関、労働組合およびコムソモールの組織は、軽微な違法行為で初めて裁かれた者が拘禁施設にいるにもかかわらず、身柄引き受けへの移管のような有効な手段を利用するのをやめてしまっている。党組織は、違法行為者への社会的感化の方策の適用における誤りを断固として取り除き、法秩序維持に関する勤労者の自主活動団体の指導を全面的に改善しなければならず、この活動を二義的なものと考えてはならない（ПЖ: 1962/5/11）。

ロシア共和国検事も『ソヴェト司法』一九六三年一一号で、軽微な違法行為をした者に対する執行猶予の適用と勤労集団への引き渡しが減り、社会から隔離せずに矯正可能な者にしばしば裁判所は短期の自由剥奪を宣告しているが、「司法機関のこうした実践は誤っている」と批判した（СЮ: 1963/11/2）。

『社会主義的適法性』一九六四年四号ではソ連最高裁判所議長が、特に危険な犯罪との闘いを強化するため銃殺刑も含むより厳しい刑罰を定めた一連の法が一九六一〜一九六二年に制定されたことに言及したうえで次のように記した。裁判所は、危険な犯罪者への厳罰と、多大な社会的危険のない罪を初めて犯し、悔い改め、社会から隔離せずに矯正し得る者への社会的感化の方策との賢明な組み合わせを示さなければならない。危険な犯罪者と悪質な再犯者には厳罰が適用されなければならないが、社会に危険のない罪を犯した者には自由剥奪を伴わない罰や執行猶予による再教育を広く適用すべきだと党は指示している（СЗ: 1964/4/10-11）。

一九六四年一〇月になると社会団体等の役割を強調していたフルシチョフが失脚したが、その後も犯罪との闘いにおける社会団体等の役割が否定されたわけではなかった。教育と社会的感化の方策についてもその必要性と重要性が以後も主張され、適用の際の誤りを正さなければならないという批判がなされ続けた[20]。

しかし、こうした主張がなされ続けたということは、こうした路線が維持されていたことを示すと同時に、現実にはその路線が必ずしも守られてはいなかったことも示している。実際、『社会主義的適法性』一九六七年一号ではウクライナ共和国最高裁判所議長が、最近裁判所が被告人を勤労集団や社会団体の再教育に移すことが減り、社会的感化の有効性を減じていると指摘していた。そのうえで最高裁判所議長は、共和国最高裁判所の調査では過去三年半に自由剝奪を伴わない判決を受けて勤労集団等へ引き渡された者の一・六%が新たな罪を犯しただけで、通例再教育へ移された者は誠実な労働と生活態度により改心を証明しようとし、その九・四%は仕事で報奨を受けていると述べ、このことは危険な犯罪者への厳罰と、軽微な違法行為を初めて犯し、社会から隔離せずに矯正可能な人物への社会的感化の方策とを結合させる必要性を今一度確認していると強調した（C3: 1967/1/21）。

『社会主義的適法性』一九六七年四号ではエストニア共産党中央委員会書記が、犯罪者や無頼漢を擁護する人々が今もおり、身柄引き受けへ移すよう求める書類に気軽に署名する指導者たちもいる、司法機関はそうした請願を斥けなければならないと批判したが、社会団体等へまったく引き渡さないという別の極端に陥ってもならないとも述べ、エストニアでは毎年違法行為者の約三分の一に社会的感化の方策が適用され、その大多数が誠実に働き再び罪を犯してはいない、危険な犯罪者への厳罰と社会から隔離せずに矯正可能な者への社会的感化の方法との結合を保障する必要があると主張した（C3: 1967/4/26）。

このように、身柄引き受けや社会的感化については肯定的な主張と批判的な指摘が同時になされる状況が続いていた。この頃の実情の一端を示しているのが、一九六八年七月一五日のロシア共和国最高会議幹部会における「罰を免除されて身柄引き受けへ移された者の再教育に関するレニングラード市の地方ソヴェトの活動について」の審議での報告や決定である。

この議題で報告したレニングラード市執行委員会第一副議長はまず、一九六六年、一九六七年、そして一九六八年の上半期にレニングラード市で三万四六七六人が犯罪に加わり、その二〇・七％に当たる七二〇一人が勤労集団の再教育へ移されたこと、その五人に一人、全体の四・三七％が身柄引き受けへ移されたことを紹介した（ГАРФ А: 13/2818/168）。

そしてレニングラード市執行委員会第一副議長は、身柄引き受けの実践は完全に期待に応えている、次のことを言えば十分だと述べて、以下のように数字を紹介した。まず、上記の期間に社会秩序維持局と検察によって身柄引き受けへ移された者のうち、一九六六年に再び罪を犯したのは一七人、一九六七年には五人、一九六八年上半期には罪を犯した者はいなかった、すなわち一九六六年、一九六七年および一九六八年上半期に再び罪を犯したのは二二人で、身柄引き受けに移された者全体の一・四五％だと指摘した。次いで、裁判所によって再教育に移された者のなかでは、一九六六年に再び罪を犯したのは二一人、一九六七年には七人、一九六八年上半期には罪を犯した者はいなかった、すなわちこの期間の合計で二八人で、裁判所によって再教育に移された者全体の五・二四％だったとも述べた（ГАРФ А: 13/2818/168）。

レニングラード市で点検をおこなった幹部会職員も、自由剝奪施設から釈放されて再教育に移された者や矯正労働の判決を受けた者の再犯率と較べると、身柄引き受けに移された者の再犯率は低いことを指摘して、「違法行為者の身柄引き受けへの移送の実践は基本的に正しく、期待に応えている」と述べた（ГАРФ A: 13/2818/178）。

しかし、レニングラード市における身柄引き受けによる再教育の実践に欠陥がなかったわけではなかった。レニングラード市執行委員会第一副議長は、勤労集団と社会団体の活動が十分に適切ではないことを「何よりまず指摘したい」と述べ、身柄引き受けに移された者それぞれを絶えず監督する具体的な人物のいない例が多いと指摘した。このため身柄引き受けに移された者たちに「監督されていない」と感じさせているというのである。次いでレニングラード市執行委員会第一副議長は、行政機関が罪の免除について常に根拠ある決定をしているわけではない、「違法行為者の再教育のための勤労集団と社会団体の活動に対する監督がおこなわれていない例がいくつもある」とも指摘していた（ГАРФ A: 13/2818/172）。

点検をおこなった幹部会職員は、いくつかの社会団体と勤労集団が身柄引き受けの請願に形式的な態度をとり、身柄を引き受けたあとは教育活動を十分おこなわず、「いくつもの例でどんな教育活動もまったくおこなっていない」と指摘し、このため、罪を犯した者の多くにとって「身柄引き受けへ移された事実が刑事責任または罰を免除される手段となっている」と批判した（ГАРФ A: 13/2818/178-179）。

さらにこの職員は、大きな企業では作業場や部門の勤労集団がいつ、誰を身柄引き受けに引き受けたのか党委員会と労働組合の委員会が知らず、このため請願の適切さや再教育活動を監督することができないとも指摘した。そして、身柄引き受けに関する請願をおこなった企業を違法行為者が辞めている例に関する点検結果の資料が「いくつもの例で身柄引き受けへ移した事実がこうした者にとって刑事責任を免除される手段となっている」ことを裏付けていると述べて、その資料を紹介した。それによれば、身柄引き受けへ移された者の三人に一人が辞めており、その大半は当人の意思によるか、労働規律違反のためで、通例は法律で定められた身柄引き受けの期間が終了するよりもずっと前に辞めていた。執行猶予による再教育に移された者も九五％以上が執行猶予期間の尽きる前に辞めていた（ГАРФ А: 13/2818/181）。

このような報告に基づいて採択された決定ではまず、通例行政機関は身柄引き受けについて根拠のある決定をしていること、一九六六〜一九六七年に違法行為者の五人に一人に対して社会的感化の方策がとられたこと、刑事責任を免除された者のうち二一％が身柄引き受けに移されたこと、レニングラード市での点検の結果、軽微な罪を犯した者の再教育への移送の実践は適切であり、成果を挙げていることが指摘された（ГАРФ А: 13/2818/58）。

より具体的には、身柄引き受けに移された者に対して勤労集団は職場でも居住地でも監督をおこない、先進的な生産者が支援するようにし、社会活動や教育に引き入れていること、「その結果、身柄引き受けへ移された者の大半は生産で誠実に働き、日常生活で肯定的な評価を受けている」こと、彼らの多くが勤労集団で敬意を払われ、職責を誠実に果たして報賞を受けたことが指摘された（ГАРФ А: 13/2818/59）。

このように述べつつ、この決定は、身柄引き受けへ移された者の再教育活動には「いくつもの深刻な欠陥がある」と指摘した。いくつかの勤労集団は身柄を引き受ける決定に際して形式的な態度をとり、常に違法行為者の人柄を考慮したり、犯された罪の性格を明らかにしたりしているわけではない。罪を犯す前に社会秩序と労働規律の常習的な侵犯者だった者を身柄引き受けに移すよう請願をおこなう例がある（ГАРФ А: 13/2818/59）。

こうした欠陥を指摘して、この決定は、こうした根拠のない請願がなされるのは、身柄引き受けの問題を審議する勤労集団の集会に捜査取調機関の職員が稀にしか出席せず、現行法規と犯罪の事情についての説明がなされないため「勤労集団が一面的な情報を与えられている」ことで大部分説明されると指摘している（ГАРФ А: 13/2818/59）。

身柄引き受けに伴って刑事責任を免除された違法行為者のうち著しい数が再教育に受け入れた勤労集団を去っており、その結果としてその後の行動は監督されず、こうした者たちが事実上処罰されないでいることも決定に記された。一九六六〜一九六七年に身柄引き受けへ移された者のうち三三％が企業を辞めていること、身柄引き受けに移されてすぐ辞めた者もいたこと、執行猶予による再教育に移された者の約半数が判決言い渡しの日から一年のうちに仕事を辞めていたことも指摘された（ГАРФ А: 13/2818/59）。

さらにこの決定は、「身柄引き受けに移された者のなかには、教育的性格の方策に反応せず、大酒を飲み、社会秩序を犯している者がいる」こと、それにもかかわらず身柄を引き受けた勤労集団は社会的感化のあらゆる方策を適用することはなく、身柄引き受けを拒否する権限をまったく行使していないことも指摘した（ГАРФ А: 13/2818/60）。

このように、レニングラード市における身柄引き受けと執行猶予による再教育は一定の成果を挙げたとされつつも、この制度が始まった当初から指摘されていたいくつかの問題が依然として指摘されていた。

そして、この一九六八年七月一五日のロシア共和国最高会議幹部会での審議の際にはソ連社会秩序維持相が、レニングラード市で明らかにされた欠陥はロシア共和国だけでなくソ連全体の多くの州に特徴的なものだと指摘していた（ГАРФ А: 13/2818/188）。

それでも、『党生活』一九六九年一五号ではソ連共産党中央委員会行政機関部部長が、多くの勤労集団が身柄を引き受けた者の再教育に成功していると述べ、内務機関、検察、裁判所の指導者と全勤務員が注意を向けなければならないのは、危険な犯罪者への厳罰と、軽微な罪を初めて犯し、社会から隔離せずに矯正可能な者への社会的感化の方策とを賢明に組み合わせることだと主張していた（ПЖ: 1969/15/12-15）。

このように、多くの問題や誤りが指摘されていた一方で、刑罰と社会的感化の方策を組み合わせる必要性が主張され続け、刑事政策のこの路線も維持され続けた。たとえばロシア共和国の刑法は一九七〇年代末までに新たな刑法典を編纂すべきだと言われるようになったほど広く修正が加えられ、一九八二年にも約二〇〇か条に関わる修正がなされたにもかかわらず、身柄引き受けの規定は残された（上田：233-234, 239）。この一九八二年のロシア共和国刑法の大幅な改正を通じて「刑事政策の領域における国家と社会団体あるいは刑罰と非刑罰的制裁との融合とでも呼ぶべき現象」が「ますます鮮明となってきた」との指摘もなされている（上田：260）。刑事政策における国家と社会の「協働」を求める方針は維持され続けていたのである。

終章

ソ連の「実験」について

第一節　ソ連の「実験」について

一　一九六〇年代半ば以降の変化

本書の主な対象時期は一般にフルシチョフ期とブレジネフ期に分けられるが、本書ではスターリン死後の変化を重視する観点から、何度かフルシチョフの失脚に言及したものの全体としてはフルシチョフ期とブレジネフ期で明確な区別をすることなく論じてきた。

しかし、フルシチョフ期とブレジネフ期で変化がなかったわけではない。厳密に言えばフルシチョフ期とブレジネフ期の間での変化とは言えないところもあるが、一九六〇年代半ばから一九七〇年代にかけてソヴェト政権の社会に対する態度には一定の変化があり、この変化は国家と社会の「協働」のあり方にも影響した。この変化について簡単に述べておこう。

スターリン死後の社会の活性化は、「雪どけ」として知られる社会の雰囲気と切り離すことができない。「雪どけ」は、ソヴェト政権による民主主義拡大と社会主義的適法性遵守の訴え、スターリン期の不法な抑圧の否定とこれへの反省とも密接に結びついていた。このため一九五六年の第二〇回党大会での非公開の「スターリン批判」、そして一九六一年の第二二回党大会での公然の「第二次スターリン批判」に伴って「雪どけ」も進んだ。こうした状況は、共産主義建設が現実の目標として示されたこと、この目標に向けた国家と社会の「協働」の実現が求められたこと、これに伴い社会の活性化を期待する態度をソヴェト政権が示したことと同時並行的に存在し、ここには相補的、さらには相乗的な面もあった。

しかし、ソヴェト政権と共産党の唱えた民主主義は「一党制民主主義」であり、共産主義建設の課題は共産主義的モラルを人々に要求したから、「雪どけ」に対するソヴェト政権の態度は一定の枠の存在を前提としたものだった。このため「雪どけ」期においても検閲が存在し、完全に自由な言論や表現が許されていたわけではない。そして、政権にとって「行き過ぎ」と感じられると引き締めがなされた。

引き締めは一九六二年の末に始まったと一般に見られている。スターリン時代の収容所での生活を描いたアレクサンドル・ソルジェニーツィンの「イヴァン・デニソヴィチの一日」がこの年一一月に公表されたのが「雪どけ」のピークで、一二月にはフルシチョフが抽象芸術を批判したことをきっかけに芸術や文学への政治権力の介入と検閲による統制が強まった。一九六六年二月には、アンドレイ・シニャフスキーとユーリー・ダニエルが国外での出版を理由に「反国家宣伝」の罪で刑事告発されて裁判にかけられ、有罪判決が下されたことによって、政治の介入と検閲による統制にとどまらず文学や芸術の活動が刑事罰によって抑圧され得ることが示された。

一九六八年にチェコスロヴァキアで起こった「プラハの春」を大きな契機としてソヴェト政権は、活性化した社会を制御し切れなくなることへの警戒をさらに強めていった。「プラハの春」

の経緯自体が軍事介入を決断させるほどの懸念をソヴェト政権に抱かせただけではない。ソ連軍を中心とするワルシャワ条約機構軍の軍事介入によって「プラハの春」が弾圧されたことはソ連の人々にも大きな衝撃を与え、著名人らが政権に抗議の手紙を送り、当時としては初めてクレムリンに隣接する赤の広場での抗議行動さえなされた。こうしたソ連国民の反応が政権に強い危機感を抱かせ、統制の強化に向かわせたのである。

こうした政権の一連の対応は、体制に批判的な異論派を生んだ。一九七〇年一一月にアンドレイ・サハロフらが「人権委員会」を設立した例に見られるように、異論派として活動した人々は知識人が多かったが、異論派的な考え方を抱いていた人々は各地にかなり広く存在していたようだ。たとえばシベリアの主要都市の一つオムスクの「雪どけ」期の様子を描いた著作でも、党・政府機関の活動には懐疑的な見方も広まり、こうした懐疑的な意識を土壌として異論派的な考え方を訴える人々が現れてきたと記されている（Сизов: 124）。

とはいえ、異論派の人々が社会の広い支持を得ていたというわけでもなかった。今紹介したオムスクに関する著作でも、この時期には共産主義建設の理想は生活水準の向上を熱望する人々によって支持されており、総じてソ連の人々は体制に忠誠心を抱いていたとの指摘もなされている（Сизов: 124）。国民の多くは現状に不満を抱きつつも、ソヴェト政権の政策は正しく、実施する人間がこれを正しく実行していないのが問題だと考える傾向があり、不正や無秩序を目にしたならば当局がもっと厳しく取り締まるよう求める投書を送るなどしていて、現に存在する不正や問題には批判的でも体制そのものには必ずしも批判的ではなかったとの指摘もある（袴田 a: 90）。

ソ連「最後の世代」の様子を描いたユルチャクの著作では、この世代の若者がソヴェト政権の主張に共感したり冷めた態度をとったりしつつソヴェト体制の下で自分の望む生活を送ろうとし、必ずしも体制に批判的だったわけではなかった様子が描かれている[1]（Yurchak）。

このように体制に対する人々の態度は様々で、一概に述べることはできない。ただ、一つ確実に言えるのは、公然と体制への異論を表明する者は「社会主義的共同生活の秩序を乱す者」とみなされ、まずは行政手続きによって拘束され、たび重なると、精神病院に措置入院させられたり、国外追放処分を受けたりしたため、ソ連国内で異論派として活動し続けるのは難しかったということである[2]。

ソヴェト政権が「雪どけ」に行き過ぎを見るようになり、活性化した社会を制御し切れなくなることを恐れて引き締めに向かうと、これに伴い社会の活性化への言及は減り、それとともにソ連の国家と社会は一定の安定の様相を見せた一方で、停滞の要素が社会全般に蔓延していった[3]。なお、ソヴェト政権が引き締めに向かったと言っても、スターリン期への逆戻りではなかったという点は重要である。ソヴェト政権にしてみれば、スターリン期の不法な抑圧を否定し、「一党制民主主義」や国家と社会の「協働」を実現しようとする態度には基本的に変化はなく、あくまでこの範囲内に社会を制御しようとしただけだった。

たとえば一九七七年五月二四日のソ連共産党中央委員会総会での新憲法案に関するブレジネフの演説では次のように述べられていた。「新憲法案には、社会主義的適法性と法秩序を一層強化することも明確に示されている」。現行憲法の採択ののち何年かは、不法な抑圧や社会主義的民主主義の諸原則の侵犯、党生活と国家生活のレーニン的基準の侵犯によって陰鬱だった。「これは憲法の規定に反しておこなわれた」。このようなことは二度と繰り返されてはならない。党中央委員会、ソ連最高会議およびソ連政府は、法律を改善するため、市民の権利の侵害、権力の濫用、官僚主義による歪曲に対する確固とした保障を作り出すために多大な活動をしてきた。憲法案は、「これらすべての保障を取りまとめるかのように、憲法と法律の遵守はすべての国家機関、公務員、社会団体および市民の義務とみなされることを強調している」(Брежнев: 382)。

ここで言及されている「現行憲法」は一九三六年制定のいわゆるスターリン憲法であり、そののちの何年かは「大テロル」の時期を指している。スターリン期の不法な抑圧を繰り返してはならないという姿勢は明確に示されていた。

ただ、ここで憲法と法律の遵守が国家機関と公務員だけでなく社会団体と市民にとっても義務とみなされると述べられていることに注意を向けなければならない。この点に関連して注目されるのが、同じ演説でのブレジネフの次の発言である。新憲法案ではソ連市民の政治的権利と自由がはるかに完全に定式化されている。「言うまでもなく、同志諸君、市民の権利と自由はわれわれの社会体制に反して、ソヴェト人民の利益を損なって行使されることはできないし、してはならないということに憲法案は立脚している」。このため憲法案では、「市民による権利と自由の行使は社会および国家の利益ならびに他の市民の権利に損害を与えてはならないこと、政治的自由は勤労者の利益に従って、社会主義体制の強化のために与えられること」が率直に書かれている。「究極的には自分の権利の主要な保障は祖国の力と繁栄だ」と各人が明確に自覚することが必要である。「各市民は社会に対する自分の責任を感じ、国家と人民に対する自分の義務を自発的に果たさなければならない。このため憲法案では市民が誠実かつ自発的に働き、祖国を防衛する義務が強調されている」。ソヴェト国家の利益を守り、その力と権威の強化を促し、社会秩序の維持に全面的に協力し、国有財産と社会的財産の不法領得や浪費と闘い、自然を大切にし、その豊かさを守り、文化財の保存に配慮する義務も初めて憲法上の要請を得た。憲法案はまた、「子供の養育に配慮し、子供を社会主義社会の立派な構成員に育てることを市民に義務づけている」（Брежнев: 381-382）。

草案はこのあと全人民討議にかけられ、一九七七年一〇月にはソ連最高会議で審議された。この最高会議での結語演説でブレジネフは次のようにも述べていた。「ソ連市民が自身の権利と自由、その行使の道と方法をよく知るよう、市民がこれらの権利と自由を共産主義建設のためにうまく用いることができるよう、権利および自由と、自身の市民としての義務の良心的遂行との不可分の結びつきを明確に理解するようわれわれは望んでいる」。これを促すこと、各市民が高い政治文化を育て上げるのを援助することは、党組織、国家組織および社会団体の重要な課題である（Брежнев: 545）。

ソヴェト政権は真剣にこれを実現しようとした。その結果、市民を「正しく」育て導くように、合法的に刊行される新聞、雑誌、書籍およびその他の様々な印刷物、映画、演劇、音楽に至るまで検閲がおこなわれた。体制への異論を公に表明することは許されず、異論を公然と表明する者は抑圧され、排除されることになった。

渋谷望はハーバーマスの議論を参照しつつ、絶対王政の官僚制によって体現された国家と同義である「公共性」（統治）のイデオロギーは権威主義的で強権的だが、その反面極めて温情主義的な側面も持ち、両者が表裏一体で切り離すことができないということにこの統治の本質があると指摘した。そしてそこでは人間には、よき統治に従順な者となるか、統治されることを拒む犯罪者になるかの二つのカテゴリーしか用意されないと渋谷は述べている（渋谷：192-195）。このように述べるなかで渋谷は「現在、福祉国家的な国民統合、あるいは企業主義的国民統合の解体が進行し、同時にこの古いタイプの公共性＝統治が回帰しつつあるのだとすれば、そのロジックを分析することは急務であろう」とも記している（渋谷：193）。渋谷はここで近年の日本における変化を念頭に置いているのだが、この描写は本書の対象時期のソ連について述べたかのようでもある。

この時期のソ連では、一九七七年憲法制定の際のブレジネフの説明にも見られたように、市民は体制に従順かつ協力的であるべきことが想定されており、その限りにおいて人々にはそれなりの水準の安定した生活が国家によって提供された。その一方で体制を批判したり、異論を表明したりした人物には行政拘束が適用され、なおも反抗的な態度を示した場合は、精神病棟への強制入院措置がとられたり、地方都市へ「流刑」されたり、市民権を剝奪されて国外追放とされたりした。この点でこの体制は、権威主義的で強権的な面と温情主義的な面の双方を備えていたと言えるだろうし、ソヴェト政権にとっては反体制的な市民は「統治されることを拒む犯罪者」にも等しい存在だったと見ることもできるだろう。

二　ソ連の「実験」について

ソ連の経験は、西洋近代の生んだ啓蒙主義と社会主義に基づいて新たな国家と社会を作りあげようとした試みであり、国民を広く巻き込んでおこなわれた「実験」だった。そしてこの「実験」は失敗に終わり、ソ連という国家自体が消滅する結果となった。

ただ、本書の対象時期のソ連の「実験」は、悪しき意図が悪しき結果につながり、それ故に「悪の帝国」が滅んだというものではなく、政権の自己認識としては「善き意図」に基づく様々な政策が「善き結果」につながらなかったと言うべきである。

本書のあちこちで指摘したように、ソ連では決定が実行されるとは限らず、法令は守られていなかった。政権側の人々もこの点を認識していた。これに関連して、ロシア共和国最高会議幹部会での発言をいくつか紹介しておこう。

一九六三年八月一五日のロシア共和国最高会議幹部会において住民に対する文化・生活サービスに関するヴォログダ州とノヴォシビルスク州の地方ソヴェトの活動について審議された際に、ヴォログダ州で点検をおこなった職員が次のように指摘した。地区、居住区および村ソヴェトの執行委員会の多くの職員は皮相的に問題に取り組んでいる。州執行委員会の指示が遂行されるのは五〜七回も促されたのちのことである。地区と市の執行委員会は自身の決定にも同様の態度をとっている。ヴェリーキー・ウスチュグ市では環境整備について三〇近い決定が採択されたが、多くの通りや公園は以前と変わらぬみすぼらしい状態にある。こうした無秩序は近視眼さと無関心によるものだ。ある集落では野菜の缶詰さえ買うことができない。倉庫にはあるのにだ。労働者の必要に配慮がなされていないのだ（ГАРФ А: 13/1849/18）。

一九七二年六月五日のロシア共和国最高会議幹部会ではクラスノダールクライで点検をおこなった職員が、採択された決定の監督に多くの地区と市の執行委員会が注意を払っていないため、多くの決定が遂行されないか、遂行に多大な遅れを伴っていると指摘した。たとえば一九七一年にベログリンスキー地区執行委員会は、商業企業の活動改善に関して四回審議し、農村住民に不可欠な品々が倉庫には十分な数があるのに商店にはないこと、商店の住民へのサービスの質が低いことを指摘したが、こうした欠陥は完全には克服されていなかった。このように述べたうえでこの職員は、こうした例は例外的なものではないと批判した（ГАРФ А: 13/3505/126-127）。

一九七五年三月一八日のロシア共和国最高会議幹部会ではロストフ州とペンザ州における市民の苦情などの検討と市民との面会の組織についての審議がなされ、最高会議幹部会面会室の職員が次のように述べていた。手紙の検討における深刻な欠陥の一つは「採択された決定の執行に対する監督が弱いことだ」。ロストフ州では州執行委員会の決定が地区執行委員会と市執行委員会で執行されず、以前と同じ欠陥が見られた。「それで州執行委員会は再び欠陥を克服する提案をした」。しかし、このあとも欠陥は存在し続けた。ペンザ州執行委員会は一九七三年三月と一九七四年四月に手紙の検討に関する欠陥を克服する方策をとるよう提案する決定を採択した。しかしこれらの決定は執行されていない。点検過程で明らかにされたのは、地区ソヴェトおよび市ソヴェトの一連の執行委員会や州執行委員会の部局において「決定の執行」とは「執行委員会や部局の指導者がこれらの決定に目を通すだけに終わるということだった」(ГАРФ А: 13/3605/266)。

本書で見てきたように、憲法を初めとして文言上は民主主義、社会主義的適法性および人々の要望などに配慮した様々な法律が制定され、決定が採択されていたにもかかわらず、そこに書かれていることと現実はしばしば大きく異なっていた。

しかしこれは、法令に記されているのが単なる建前で、政権にこれを遵守する意思がなかったためではない。ソヴェト政権と共産党は法令が遵守されるよう常に求めていたのであり、このため同じような内容の決定が繰り返し採択されていた。それにもかかわらず、法律は必ずしも守られず、決定は常に執行されたわけではなかったのである[4]。

三　選挙と民意

ペレストロイカの末期を除いてソ連は一党制で、定数一の選挙区に一人の候補者しか登録されず、競争選挙は存在しなかった。だからソ連は民主主義ではなく、民意は反映されないとの批判がなされていた。

しかし、実質的な複数政党制と競争選挙の制度が存在していても、定数通りの候補者しかいない場合は有権者にとっての選択の可能性は存在しない。候補者が定数以内の場合は無投票で当選する制度がある場合はなおさらである。定数を超える候補者がいても、有権者の意向とは直接には関係なく候補者が決定されることもあるだろう。このため、候補者を擁立する政党などは有権者の支持が得られるか否かを意識するだろうとはいえ、有権者から見て望ましいと思える候補者がいないこともあるだろう。

ソ連では、定数通りの候補者しかいなかったため投票の際には選択肢はなかったが、候補者選出の段階では選挙人の意向が直接反映される機会があった。候補者推薦集会において不適切な人物が候補者として提案された場合、多くの批判が浴びせられた結果として候補者が差し替えられた例、差し替えが間に合わずその選挙区の候補者は欠員とされた例は少なくなかった。

そして、ソ連の選挙は競争選挙ではなかったけれども無投票で当選することはなく、定数一の選挙区に候補者が一人でも必ず投票がおこなわれた。そして、当選の要件を満たせずに落選した例は全体としては少数ながら毎回のようにあった。

競争選挙が民主主義の重要な条件の一つであることを否定するつもりはないが、上記の点を考えると、競争選挙の制度が存在すれば民意が反映され、存在しなければ民意は反映されないとただちに言い切ることはできないのではないかという問題提起をしてみたくなる。ソ連の選挙と民意についてもう少し考えてみよう。

塩川伸明は、社会主義イデオロギーには予定調和の幻想があり、万人の利益が一致するなら全員一致での決定採択が常になされるとの利益調和を予定する理念があったと指摘した（塩川：182）。この点は「一党制民主主義」を考えるうえで重要である。複数候補による競争選挙は利害や意思の不一致を前提としたものである。もし選挙区のすべての選挙人が賛同する候補者を選出することができるならば、競争選挙は不要となるのではないか。

ソ連の選挙は、一党制を守るため競争選挙を事実上認めなかったという面もあるが、すべての選挙人が賛同する候補者を選出することを目指したために競争選挙は必要とされなかったという面もあった。九九%を超える投票率と賛成率はこれを裏書きするはずのものだった。もしこれが真に選挙人の利害と意思の一致による結果なのだとしたら、競争選挙の必要性は事実上失われるのではないか。

もちろんこれは理想または幻想にとどまり、ソ連の選挙の現実は異なっていた。そのことは、ペレストロイカ以前から競争選挙を求める声もあったこと、ペレストロイカの過程で競争選挙がおこなわれた際に人々の関心が非常に高かったことから明らかだろう。しかし完全に虚構だったというわけでもなく、すべての選挙人が賛同する候補者を選出しようとする努力はなされていた。

さらに言えば、「イギリス人は自由だと信じているが、これは甚だしい誤解である。自由なのは議員の選挙期だけのことに過ぎず、議員が選ばれるや人民は奴隷となり、無きに等しい存在となる」とのルソーの有名な言葉を借りるならば、選挙の存在自体を（それが存在するというだけで）肯定的に捉えることはできないという考え方もあるだろう。

ソヴェト制度も代議制で、代議員は選挙で選ばれたが、それでも選挙された代議員が、選挙人の代表であると同時に代理として選挙人の要望の実現に常に取り組んでいたとしたら、選挙人は代議員に訓令を与え、代議員の活動を常に監督し、代議員は選挙人に対して自身の活動や訓令の遂行について報告していたとしたら、選挙で投票する「だけ」の制度におけるよりも民意は反映されるのではないだろうか。

キムリッカによれば、討議的民主主義がもっとおこなわれるようになれば、個人や集団にとってだけでなく社会全体にとっても様々な利益がもたらされると期待されている。「意思決定過程において、討議なくしては表明されなかったかもしれないような市民の知識や洞察が引き出され、また市民は公共的討論のなかで、誤っている、近視眼的である、あるいは擁護不可能であると判明した前提や信念を検証し放棄することになるだろうからである」（キムリッカ：424）。

この説明からすれば、選挙に際して単に投票するだけでなく、あるいは投票よりも選挙前の候補者推薦集会や候補者と選挙人の会合を重視し、そこで提出された選挙人の訓令の遂行に代議員は努力すること、訓令遂行の状況を中心として代議員が選挙人に活動報告をすることを前提としたソヴェト制度や全人民討議の制度は、目指された通りに機能したならば、討議的民主主義を実現することにつながり得るのではないだろうか。

たとえば第二章で紹介した、選挙人との会合で訓令が出された際、そのすべてを訓令として登録するのではなく、実現可能なものと不可能なもの、優先度の高いものと低いものについて適切に説明すべきだ、そうすれば選挙人自身が必要なものを判断するだろうといった指摘は、「市民は公共的討論のなかで、誤っている、近視眼的である、あるいは擁護不可能であると判明した前提や信念を検証し放棄することになる」との指摘と軌を一にしているのではないだろうか。

とはいえ、キムリッカが、「討議的民主主義においては、われわれが他者の行動を改めさせようとするのは、彼らの主張について強制なき討論をおこなうことを通じてのみであり、操作、教化、プロパガンダ、詐術、脅迫を通じてではない」と付け加えているのを無視しては公正さを欠くだろう（キムリッカ：424）。本書の対象時期のソ連では露骨な脅迫がなされた例は一般的ではなかったが、それでも公の場での抗議行動などは公権力によって速やかに封じ込められたのであり、公の場では発言も自ずと抑制せざるを得ない状況ではあった。また、教化とプロパガンダは日常的になされていた。

この点や、一党制で競争選挙が存在しなかったという点で、ソ連の「民主主義」は討議的民主主義とはもちろん異なるが（そしてその違いは決定的だとの見方もあるだろうが）、それでも選挙のあり方、代議員候補者の推薦に始まる代議員と選挙人の関係などからは、考えるべき論点も導かれ得るのではないだろうか。

ソヴェトの定例会での代議員の活動には実質的な意味は乏しかった（しかし皆無ではなかった）と言うべきだろうが、特に地区ソヴェトや村ソヴェトでは代議員が住民の間で日本では町内会や自治会の役員が果たしているような役割を果たすことも期待されており、実際そうした役割を担った代議員は少なくなかった。

このため、何度か言及したオムスク市に関する著作では、本当に民主主義的な選挙が存在しないことに選挙人は投票用紙に不満を書き記していたし、地方ソヴェトの代議員は重要な政策決定に実際に関わることはなかったけれども、それでも代議員は文化・生活上の差し迫った問題の解決に際して住民を支援する役割を担っていた、当時の統治システムは比較的コストが安く、汚職が少なく、決定遂行のための人的物的資源の動員には十分に効率的であったとの評価が示されている（Сизов: 18-23）。

第二章で見たように、代議員の選挙人に対する報告も選挙人の訓令の遂行も代議員の義務だったが、執行委員会の準備や支援が不十分だとの批判が多かった。これに限らず、代議員の権利であり義務である活動には、代議員独自の活動というよりは執行委員会との共同の活動という性格があった。執行機関と協力して成果を挙げることを重視するならば、これは「協働」の合理的な形態と言うこともできるだろうし、行政の活動により広く住民を引き入れるための活動としても目的に適っているだろう。だからこそ、これが実現されていないことを政権は問題視し、これを実現するために執行委員会とその指導者が代議員を教育すべきだとされたのであり、実際に教育活動がなされていた。

これは第三章で見たソヴェトの常設委員会の活動についても同様であり、政権は代議員や常設委員会が適切に活動することを望んでおり、その実現を執行委員会に求めていた。代議員、常設委員会、そして執行委員会の苦情などへの対応のあり方も政権は常に点検し、不適切な対応を問題視し、改善を求めていた。

このように述べるからといって、実質的な複数政党制と競争選挙の制度の存在する政治体制よりもソ連の体制のほうが望ましいと筆者が考えているわけではない。理想的に機能する「一党制民主主義」と、機能不全に陥っている多党制民主主義を較べるならば、前者のほうが民意をより適切に政策に反映し、実現する可能性はあると考えるが、ソ連の経験を踏まえるならば、「一党制民主主義」が理想的に機能し続けることは現実には難しいとも考えている。

それでも、ソ連の「一党制民主主義」でおこなわれていたいくつかの制度は、適切に運用することができるならば民主主義の実質化に資するものもあるのではないかという可能性について問題提起として述べているのである。

四　福祉国家とソ連社会主義

「まえがき」では近年提唱されている「新しい公共」に言及した。ここでは近年出現した「ワークフェア型福祉国家」に言及して本書を終えることにしよう。

水島治郎は次のように指摘した。一九九〇年代以降の先進諸国においては様々な便益／制裁を用いて福祉給付受給者の就労を促進することで社会保障財政を再建するとともに、周縁化されていた人々を再び社会的プロセスに復帰させていくこと＝社会的排除の克服が目指された。その際、国家よりも「コミュニティ」が、人々の社会的活動やアイデンティティの受け皿として強調された。このワークフェアの導入とともに、従来の福祉国家と明らかに異質の発想が入り込んできたことも否定できない。「社会権にオブリゲーションを伴わせる」点でワークフェア改革には従来の福祉国家の枠を明らかに越える発想が含まれている。「権利」の前提として「義務」「責任」を強調し、社会への「参加」をキーワードとするワークフェアにおいては、福祉に対する権利を認められるのは基本的には自らの属するコミュニティに対する「責任」を果たす者のみに限定される。自らの責任において能動的に職業訓練やボランティアに参加する、「アクティヴな行為主体」と認定された者のみが福祉国家の構成員となることが許されるのである。他方で、国家の過剰なまでの就労促進政策「にもかかわらず」職に就くことのできない者、あるいはそれに代わる社会活動などに参加する意欲がないとみなされた者は、その結果は個人の責任において引き受けるべきものとされたうえで最終的には福祉国家から排除されるほかない（水島：208-209）。

「ワークフェア型福祉国家」についてのこの記述は、筆者にはソ連の経験を連想させる。ここで念頭に置いているのは、平等の理念を重んじ、教育や医療の無償化、老齢年金の整備などを進めた一方で、「働かざる者食うべからず」の命題も掲げて、市民を社会的に有益な労働と活動へ引き入れようとしたこと、これを忌避する者は「寄生者」として流刑などに処して社会から排除しようとしたこと、そして、先ほど見たように、権利と自由の行使は義務の履行と不可分だと公式に位置づけたことである。[5]

水島が指摘したような福祉国家の変化は、福祉国家自体が抱えていた問題や批判への対応として生じたもののようであり、ソ連や東欧諸国という社会主義国家が存在しなくなったこととは直接の関係はないのかもしれない。福祉国家に関する議論は膨大で、そもそも社会主義国を称したソ連や東欧諸国の存在と欧米諸国の福祉国家化との関係についても諸説様々なので断定的なことを述べるつもりはないが、社会主義（国）の存在と資本主義諸国の福祉国家化に密接な関係を見る主張の例として加藤榮一の見解を紹介しておきたい。

加藤は社会主義と福祉国家の関係について次のように整理した。第一次世界大戦と第二次世界大戦の間の大不況が福祉国家を育んだ培養土だとすれば、社会主義は福祉国家イデオロギーを生起させた起爆剤だった。社会主義とは資本主義を根本的に批判する対抗文化であり、資本主義発展の順不順に応じて消長する。社会主義は資本主義の急速な発達が様々な摩擦を生み出した産業革命期に発生し、資本主義が順調に発展した一九世紀中葉以降その影響力を著しく減じた。そして大不況期に、今度は生成期よりはずっと現実政治に近い姿で再生してきた。社会主義に有効に対抗するためには、資本主義を批判する社会主義の要素を取り込んで資本主義を矯正する以外にはない。イギリスの福祉国家建設はウェッブたちのフェビアン社会主義の影響を強く受けた。ドイツにおいても社会民主党の歴史を辿れば福祉国家がいかに社会主義の要素を吸収して建設されたが一目瞭然である（加藤：298-299）。

これに関連して加藤の次の指摘も注目される。第一次大戦から第二次大戦直後までの危機の三十数年を経て第二次大戦後の資本主義陣営の世界戦略の基本は、危機の三十数年における「資本主義の大失敗」を克服することと、経済力、軍事力、イデオロギーにおいて社会主義陣営を圧倒することに置かれた。ソ連との競争は、一面では軍事力や経済力によってソ連陣営を圧迫し、排斥するという物理的力の押合いであったが、他面では国民全体の福祉をどちらの体制がよりよく実現できるかという競争でもあった。資本主義陣営がこの競争に勝つためには、社会主義的要素を積極的に吸収しながら福祉国家の充実を図ることによって社会主義の存在意義を限りなく小さなものにしなければならない。従って、少なくともソ連社会主義体制が消滅するまでは、福祉国家機能を縮小する方向で「資本主義の大失敗」を克服する道は選択肢としてあり得なかった（加藤：303-304）。

この主張に基づくならば、ソ連社会主義の消滅は、欧米諸国が福祉国家機能を縮小する前提となるのであり、「ワークフェア型福祉国家」の出現と無関係ではないと捉えることができよう。もしそうであれば、そして、ソ連に対抗することを一つの要因として成立した福祉国家が、ソ連が存在しなくなったことによって一面において「ソ連化」する傾向を見せているのだとすれば、このうえない歴史の皮肉だろう。

ソ連社会主義が存在しなくなって数年ののち、スターリニズムを資本主義に対抗する文明として描こうとしたコトキンはこう記した。社会主義は同時代人にとって抽象的なものではなく、社会正義への信頼に足る関与を物語る一連の現実的指針を指し示していた。誰も飢えることがなく、すべての子供が学校へ行き、すべての病人が治療を受け、失業は存在しなかった。社会正義は社会主義型の社会の根本的な相であり、非搾取的とみなされている所有関係に根ざすものだと言われた（Kotkin :152）。

残念ながら現在の日本は、誰も飢えることがなく、すべての子供が学校へ行き、すべての病人が治療を受け、失業は存在しないという状況ではない。ソ連が存在していた頃に日本が高度の福祉国家としてこうした状況を実現していたわけではないし、実際にはソ連がこの状況を実現していたわけでもないが、ソ連が存在しなくなったのちの日本では、福祉国家機能を縮小する選択肢を選びやすくなっているということは言えるのではないだろうか。

註

【まえがき】

1　ソ連は社会主義国家ではなかったという主張がマルクス主義経済学の立場などからなされることがある。こうした主張をする意味を否定するつもりはないが、筆者は、ソ連の政権にとっても人々の多くにとってもソ連が社会主義国家だというのは自明だったのであり、同時代の世界の多くの国の政権も人々もソ連を社会主義国家と考えていたという点が重要だと考えている。この点で筆者は、スターリニズムを資本主義に対抗した「文明」と捉えたコトキンの次の指摘に賛同する。当初の理念に基づく政策がいくつも後退したにもかかわらず、生産手段の私有は認めず「搾取」を断固として拒否したという点で、資本主義と異なる文明を実現したとのソ連の主張には根拠があった。ソ連が社会主義であるという主張はまさに一九九一年の末まで意味を持ち、世界中の人々を動機づけた。この状況を、歴史家は嫌悪しようとしまいと忘れ去る権利を持たず、説明するあらゆる義務を負う。ソ連の多くの人々が、社会主義を建設し、その下で暮らしていると信じていたのである（Kotkin: 357-358）。

【序章】

1　この論文でシェスタコフが次のように記していることも注目される。フルシチョフの農業に関するいくつかの企ての主要な結果は、ソ連市民の社会的な期待のハードルを急激に上げ、人々の生活水準の向上という問題を焦眉のものとし、人民の福祉の向上に関する広範な国家プログラムを出現させたことである。フルシチョフの「消費者社会主義」がソ連における社会主義の終わりの始まりとなったと考えている者もいる（Шестаков: 117）。人々が豊かになることを認め、人々のこの期待に応えようとしたことによって政権の課題が一層困難なものとなったことは確かだろう。

2　孫引きになるが、「アメリカ合衆国に追いつき、追い越す」との構想の作成に参加したA．M．アレクセエフは、この綱領の作成時「一九八〇年に共産主義の基盤が建設されることの現実性を疑う者はほとんどいなかった」と回想に記しているという。綱領の策定者たちはこれを確固として信じていた、何故なら現在の成長のテンポでは一人当たりの生産でソ連が短期間で合衆国に追いつき、共産主義の堅固な物質的技術的基盤を作り出すことを統計のデータが明白に物語っていたというのである（XX съезд КПСС: 280-281）。

3 キムリッカは、市民的・政治的自由の維持のために資本主義的自由は必要だという主張は状況依存的であり、歴史的には資本主義と市民的自由との確定した関係は自明ではないと指摘している（キムリッカ：150-151）。

4 ここで「協働」とカギ括弧を付しているのは、政権や行政の様々な機関の側と人々の側の関係は対等ではなく、人々は主体的積極的に活動することを求められていたが、その活動は政権の求めるものであるべきで、党とソヴェトの指導の下におこなわれるべきだったということを念頭に置いているためである。

5 本書全体で描いてゆくように、国家と社会の「協働」が求められ、人々と社会団体の役割が強調されたことによって、国家と社会の関係における社会の領域と役割が拡大していった。しかしこれは、公私の関係における私の領域が拡大してゆく過程ではなかった。この過程は、社会団体がソヴェト機関や内務諸機関の役割を担っていわば擬似国家機関化してゆく過程でもあり、これを通じて社会の一定部分の公化が進む過程でもあって、これによって公と私の関係における私の領域はむしろ縮小していく面もあった。この過程で公私の区分自体が曖昧となる可能性についての河本和子の指摘も参照されたい（河本 a: 23, 34-35）。

この点との関係で興味深いのが、公共圏についてのハーバーマスによる次の説明である。

……こうして……社会圏への国家的介入に対応して、公的権能を民間団体へ委譲するという傾向も生じてくる。そして公的権威が私的領域の中へ拡張される過程には……国家権力が社会権力によって代行されるという反対方向の過程も結びついている……社会の国有化が進むとともに国家の社会化が貫徹するという弁証法こそが、市民的公共性の土台を——国家と社会の分離を——次第に取りくずしていくものなのである。この両者の間で……成立してくる社会圏は、再政治化された社会圏であって、これを「公的」とか「私的」とかいう区別の見地のみからとらえることは、もはやできなくなっている」（ハーバーマス：198）。

もちろんこれはソ連について述べたものではないが、本書で描かれるソ連の状況にもこの説明は妥当するのではないかと筆者は考えている。このことは、ソ連でおこなわれたことはかなり特殊ではあったが、それでも他国との比較の可能性があり得ることを示しているのではないだろうか。

6 フルシチョフについては次のような指摘もある。フルシチョフはスターリンの側近で唯一人、人民から切り離されることなく、彼らの生活を実際に知り、彼らの不幸と望みを理解していた。フルシチョフにとって大衆は抽象的な管理の対象ではなく、社会主義的理念を現実化する「物質的な力」であり、彼の認識における社会主義とは何よりまず人民の生活条件の具体的改善を通じて実体化されるのだった（XX съезд КПСС: 63）。

フルシチョフとその後を襲ったブレジネフは対照的に位置づけられることもあるが、双方の補佐官を勤めたアレクサンドロフ・アゲントフは回想で「私の深く確信していることには、二人にとって特徴的だったのは、確固たる平和を国に保障し、人民の生活条件を改善するという心からの（見せかけのではない）志向だった」と記している（Александров-Агентов: 37）。

こうした志向は多くの政治指導者に見られた。たとえば一九六三年八月一五日のロシア共和国最高会議幹部会で住民に対する文化・生活サービスについて審議した際、ロシア共和国最高会議幹部会議長（形式上はロシア共和国の国家元首に当たる）は次のように述べていた。あらゆる注意を人間へ向けなければならない。旋盤工やトラクター運転手がどのような気分で帰宅するか、彼らを家族が何によって迎え、仕事に送り出しているかを知る必要がある。ソヴェトは人間について考え、住民への生活サービスを改善しなければならない（ГАРФ А: 13/1849/28-29）。


【第1章】

1　ソ連で「一党制民主主義」という呼び方がなされていたわけではないが、一党制と民主主義が矛盾しないものと考えられていたことは確かである。これはペレストロイカに取り組んだゴルバチョフにも当てはまる。ゴルバチョフの補佐官だったアナトーリー・チェルニャエフは当時の日記を基に記した回想において、一九八八年八月の二人の会話のなかでゴルバチョフが「もっと民主主義を、もっと社会主義を！　という定式を根本的に解明する必要がある。一党制の条件の下で住民の多様な利害を保障するようなメカニズムの特徴を定めるべきである。……これは結局のところは競争である。しかし、政党間の競争ではなくて、人々の（彼らの能力、知力、意志、性格、思想性、目的実現への意思の）競争なのだ……」と述べたと記している。チェルニャエフは、民主主義を一つの（もちろん刷新された）党の下で保障することは可能だし、容易でさえあるとゴルバチョフが主張していたことも紹介している。もっともチェルニャエフは、旧態依然な党幹部たちに対してはゴルバチョフが「率直に言って、党が現在の地位を手にしているのは民主主義的な方法によってではない」と指摘したことも記している

（Черняев: 185, 209, 282）。

2　ソ連共産党中央委員会決定「勤労者代議員ソヴェトの活動改善およびソヴェトの大衆との結びつきの強化について」［1957.1.22］には、「国家の管理から勤労者が引き離された、反人民的で、偽の、制限されたブルジョア民主主義と異なり、ソヴェト民主主義は真の人民の社会主義的民主主義であり、すべての勤労者のための民主主義である。ソヴェト民主主義の全人民的性格はわれわれの社会のすべての経済体制および社会体制によって定められている。勤労者代議員ソヴェトは、国家の管理、政治活動ならびに経済建設および文化建設の指導における大衆の直接の参加を保障している」と記されていた（КПСС: 9/156）。一九七七年制定のソ連憲法第九条では、「ソヴェト社会の政治システムの発展の基本的な方向は、社会主義的民主主義の一層の発展である。これは、国家と社会の業務の管理への市民の一層広範な参加、国家機構の改善、社会団体の積極性の向上、人民監督の強化、国家生活および社会生活の法的基礎の強化、グラスノスチの拡大ならびに世論の不断の考慮である」と定められていた（Конституция: 7-8）。ソ連の民主主義の理念については河本和子が要領よく整理している（河本 b: 4-12）。

3　社会主義と民主主義の関係についてソ連共産党書記長ブレジネフは、一九七六年二月に開かれた第二五回党大会での中央委員会報告で「今日われわれは、真の民主主義が社会主義なしに不可能なように、社会主義も民主主義の不断の発展なしには不可能であることを理論からだけでなく長年の実践からも知っている」と述べた（XXV съезд: 111）。新しいソ連憲法を採択した一九七七年一〇月のソ連最高会議での結語演説ではブレジネフは、「われわれは飾りのために憲法を作ったのではない。憲法はそのすべての部分について履行されなければならず、また履行されるだろう。憲法は社会主義的民主主義を一層発展させ、また深める強力な手段とならなければならず、またそうなるだろう」と述べ、「わが党は、勤労者が憲法によって与えられた、社会の管理に参加する可能性をただ持つだけでなく実際に現実に参加するよう絶えず配慮してきたし、今後も絶えず配慮する」と述べていた（Брежнев: 544）。

塩川伸明は社会主義政治体制を「自由主義なき民主主義」と特徴づけた。塩川によれば、社会主義政治体制は大衆参加という限りでの「民主主義」は採用し得るし、広汎な大衆動員を目指し、ある程度まではそれに成功するのであり、単純に「民主主義」が欠如していたというのではなく、むしろある種の独自な「民主主義」があったことを見ないと社会主義体制の独自性をとらえることができない（塩川：138-139）。筆者はこの主張に基本的に同意するが、ソヴェト政権と共産党が民意に注意を払っていたことにも注目すべきだと考えている。次註も参照してほしい。

4 ソヴェト政権の立場からは、この前提は誤りとなる。前註2で紹介した党中央委員会決定にも見られるように、ソヴェト政権は、西側諸国の複数政党制や競争選挙は金持ちの代表が選ばれるだけで民意（国民の多数派の意思）は実質的には反映されていない「偽の」「形式的」民主主義だと批判し、ソ連は一党制で競争選挙ではないけれども実質的な民意が反映されている「実質的民主主義」だと主張していたからである。たとえば一九七七年五月二四日の党中央委員会総会での憲法草案に関する演説でブレジネフは次のように述べていた。新憲法は、社会主義国家がいかに発展し、社会主義的民主主義をいかに強固にまた深く確立しているかを全世界に明確に示し、この社会主義的民主主義とはいかなるもので、どこにその本質があるかを明確に示すだろう。憲法は、国家と社会の事業の管理における広範な人民大衆の絶えず増大しつつある実際の参加の多様な形態と巨大な規模を示すだろう。これらは、実際にはほんの一握りの資本家階級が統治しているブルジョア諸国では知られていないことである（Брежнев: 386）。

5 ペレストロイカの過程で事実上の複数政党制による競争選挙がおこなわれるようになると、人民戦線など独立派が政権を握ったバルト三国やエリツィンが大統領に選出されたロシア共和国のように共和国レベルでは「政権交代」が起こっていたのであり、連邦のレベルでも選挙を通じた政権交代が起こる可能性がなかったとは言い切れないだろう。実際、限定的ながらも競争選挙となった人民代議員大会の選挙では、体制に批判的な人物が多数当選した。ただ、複数政党制による競争選挙がおこなわれた時点で「一党制民主主義」ではなくなったと見るべきだろう。

6 ソ連では党の機構の制度化が進んだ結果、行政区画のほぼすべてのレベルで党の機構は行政の機構と並存し、前者が後者を指導するとされた。このため、たとえば市の実質的な最高権力者は市長に当たる市ソヴェト執行委員会議長ではなく市党委員会第一書記だった。共産党がこうした強大な機構と権力を持ち、行政機構内にも党組織が存在したことの意味を軽視することはできない。

7 ロシア共和国中央選挙管理委員会への苦情などに関する一九六三年三月四日付報告書によれば、同年一月二五日から二月二五日までにロシア共和国の中央選挙管理委員会に一四六七通の手紙、苦情および訴えが届き、一つの選挙区に複数の候補を登録することが複数の手紙で提案されていた（ГАРФ А: 13/1681/5）。

8 「村ソヴェト」という名称の行政区画が存在し、その管轄下に村や小村があった。行政区画である村ソヴェトにはソヴェトが置かれ、これも村ソヴェトと呼ばれた。村ソヴェト管轄下の村や小村は行政区画ではなく、ソヴェトを持たなかった。

9 ただし同条第二項の定めによって、ソ連最高会議の被選挙資格は二一歳以上とされた（一九三六年憲法では二三歳以上だった）。

10 候補者を一人に絞るのは「政治的慣行」であり、この慣行は「選挙人の活動の発展や代議機関の改善に役立っていない」との指摘がソ連でも一九六〇～一九七〇年代には公になされ、競争選挙の是非についての議論がなされていた（ヒル：30）。

11 たとえば『党生活』一九五七年六号には、一九五七年の地方ソヴェト選挙の際に投票用紙に多くの書き込みがなされていたことを指摘し、そのいくつかを紹介する記事が掲載されていた（ПЖ: 1957/6/13）。また、『モスクワ市ソヴェト執行委員会通報』一九六一年一一月号の記事における代議員に対する訓令の説明では、訓令は選挙前の候補者選出集会や候補者との面談の際、投票の際（投票用紙への書き込みやメモなどの投票箱への投函によって）、代議員の選挙人に対する報告の際に提出されると記されている（Бюллетень МГ: 1961/11/22. 訓令については第二章で詳述する）。

12 そのことは、一九五〇年二月二二日付ソ連最高会議幹部会決定が選挙規程第三三条との関連で「外国の港と水域にある船の人員を除き、選挙日に航行中の船の人員は選挙に参加する」と改めて確認したことにも示されている（Сборник: 1/150-151）。

13 ロシア共和国最高会議の選挙区は人口三〇万人に一つ設ける定めだったので、選挙区の人口が三〇万人を超えると分割しなければならなくなる。モスクワ州ではそうした選挙区が複数出てくるので、それらをすべて分割して人口一五万人に一つの選挙区を複数設けるのではなく、州内の選挙区を一つ増やし、それぞれの選挙区の人口が三〇万人を下回るよう区割りを見直す対応をしたのである。なお、この日のロシア共和国最高会議幹部会では、チュメニ州で選挙区を一つ増やすことも紹介されたのだが、その理由が興味深い。第二四回党大会の指令案に基づけばチュメニ州では石油とガスの産出が急激に増えるはずだ。このため人口が何倍にも増えることになるので選挙区を増やすというのである（ГАРФ A: 13/2982/296-298）。これから急激に人口が増えるはずだから選挙区を増やすというのは独特の対応だろう。

14 連邦、共和国および自治共和国では最高会議が閣僚会議を選出し、閣僚会議とその下に置かれた省庁などが行政を担当していたが、これとは別に最高会議に常設の幹部会が置かれた。最高会議幹部会は、最高会議とともに立法権を行使した他、地方ソヴェトとその執行委員会の活動を監督するなどしていた。こうした活動のため最高会議幹部会には法務部、ソヴェト活動部およびその他の部局が設けられ、職員が配置されていた。

15 ロシア共和国の例では、投票や開票の際に支障が発生した場合に備えて各省の幹部職員が当直することになっていた。通信省の場合、通例は投票開始からの三日間だったようだが、一九七五年の選挙は、ロシア共和国ではソ連最高会議、共和国最高会議、自治共和国最高会議および地方ソヴェトの選挙が同日におこなわれる前例のないほどの大規模な選挙だったこともあって、カムチャトカなど時差の関係で最も早く投票が始まる地域での投票開始時（モスクワ時間では投票日の前日）から計四日間当直をすることになった。これに伴い、他の省でも四日間当直することになった（ГАРФ A: 13/3613/71, 78）。

16 ロシア共和国中央選挙管理委員会への苦情などに関する一九六三年三月四日付報告書によれば、事実上夕方五〜六時にはほぼ全員が投票に来ているので投票を夜一二時より前に終了させるとの提案が届いていた（ГАРФ A: 13/1681/6）。投票時間が夜一〇時までに改められたのちの、一九六九年のロシア共和国の地方ソヴェト選挙についての報告だが、投票日の昼の一二時までに共和国全体で全選挙人の七六・六%が投票し、一八時までに全選挙人の九八・八二%が投票していた（ГАРФ A: 13/2884/101）。

17 ソ連最高会議選挙法［1978.7.6］第二九条第三項（Конституция: 63）。一九五〇年選挙規程でも一九六一年一二月二七日付幹部会令での修正を経た第五二条第二項が「投票区選挙管理委員会の議長または書記」についてほぼ同様に定めていた（Сборник: 1/140）。地方ソヴェトの選挙についても同様の規定があった。しかし、この規定は常に守られたわけではなく、選挙管理委員会の書記の仕事を担うため執行委員会が本務の免除を決定したにもかかわらず、その翌日に本務の勤務先によって解雇された例があった。これは違法な解雇だったため、当人の苦情に基づき上級機関が介入して解雇は取り消され、解雇されていた期間は「強いられた欠勤」として割り増し賃金が支払われた（ГАРФ A: 13/3605/109）。

18　たとえば一九七五年五月一五日のロシア共和国最高会議幹部会において、選挙人名簿に誤りがある、特に人口流入の多い都市で誤りが多いとの指摘がなされていた（ГАРФ А: 13/3613/93）。

19　ソ連全体での地方ソヴェトの代議員数は、一九五七年選出のソヴェトで一五四万九七七七人、一九六一年選出のソヴェトで一八二万二〇四九人（Социализм: 37-38）、一九六九年選出のソヴェトで二〇七万一三三三人（Советы: 1969/9/46）、一九七五年選出のソヴェトで二一一万〇八二四人だった（Советы: 1975/8/23）。

20　ソ連共産党中央委員会決定「勤労者代議員ソヴェトの活動改善およびソヴェトの大衆との結びつきの強化について」［1957.1.22］では、「直接生産に従事する労働者とコルホーズ員が近年ソヴェトにわずかしか選出されなかったこと、代議員候補者の一定の部分は単に職務に基づいて推薦され、同時に複数のソヴェトの代議員に選出されていたことを正常と認めることはできない。この状況を正し、労働者とコルホーズ員のソヴェトへのより広範な選出を保障する必要がある」と指摘されていた（КПСС: 9/165-166）。一九六一年一〇月の第二二回党大会で採択された党綱領では、ソヴェトの選挙のたびに三分の一以上の代議員が新たに選出されることが適切だと定められた（XXII съезд: 3/304）。実際には三分の一を大幅に上回る代議員が更新された例も珍しくなかった。たとえばモスクワ市ソヴェトでは一九六一～一九七七年の九回の選挙で初めて選ばれた代議員の割合は、最高で七三・一％、最低四八・三％、五〇％を上回ったのは五回で、平均では五四・二％だった（Алещенко: 52-53の表より筆者計算）。人々も代議員の更新を望んでいた。ロシア共和国中央選挙管理委員会への苦情などに関する一九六三年三月四日付報告書では、複数の手紙で、代議員に何度か選ばれている者を候補とせず、こうした人物をある選挙区から別の選挙区へと移さないことが提案されていると記されていた（ГАРФ А: 13/1681/5）。

21　ソ連最高会議選挙法［1978.7.6］第二八条第六項は「代議員候補者推薦に関する決定は、集会参加者の過半数または社会団体の当該機関の総員の過半数で採択される」と定めていた（Конституция: 66）。

22　登録された候補者の辞退や登録の取り消しについてヒルは、選挙規程におけるすべての登録された候補者は投票用紙に含まれなければならないとの規定に抵触していると指摘していた（ヒル：38）。一九三六年憲法下の選挙規程には推薦取り消しや辞退の定めがなかったので、この指摘は正当である。一方、一九七七年憲法下で制定された選挙法では、「代議員候補者を推薦した社会団体、勤労集団、軍区の軍人集会は、選挙までのいつでも代議員候補者推薦に関する決定を取り消す権利を有する。……代議員候補者は選挙までのいつでも立候補を取り下げることができる」と定められた(ソ連最高会議代議員選挙法第四一条(Конституция: 67)。ロシア共和国の最高会議代議員や地方ソヴェト代議員の選挙法にも同様の規定がある(Свод: 75, 96))。

23 この時の選挙規程では、絶対多数の票を得て当選した候補者がいない場合は上位二人を対象とした再投票が定められていたが、候補者が一人しかいなかったためこの規定を用いることができず、選挙がおこなわれなかった場合、選挙が無効となった場合とともに新たな選挙をおこなうことになっていたのだろう。

24 リコール手続法が制定された時点の選挙規程では、当選の要件は有効投票の過半数の賛成とされており、投票率が九九%以上だったために実質的にはほとんど差がなかったとはいえ、形式的にはリコールの要件のほうが厳しかった。おそらくこのことが、一九七七年ソ連憲法制定後に定められた選挙法では当選の要件が選挙人の過半数に変更された理由の一つだと考えることができよう。なお、選挙の際とは異なり、リコールの決定は選挙人の集会での公開投票でおこなわれた(手続法第五条)。これがリコールを成立させやすくしたか否かについては現時点では判断する材料を持っていない。

25 たとえば一九七七年六月にロシア共和国でおこなわれた地方ソヴェトの選挙で選出された代議員の数は、クライソヴェトで二〇〇五人、州ソヴェトで一万二〇八三人、自治州ソヴェトで八一〇人、民族管区の管区ソヴェトで一〇一九人、地区ソヴェトで一二万三五〇二人、市ソヴェトで一五万四九〇一人、区ソヴェトで七万九五六四人、村ソヴェトで六三万四六三五人、居住区ソヴェトで一〇万七五〇六人だった(ГАРФ А: 13/4277/46)。

26 この報告書には、これほど多くの代議員が辞任した主な理由の一つは当該ソヴェトの領域外への転出によって代議員の職責遂行が不可能になったことだと記されている(ГАРФ А: 13/2936/27-28など)。代議員の数が多く、専従ではなく他に仕事を持っていたというソヴェト制度の特徴が補欠選挙の数を増やし、これに伴って補欠選挙実施の法定期間違反の例も毎年のように指摘されることにつながったとは言えるだろう。

27 コルホーズが月ごとに賃金を支払っていることが何より重要だとして挙げられたのは、一九六六年にこれを実現する保証賃金制の導入が決定されたためだろう。

28 前註11参照。なお、投票用紙への書き込みなどは本書の対象時期だけの現象ではなかった。一九三六年憲法が制定され、初めて直接選挙によるソ連最高会議の選挙がおこなわれた際にも、投票用紙を入れるための封筒に無記名での手紙を封入する例が多数あったこと、その内容はスターリンを讃えるものだったことが指摘されている（池田：48）。本書の対象時期でもソヴェト政権や個々の指導者への支持や謝意を表明する書き込みは多かった。そしてこうした書き込みは匿名だと指摘されていた（ПЖ: 1957/6/13）。匿名であること、投票用紙に書き込むためにブースに入れば反対投票をするとみなされる可能性もあることを考えれば、こうした書き込みは自発的になされた可能性が高いだろう。

【第二章】

1　このため州、クライおよび大きな市の執行委員会には組織・指導員部が設けられ、一般の市と地区の執行委員会には組織・指導グループか指導員が置かれて、当該ソヴェトおよびその代議員の活動ならびに下級のソヴェト、その執行委員会および部局の活動を指導するとされていた（Барабашев: 248; Габричидзе: 27-28）。

2　一九七四年一月一日の時点でロシア共和国の地方ソヴェトの執行委員会には議長が二万七五七〇人、副議長が三万〇八〇九人、書記が二万七五八六人いた（ГАРФ А: 13/3565/26）。

3　グラスノスチはのちに共産党書記長となったゴルバチョフが政治・経済・社会全般の活性化を訴えた際のキーワードの一つで、ペレストロイカが本格化するなかで「言論の自由」の意味を持つようになった語だが、もとは「（主に政権の側からの）情報の公開と周知徹底」のような意味で用いられていた。

4　ロストフ州執行委員会議長はこの批判に答えるなかで、民主主義なのでモスクワへ行くのを妨げることはできないと言い訳し、幹部会議長は「民主主義についてはあなたは正しい。実際、誰もこれを禁止することはできない」と述べていた（ГАРФ А: 13/3605/253）。民主主義という語の用法として興味深いのでここで紹介しておく。同様の用語法として、一九五六年四月二〇日のロシア共和国最高会議幹部会で紹介された、面会室で侮辱したり暴力を振るったりする市民を連れ出せないか問われた警察が「そうした市民を連れ出すことはできません。わが国には民主主義があります」と答えた例を挙げることができる（松戸 e: 325）。

5　この点で、モスクワ市を札幌市と較べるよりも、議会を持つ特別区のある東京都と較べるほうが適切に思われるかもしれない。筆者がそうしなかったのは、モスクワ市は東京都になぞらえると基本的に特別区の領域だけからなり、市町村部を含まないためである（市町村部に当たる領域はモスクワ州の管轄）。

6　「代議員の日」とは、代議員全員が執行委員会の委員や部局の長と面談し、講義や報告を聴いたり、代議員が関心を持つ問題を審議したりするもので、執行委員会による代議員への支援が重視されたことに伴い広くおこなわれるようになった。たとえばロシア共和国ロストフ州のロストフ市執行委員会では四半期に一回「代議員の日」をおこなうのが慣例となり、一九六二年には環境整備に関する州ソヴェトと市執行委員会の決定遂行に関わる代議員の課題について、連邦と共和国の民事法の基礎について、勤労者の手紙、苦情および訴えの検討における代議員の参加についてなどの問題が検討された（Габричидзе: 82-83）。

7 代議員が生産活動にも積極的に関わらなければならないとする、より直接的な言及もある。たとえば一九七三年一一月一六日のロシア共和国最高会議幹部会で幹部会議長が次のように述べていた。まもなくすべてのソヴェトの定例会で一九七四年の計画と予算が審議される。発展のテンポが今年を下回ってはならず、一九七四年の計画を達成、さらには超過達成しなければならない。代議員はここで少なからぬ役割を果たさなければならない。クライソヴェト、州ソヴェト、市ソヴェト、地区ソヴェト、村ソヴェトおよび居住区ソヴェトの一一〇万人の代議員は巨大な一群である、この大群のすべてが来年の計画と予算の達成に積極的に加わるならば、計画の達成と超過達成への巨大な貢献となる（ГАРФ А: 13/3553/149-150）。

8 「代議員の地位に関する法律」の第二一条は、代議員は自身が選ばれたソヴェトの領域において下級ソヴェトの定例会に審議権を持って参加する権利を有すると定めていた（Конституция: 80）。ここにはソヴェト制度の特徴の一つが表れている。この規定は、当初ソヴェトが「積み上げ式」だった経緯と、第三章で見るように選挙区の重なる各級のソヴェトの代議員は協力して活動するとされ、実際ある程度これがなされていた実情とを踏まえたものだろう。

9 「代議員の地位に関する法律」には、第一四条第四項の「……代議員は、執行委員会およびその部局の指導者ならびにソヴェトの領域にある企業、施設および組織の指導者に対して当該ソヴェトで審議される問題について質問する権利を有する」との定め、第一七条第一項の「ソヴェトまたはその機関の委任により、代議員は……国家機関、企業、施設および組織の活動を点検することができる」との定め、第三二条第一項の「代議員は、ソヴェトの事前の同意なしには、定例会と定例会の間にはソヴェト執行委員会または最高会議幹部会の事前の同意なしには、管理部の発意によって企業、施設または組織において解雇され得ず、コルホーズから除名され得ず、懲戒処分として賃金の少ない職へ異動され得ない」との定めなどがあった（Конституция: 77, 78, 82）。

10 たとえばイギリスでは「地域共同体の代表から国民代表へ」という議員の性格の変化が見られた際にこうした主張がなされた（青木：234-241）。

11 ヒルは、一九六〇年代初頭に東シベリアでおこなわれた調査に基づくソ連の研究を紹介している。その研究によれば、かなりの数の代議員が自分の選挙区ではないところで暮らしたり働いたりしていて、おそらくはこれが一因で選挙人のごく一部しか自分が投票した代議員の名を言えなかった。このため、問題を抱えている選挙人は自身の選出した代議員に助けを求めるのではなく、選挙区の境を無視して、自分が最もよく知っている代議員や最寄の面会所で選挙人に対応する代議員に接触したというのである。この研究では、代議員は選挙区に住む者から選ばれるべきだとの意見が表明されており、こうした意見は他にも示されていた（ヒル：51-52）。

この例では代議員が選挙人の代理としての役割を果たしていないため、ソヴェト政権の論理に基づいても問題とされただろうが、選挙人が関心があるのは主として自身の問題が解決されることで、そのための手段や経路は問題ではなかったと考えるならば、代議員が選出された選挙区に暮らしていたとしても、自分が最もよく知っている代議員や最寄の面会所で選挙人に対応する代議員に接触する選挙人はいただろう。

12 検事には法令に違反した各種機関の決定や命令に異議を申し立てる権限があった。一九六五年一〇月一二日のロシア共和国最高会議幹部会ではロシア共和国検事が、多くの違法な決定に対して異議申し立てがなされたことに言及し、違法な決定や命令が採択される主な一因は地方のソヴェト・経済機関職員の法文化の低さであると述べていた。ちなみにこの際ロシア共和国検事が、法律や市民の合法的な利益を侵害する決定は社会秩序維持に関する決定で最も多くなされている、市民が風呂や床屋の行列の順番を守らなかったことで罰金を科せられた例がある、ここで必要だったのは行列をいかになくすかという問題を解決することだったろうと述べていたことも紹介しておこう（ГАРФ А: 13/2000/313-316）。こうした「当たり前」に感じられる指摘がなされるのは珍しくなかったが、これはすなわち、指摘されなかった例も含めてこうした指摘がなされるような状況もまた珍しくなかったことを示している。

13 このように書いた袴田茂樹はこれに続けて「ちなみに日本の大新聞が受け取る投書の数は年間七、八万通である。皮肉なことだが、民意をより正確に把握しているのは、日本政府よりもむしろこれら投書を扱うソ連の当局であろう」と述べていた（袴田 a: 90）。

14　この幹部会令は一九八〇年三月四日付で改正され、その際に前文はかなり簡潔なものに改められた（Конституция: 563）。その理由はわからないが、決定の内容はほぼ同文なので、市民の提案や苦情に高い意義が付与されていたことは変わらないと言ってよいのではないか。

15　第一節第三項で紹介したように、ロシア共和国最高会議幹部会は一九七五年三月一八日に「ロストフ州とペンザ州における提案、訴え、苦情の検討および市民の面会の組織に関するソヴェト執行委員会の活動について」の審議をおこない、両州の地方ソヴェトの執行委員会が適切に対応していないことについて厳しい批判をおこなっていた。

16　一九八五年に党書記長となったゴルバチョフはこうした現状を打破しようとして「下からの統制」の重要性を訴え、腐敗や職権濫用を批判し、グラスノスチと批判の必要性を強調した。先に見たようにグラスノスチという語は新しいものではなく、一九五〇〜一九七〇年代にもその必要性と重要性が指摘されていたが、ゴルバチョフの下でこの言葉の意味は大きく変化した。ゴルバチョフは、批判された者が保身に努め、批判者に対して締めつけや抑圧をおこなう例が珍しくないことを指摘し、マスメディアの力を強めることが必要だと述べた。ゴルバチョフがこうした発言を繰り返したことに『モスクワニューズ』、『アガニョーク』や『論拠と事実』といった新聞や雑誌が呼応し、政権にとって不都合な事実も公表する「改革派メディア」として多くの読者を獲得し、彼らからの投書を掲載することで読者をさらに増やしていった。こうして、それまでは主として政権側による情報の公開や周知徹底を指していたグラスノスチという言葉が、「改革派」の「言論の自由」を擁護する旗印とされていったのである。

17　その一方で、いくつかの苦情は現地での点検で事実が確認されなかった。報告書によれば、こうした苦情の書き手は、個々の指導的職員を中傷する目的、根拠のない個人的な願いや不当な要求に肯定的な決定を得る目的などをもって明らかに虚偽の証言をし、故意に事実を歪曲していた（ГАРФ: 345/33-34）

18　中央選挙管理委員会に宛ててこうした内容の手紙を送っていたことからは、人々は現地で対応してもらえないと手当たり次第に中央の諸機関に手紙を書いていたのではないかとの印象も受けるが、そうした手紙にも対応していたことは注目される。

19　こうした「対話」はスターリン期にも存在し、多くの研究がある（たとえば Лившин; Livshin）。フィッツパトリックはスターリン期に密告が果たした機能について概ね次のように記した。一つの見方は、市民から密告を受けとることで体制が何かを得ようとするというもの、もう一つの見方は密告を書くことで市民が何かを得ようとしているとするものであり、第一の伝統的なアプローチでは、密告は全体主義的統制の一形態として扱われる。第二の考え方は、市民の見通しを考え、市民は密告を何の道具として使っているかを問うものである。密告を通じてすべての市民が国家の強制力に直接到達することができる。全体主義国家がすべての住民に都合よく使われるのだ。密告のもう一つの機能は他の社会メカニズムをショートカットするもの。官僚制が機能せず、通常の役所の業務過程が当てにならないとき密告はこの機能を果たす。このように指摘してフィッツパトリックは「密告は孤立して書かれることは決してない。第一に、そして最も重要なことに、密告は当局への手紙である」、「人々は当局によって聞いてもらえ、行動してもらえそうだと考える密告を書き送る」と記している（Fitzpatrick: 235-237）。スターリン期と本書の対象時期で手紙を通じた「対話」に本質的な違いがあったか否かは重要な論点となるが、松井康浩は親密圏に基づくプロト公共圏の成熟の程度に注目して説明を試みている（松井 b）。

【第三章】

1　一九六八年四月八日付ソ連最高会議幹部会決定で定められた村ソヴェトと居住区ソヴェトに関する模範規程第二五条では、ソヴェトの定例会は「年六回以上、すなわち二か月に一度」招集されると明記されていた（Сборник: 1/234）。

2　適法性遵守が重視され、ソヴェトの活発化が強調されていたにもかかわらず、定例会開催の定めさえ守られていなかったという事実は、「適法性の重視やソヴェト活発化の強調は建前に過ぎなかった」、「法制度と実態は違った」といった印象を抱かせることだろう。筆者も「法制度と実態は違った」と考えており、本書でもその様子を描くよう努めたが、「適法性の重視やソヴェト活発化の強調は建前に過ぎなかった」とは考えていない。本文で記したように、定例会が開かれないことは常に問題視され、違反するソヴェトを無くす努力がなされていたからである。注目すべきはむしろ、それにもかかわらず徹底させることができなかったという点である。

3　ソヴェトの定例会が開かれなかった理由として執行委員会議長の病気が挙げられたのは、定例会は執行委員会が招集することになっていたためである。なお、発言からわかるように、ソヴェト活動部部長が地方からの報告を必ずしも額面通りに受け取っていないことを確認しておこう。

4　「例外なく遵守」と結論づけられたのは、定め通りに定例会を開かなかったのが村ソヴェト一つだけだったということに加え、この村ソヴェトが「憲法の定める期間に遅れずにおこなうのはわれわれには実に難しい」と州執行委員会議長が訴えていたチュメニ州の村ソヴェトだったためではないか。

5　この点は特に常設委員会の会合を開く際に問題となった。書き込みから一九六三年八月一四日付と見られるエストニア共和国ラクヴェレ地区ソヴェト執行委員会の活動についての報告書には、地区執行委員会の職員、村ソヴェトと市ソヴェトの議長、常設委員会の議長と委員との面談において、常設委員会の開催は定例会より難しい、「交通費が払われることは決してないからだ」との指摘がなされたと記されている（ГАРФ: 554/43）。書き込みから一九六三年八月一六日付と見られるエストニア共和国キンギセップ地区ソヴェト執行委員会の活動についての報告書にも、ソヴェトの出張定例会、執行委員会と常設委員会の出張会議、代議員の活動に関わる交通費を多くの場合に代議員は自分で支出しなければならず、「このことが彼らの活発さを減じている」との指摘がある（ГАРФ: 554/77）。

6　日本の地方議会の常任委員会も「議会の議決により付議された特定の事件については、閉会中も、なお、これを審査することができる」（地方自治法第一〇九条）とされているが、本文で述べるようにソヴェトの常設委員会は多岐にわたる活動を閉会中におこなうよう求められていた。こうした点を念頭に置いて筆者は、日本の議会で「審議事項の有無にかかわらず議会に常置される委員会」を指す「常任委員会」ではなく、「常設委員会」との訳語を用いている。

7　日本では活動家という言葉に独特のニュアンスがあるかもしれないが、ソ連では活動家とは通例、一般の市民のうち公的な活動に積極的に参加する人々を指している。

8　こう指摘した『モスクワ市ソヴェト執行委員会通報』の記事では、常設委員会は次の権限を有しているとされた。執行委員会において上級機関の命令および指令ならびに執行委員会の決定および命令を知ること、執行委員会とその部局からそれぞれの活動計画を受けとること、執行委員会の部局、企業および施設の指導者に報告を求め、資料、計画および証明書の提出を求めること、ソヴェトおよび執行委員会の決定遂行の点検に際して必要な命令、指令およびその他の文書や資料について知ること、施設、機関および部局の指導者から計画未達成の原因について説明を受けること、彼らを委員会の会合に招くことである（Бюллетень МГ: 1961/8/31）。

9　村ソヴェトの多くの常設委員会に実質的には活動能力がなかったとのソヴェト活動部部長の指摘は、一九六七年三月八日付ソ連共産党中央委員会決定「村ソヴェトと居住区ソヴェトの活動改善について」において村ソヴェトと居住区ソヴェトの活動の問題点の一つとして常設委員会の活動の活発さが足りないと指摘されていたことと整合的であり、この決定を受けた改善策の一つとして常設委員会の拡大が進められたのだろう。

10　賃金引き上げによって状況が改善したのかは定かではないが、社会主義国家ソ連においても、そして末端とはいえ国家権力機関の役職であっても、低賃金では有能な人材を確保することが難しかったという点は注目されてよいだろう。そしてまた、そのような状況を認識しつつ社会的原則（無給）での活動を活発化させようとしたこと、人々もある程度応じていたことにも注目すべきだろう。

11　コルホーズは協同組合形式の、ソフホーズは国営の、主に農業や畜産業をおこなう集団経営だが、生産活動を担うだけでなく農村での生活の拠点ともなり、組合員や労働者に各種のサービスを提供していた。一九二〇年代末から一九三〇年代半ばの集団化では主に村単位でコルホーズが設立されたため、村ソヴェトの管轄領域には複数のコルホーズが存在した。その後、村ソヴェトの拡大が進んだものの（一九三五年から一九四八年までにロシア共和国では一一二一、ウクライナ共和国では五六九、ベロルシア共和国では八六の村ソヴェトが廃止された）、第二次世界大戦後におこなわれたコルホーズの拡大の結果、多くの村ソヴェトの領域はコルホーズの領域より小さくなり、いくつもの例で一つのコルホーズの領域に複数の村ソヴェトがあった。これはコルホーズと村ソヴェトの活動の調整に一定の不都合を生じさせたとされ、一九五四年二月二〇日付ソ連最高会議幹部会決定は「村ソヴェトの領域に少なくとも一つのコルホーズがあるように」村ソヴェトを拡大することを不可欠と認めた。村ソヴェト拡大の結果、一九五四年一月一日に七万三七三七あった村ソヴェトは一九五五年一月一日には五万〇五八三となった（ГАРФ: 678/12-13）。村ソヴェトがその後も拡大された一方で、コルホーズもさらに大規模化された。一九五〇年代には処女地開拓で大規模なソフホーズが建設され、コルホーズのソフホーズへの転換も進められた。一九六八年一月一日の時点でソ連全体に村ソヴェトが四万〇五五八あった一方で、一九六七年末の時点でソフホーズは一万二七八三、農業コルホーズは三万六二〇〇程度存在し、地域差はあるものの村ソヴェトにコルホーズかソフホーズが一つしかない状況も珍しくなかった（НХ: 45, 325）。そして通例は資金でも物資でも輸送手段でも人員でも、生産活動を担うコルホーズやソフホーズのほうが村ソヴェトよりも豊かであり、農村住民の生活も村ソヴェトの活動もコルホーズやソフホーズに大きく依存していたのである。

12 クラブは公民館や集会所のような施設で、通例、新聞雑誌、ラジオ、テレビが備えられ、映画が上映されるなど教養活動や娯楽活動の場だった。若者を中心とした読書、音楽、演劇その他のサークル活動にも利用された。

13 ソ連最高会議幹部会ソヴェト活動部が一九六四年四月一一日付でまとめた村ソヴェトの歴史の概観には次のように記されている。カザフ共和国などでは遠方の居住区域に村ソヴェトによって全権代表が任命されており、ウクライナ共和国のいくつかの州などではスホードによって村委員会が選出されている。いくつかの共和国ではこの機能は代議員グループが担っている。総じて、離れた居住区域での統治機能の遂行に統一性はない（ГАРФ: 678/18-19）。

14 スホードの肯定的な活動とともに、スホードによって現行法規に違反した決定がなされ、市民の権利の侵害につながる例があることも指摘されていた（ГАРФ: 687/3）。

15 代議員全般の様子になるが、ヒルが紹介したソ連の研究者による調査では、様々なレベルの地方ソヴェトの代議員四三二〇人のうち四一・八％が月に一～五時間、二九・五％が月に六～一〇時間、一三・六％が月に一一～一五時間、一・六％が月に四〇時間以上を代議員としての活動に費やしており、平均では月に九・八時間だった。他方で、別の研究によれば、職務の遂行には最低週七時間が必要だと代議員が確信していること、ある調査では二七％の代議員が時間が足りないと回答していたことも紹介されている。代議員が自分の仕事ぶりに満足しているかについても調査がなされており、アルメニア共和国での調査では三三二七人の回答者のうち一三〇六人の代議員が自分の仕事には何の重大な支障もないと答えていたが、エストニア共和国での調査では支障なしは四分の一以下だった。不満の主因は時間不足であり、しばしば公務の過重負担と重なっていた。代議員の過重負担は他にも様々な例で指摘されていた（ヒル：56, 67）。

16 こうした二つの事情が存在したため、「定員外部」などの取り組みは仕事に支障を来たすことなく有給職員を一層削減する可能性を与えているとの指摘と、定員外部は自主管理の新たな芽であり、経済建設と文化建設の諸分野を人民が直接管理する新たな形態であるとの評価がなされることになった（Ахметов: 21, 28, 35-37）。

17 実際その意味は小さなものではなかった。一九六二年八月三〇日にロシア共和国最高会議幹部会で社会主義財産保護への社会団体の引き入れが審議された際、財務省監督監査局長は次のように述べた。共和国には六〇万超の企業・組織・施設がある。今年財務省によって二万五〇〇〇の監査がなされ、各省の組織によってこれよりやや少ない監査がなされるが、多くの施設は何年も監査がなされないので、金品の保全に対する監督に社会団体を引き入れることが重要だ（ГАРФ А: 13/1288/301）。

18　このためロストフ州ソヴェトの代議員以外に、同州選出のソ連最高会議代議員とロシア共和国最高会議代議員、下級ソヴェトの執行委員会の議長と書記、下級ソヴェトの常設委員会の議長、企業の指導者、社会団体および住民の自主活動機関の代表、近隣の五つの自治共和国の最高会議幹部会書記および幹部会と閣僚会議の組織・指導員部部長ならびに二つのクライおよび二つの自治州の執行委員会の書記と組織・指導員部部長が招待されていた（Габричидзе: 66-67）。

19　事前にサラトフ州でおこなわれた点検の報告書には、農村には約一万六八〇〇の様々な自主活動団体があると記されていた（ГАРФ А: 13/1839/201）。

20　同様の指摘は多く見られる。たとえばウクライナ共和国リヴォフ州での点検に関するソ連最高会議幹部会ソヴェト活動部による一九六三年五月九日付報告書では次の指摘がなされていた。村ソヴェトの活動では社会団体が活用されているが、同一人物が多くの職責を負っているという欠陥がある。テイサロフスク村ソヴェトでは学校の校長が、村ソヴェト執行委員会委員、人民自警団本部長、同志裁判所議長、科学・政治知識普及グループ議長、アジテーター集団長の職責を担っている。「こうした……アプローチが肯定的な結果をもたらすことがあり得ないのは当然だ」（ГАРФ: 555/66）。

【第四章】

1　行政機関とは内務諸機関、警察、検察など治安関係の諸機関を指し、党中央委員会の行政機関部はこれらを管轄する部局だった。

2　この制度（ロシア語で **поруки**）には従来「保証」、「保証委託」、「身柄委託」といった訳が見られるが、この制度の本質は請願によって社会団体や勤労集団が違法行為をした者の再教育の課題を引き受けることにあるとの趣旨を重視して（СОУ: 152）、「身柄引き受け」と訳す。

3　自警団員が襲われたり殺されたりした例、これに対する政権側の対応などについて、より詳しくは松戸 b、松戸 d および Matsudo を参照してほしい。

4　たとえばロシア共和国では一九六一年七月三日に同志裁判所に関する規程が制定された。この規程の内容およびこれに基づく同志裁判所の活動については河本 a および Kawamoto が詳しく紹介している。

5　キムリッカによれば、教会、家庭、労働組合、民族団体、協同組合、環境団体、近隣団体、支援団体、慈善団体といった市民社会の自発的組織では、要求される責任を果たせなかった場合には法的処罰ではなく非難という形で応答がなされるが、そうした非難は家族や友人、同僚や仲間によってなされるため、非人格的な国家による処罰よりも多くの点で責任ある行動をするための強力なインセンティヴとなる（キムリッカ：443-444）。ソ連の社会は市民社会とは言えず、同志裁判所が完全に自発的な組織だったとも言えないが、職場や居住する建物単位で設置された同志裁判所での審理は同僚や仲間によってなされるものであり、国家による処罰よりも責任ある行動をするための強力なインセンティヴとなる可能性は存在したのではないか。

6　罰金を不適切とする指摘との関連では、一九五九年一〇月一二日のロシア共和国最高会議幹部会における幹部会職員の次の指摘も興味深い。罰金が十分な根拠なしに科せられている。実に些細な過失に対して罰金や矯正労働が科されている。たとえば公共の場での喫煙に対してだ。そうした決定を出すこと自体、市民の共産主義的教育に役立たないばかりか、まるで過失を防げるのは鞭の助けによってのみだというようで今の時代の精神に反している（ГАРФ А: 13/1167/244-245）。

7　一〇ルーブリという罰金の大きさについては、第三章第二節で紹介したように、村ソヴェト執行委員会議長の賃金が五〇～六〇ルーブリ程度だったことを想起してほしい。

8　その具体例は松戸 b を参照してほしい。

9　「事件に着手」とは刑事訴訟法の定める手続きを開始すること、「事件の中止」とはこの手続きを中止することである。

10　この規定は一九六一年五月一八日付ソ連最高会議幹部会令によって、請願した社会団体または勤労集団に再教育と矯正のため「執行猶予判決を受けた者を引き渡すことができる」と改められた（Ведомости СССР: 1961/21/222）。

11　執行猶予による再教育についてはすでに刑事法の基本原則に定められていた以上、この発言は身柄引き受けについて述べたものと考えることができる。身柄引き受け制度をめぐって本文で後述する議論が起こった際には、このシェレーピンの発言が言及され、シェレーピンの提案では現行法で明確に定められていない全く新たな制度が提起されていると指摘されていた（СГП: 1959/10/75）。

12　この命令の翌日付となる一九五九年七月二一日付のソ連内務相命令でも同趣旨の指示がなされ、捜査取調機関によっても身柄引き受け制度が適用されるようになったとの指摘も見られる（СЮ: 1959/11/53）。

13　この指摘がただちに広く知られるようになったかはわからないが、前者は一九六〇年、後者は一九六一年に研究集会の記録が出版された（Роль: 156; Об: 28-29）。

14　『ソ連最高裁判所通報』一九五九年六号の記事によれば、法案は『イズヴェスチヤ』、『トルード』の全国紙二紙および連邦構成共和国の新聞に公表された。この記事では、法案に定められた（事実上はすでに実際におこなわれている）身柄引き受け制度は実に重要な意義を有すると記されている（Бюллетень ВС: 1959/6/20, 21, 25）。

15　この指摘はロシア共和国最高会議幹部会が法案への意見をまとめるため法務部で検討していた時のもので、一九五九年九月一〇日付の法務部職員の報告書に見られる（ГАРФ А: 26/151/35）。

16　共和国の刑法典は連邦の定めた刑事法の基本原則に沿っていることが前提とされていたので、共和国刑法典に身柄引き受け制度を盛り込む法的根拠を刑事法の基本原則は与えていないとの反対論もあった（СГП: 1959/10/77）。

17　身柄引き受けを命じたソ連検事総長命令は一九五九年七月二〇日付なので、これはその後の五か月ほどの期間での数字ということになる。

18　同様の指摘は多く見られた。松戸 c を参照してほしい。

19　同様の批判は多く見られた。松戸 c を参照してほしい。

20　詳しくは松戸 c を参照してほしい。

【終章】

1　袴田茂樹は一九八三年初出の論文で、自由化よりもむしろ厳しい取締りを望んでいる大多数のソ連国民の心理を無視してはならないと指摘した。袴田によれば、リベラリズム、市場経済、自主管理といった観念は無秩序、混乱、アナーキーと同義語であり、彼らはむしろ秩序と規律を求める。「ソ連国民の多くは、現在の体制が窮屈で厳し過ぎるどころか、むしろ逆に余りにリベラルである、怠け者や規律違反者に対し寛大に過ぎると考えているのである。……一般庶民自身が……上からの厳格な統制と取締りを強く望んでいるのだ」(袴田 b: 50)。

筆者はこの指摘に基本的に同意するのだが、それにもかかわらず数年後にはペレストロイカのなかでソ連国民の多くが自由を求め、体制を厳しく批判するようになったという点は重大な問題である。袴田はグラスノスチによるマスメディアの変化の影響を挙げている(袴田 b: 8-9)。マスメディアの統制については全体主義論の指標の一つでもあり、その影響を軽視することはできないが、そのうえで筆者は、「適応的選好」の問題を無視することができないのではないかと考えている。これは本書の課題を超えているが、現時点での大まかな考えを簡単に述べておくことにする。

キムリッカによれば、適応的選考とは、望んだ目標を達成できなかった人々が次第にその願望を失ってしまう現象であり、「すっぱいブドウ」問題として知られている。選好が充足されなかったという失望を抱えて生きていくのは難しく、この失望に対処する一つの方法が、達成できなかった目標は追求するに値しなかったと自分に言い聞かせることである。その極端な現象が、自由など欲しくないと主張して奴隷状態に適応する「満足した奴隷」である。このことは、人々の選好を充足させる能力という観点から政治制度を評価する際に深刻な問題となる。自分の選好を現実に達成可能なものに適応させるならば、大多数の人々の自己実現の重要な機会を否定する抑圧的社会でさえ人々の(適応した)選好を充足させるかもしれず、すべての市民に自由や機会を付与していると自負する開かれた民主主義社会よりもうまく充足させるかもしれない(キムリッカ: 24-25)。

この説明からは、ソ連の国家と社会、政権と人々との関係を考えるうえで、適応的選好の問題は避けて通れないものだということがわかるだろう。この考え方に基づけば、現実的な選択肢がないと感じられるときはその状況に甘んじる適応的選好が働いて変化を求める動きは出にくく、選択肢が現実のものに感じられるようになると変化を求める動きが突如噴出するということになるだろう。ペレストロイカ以前の時期の、不満がないわけではないが、体制と現実の生活にある程度満足していた状態は、実は適応的選好が働いた状態だったのではないか。だからこそ、ペレストロイカの過程でそれまではあり得ないと考えられていた選択肢がもしかすると実現可能なのではないかと感じられるようになったことで、その選択肢を実現しようとする動きが急激に強まったと捉えることができるのではないか。こうした捉え方は、トクヴィルの「危ないのは変えようとするとき……」という指摘にも通ずるだろうし、ユルチャクの「すべては永遠だった、もはやなくなってしまうまでは」との描写にも合致するのではないか。こう考えるならば、人々の不満が募り続けた結果としてソヴェト体制が打倒されたのではなく、人々はそれなりに満足していたのにペレストロイカ期に「突如」不満が激しく表出したということはある程度説明されるのではないかと現時点では考えているが、今後の課題としたい。

2 このため異論派は国際的な連携を求めた（Matsui）。フルシチョフ期の抗議行動と政権の対応についてはたとえば Hornsby がある。

3 停滞の弊害が強く表出するようになると体制の建て直し、すなわちペレストロイカが必要とされるようになった。ゴルバチョフという五四歳になったばかりの若く意欲的な指導者の登場を機に、再び社会の活性化が求められてゆくが（五四歳という年齢はそれほど若さを感じさせないかもしれないが、当時は「老害」が蔓延していたため年齢以上に若さを感じさせた）、ゴルバチョフにとっては皮肉なことに、活性化した社会を制御し切れなくなるとのかつての懸念が現実化することになった。

4 こうした例は事実上ソ連の各地で常に見られたのであり、特定の組織や人の問題ではなく、全体に通底する問題があったと見るべきだろう。それは何だったのか（体制の問題だったのか、それとも国民性とでも言うべきものなのかなど）はこの体制を考えるうえで重大な問題だが、今後の課題としたい。

5 スターリン体制下の公共性について検討した松井康浩は、「近年、私たちの身の回りでも、市民の自発性に基づくコミュニティ作りにかかわる言説が流通し、かつその活動が一定の機能を果たし始めているが、そのことは、ネオリベラリズムとスターリニズムが、一見、まったく対照的なイデオロギーであるように見えて、一種、共通する側面のあることを窺わせる」とし、ネオリベラリズム下のこの現象に関する「〈参加〉への封じ込め」（渋谷望）との概念が「スターリニズムに適用可能であろう」と指摘した（松井 a: 69）。そうだとすると、スターリン期よりも「自発性」が一層強調されていたという点で本書の対象時期のソ連に対するその適用可能性は一層大きくなる可能性もあるのではないか。

あとがき

筆者は西洋史学専攻の出身で、政治学も法学も体系的に学んではいない。それにもかかわらず本書のようなテーマを論じたのは、筆者には実に興味深く思えたというのはもちろんあるが、次の点も意識してのことである。まえがきに記したように、ソ連では比較し学ぶ価値のある様々な「実験」がなされていた。本書のテーマにも考える材料は多く含まれており、日本語で広く紹介することには意味があると思ったのである。政治学や法学の専門家には本書の議論は粗く感じられるところもあるかもしれないが、批判しつつも考える材料として意識してもらえるならばうれしく思う。

第四章は既発表の三本の論文（Matsudo; 松戸 b; 松戸 c）を基にしているが、本書の一つの章とするために新たな史料も利用して大幅に書き改めた。他の章は、『ソ連史』や他の論文で簡単に触れた内容もあるが、基本的には本書のための書き下ろしである。

前著『ソ連史』に引き続き、本書でも企画を提案する段階から筑摩書房の伊藤大五郎さんのお世話になった。スタンダードとなる通史を書きませんかとの手紙を伊藤さんがくださったのをきっかけとして、『ソ連史』、そして本書を刊行することができたのは本当にありがたいことで、伊藤さんには感謝の言葉しかない。

本書に取り組んだ期間に、研究代表者として日本学術振興会科学研究費補助金の基盤研究（C）課題番号24520837および課題番号16K03121を、研究分担者として基盤研究（B）課題番号23320160（研究代表者：松井康浩）を受けた。北海道大学スラブ・ユーラシア研究センターからも「スラブ・ユーラシア地域を中心とした総合的研究」プロジェクト型共同研究の補助金を受けた。おかげでこの数年間、定期的にモスクワの文書館で史料を読み続けることができた。このため、新たな史料を目にしては加筆修正することを繰り返して脱稿が遅れるということにもなってしまったが、より興味深い史料に基づいて論ずることができたと考えている。

参考文献

典拠として明記したものに限定した。本文中に（　）に入れて記した著者名または文献名などの略記：書誌の順に記す。なお、本文中での典拠の表記は「著者名または略記：頁数」を基本とし、文書館史料や定期刊行物については必要に応じて定めた。

文書館史料

ГАРФ: Государственный архив Российской Федерации. Фонд 7523, опись 83.（典拠に記した数字は順に дело/лист を示す）

ГАРФ А: Государственный архив Российской Федерации. Фонд А385.（典拠に記した数字は順に опись/дело/лист を示す）

РГАНИ: Российский государственный архив новейшей истории.（典拠に記した数字は順に фонд/опись/дело/лист を示す）

ЦГАМО: Центральный государственный архив Московской области.（典拠に記した数字は順に фонд/опись/дело/лист を示す）

ロシア語文献

Александров-Агентов: Александров-Агентов, А., Брежнев и Хрущев: записки помощника четырех генсеков, «*Новое время*», №22. 1993.

Алещенко: Алещенко, Н. М., *Московский Совет в 1961 – 1977 гг*. М., 1993.

Ахмедов: Ахмедов, Г. А., Г. У. Убайдуллаев, *Общественность в борьбе за социалистический правопорядок*. Ташкент, 1961.

Ахметов: Ахметов, С., *Огромная сила*. Алма-Ата, 1963.

Банных: Банных, М. П., *Советы депутатов трудящихся – органы народной власти*. М., 1965.

Барабашев: Барабашев, Г. В., К. Ф. Шеремет, *Советское строительство*. М., 1965.

Бондаренко: Бондаренко, А. Ю., Н. Н. Ефимов, *Утаенные страницы советской истории*. М., 2007.

Брежнев: Брежнев, Л. И. *Ленинским курсом. Речи и статьи*. Том 6, М., 1978.

Бюллетень ВС: *Бюллетень Верховного Суда СССР*.（典拠に記した数字は順に年／号／頁を示す）

Бюллетень МГ: *Бюллетень исполнительного комитета Московского городского совета депутатов трудящихся*.（典拠に記した数字は順に年／号／頁を示す）

Бюллетень МО: *Бюллетень исполнительного комитета Московского областного совета депутатов трудящихся*.（典拠に記した数字は順に年／号／頁を示す）

Ведомости РСФСР: *Ведомости Верховного Совета РСФСР*.（典拠に記した数字は順に年／号／頁を示す）

Ведомости СССР: *Ведомости Верховного Совета СССР*.（典拠に記した数字は順に年／号／頁を示す）

ВФ: *Вопросы философии*.（典拠に記した数字は順に年／号／頁を示す）.

Габричидзе: Габричидзе, Б. Н., *Организационно-инструкторский аппарат исполкомов местных советов*. М., 1963.

Горбачев: Горбачев, М. С., *Избранные речи и статьи*. Том 2, М., 1987.

XX съезд: *XX съезд Коммунистической партии Советского Союза. 14-25 февраля 1956 года. Стенографический отчет*. М., 1956.（典拠に記した数字は順に巻／頁を示す）

XX съезд КПСС: *XX съезд КПСС и его исторические реальности*. М., 1991.

XXI съезд: *Внеочередной XXI съезд Коммунистической партии Советского союза. 27 января – 5 февраля*

1959 года. Стенографический отчет. М., 1959.（典拠に記した数字は順に巻／頁を示す）

XXII съезд: *XXII съезд Коммунистической партии Советского Союза. 17-31 октября 1961 года. Стенографический отчет*. М., 1962.（典拠に記した数字は順に巻／頁を示す）

XXV съезд: *XXV съезд Коммунистической партии Советского Союза. 24 февраля – 5 марта 1976 года. Стенографический отчет*. Том 1, М., 1976.

Денисова a: *Денисова, Л. Н., Невосполнимые потери: Кризис культуры села в 60 – 80-е годы*. М., 1995.

Денисова b: *Денисова, Л. Н., Исчезающая деревня России: Нечерноземье в 1960 – 1980-е годы*. М., 1996.

Зеленин: Зеленин, И. Е., Аграрная политика Н. С. Хрущева и сельское хозяйство страны,*Отечественная история*, 2000, № 1.

КМ: *Коммунист*.（典拠に記した数字は順に年／号／頁を示す）

Конституция: *Конституция и законы Союза ССР*. М., 1983.

КПСС: *Коммунистическая партия Советского Союза в резолюциях и решениях съездов, конференций и пленумов ЦК*. М., 1983-1989.（典拠に記した数字は順に巻／頁を示す）

Лившин: Лившин, А., И. Орлов, *Власть и общество: Диалог в письмах*. М., 2002.

Мазур: Мазур, Л. Н., Политика реконструкции российской деревни (Конец 1950-х – 1980-е гг.), *Отечественная история*, 2005, № 3.

Начала: *Общественные начала.* Калинин, 1962.

НХ: *Народное хозяйство СССР в 1967 г. Статистический ежегодник*. М., 1968.

Об: *Об усилении роли общественности в укреплении социалистического правопорядка*. Харьков, 1961.

Общественность: *Общественность в борьбе с правонарушениями.* Иркутск, 1963.

От: *От социалистической государственности к коммунистическому общественному самоуправлению*. М., 1961.

ПЖ: *Партийная жизнь*.（典拠に記した数字は順に年／号／頁を示す）

Пленум: *Пленум Центрального Комитета Коммунистической Партии Советского Союза. 18 - 21 июня 1963 года. Стенографический отчет*. М., 1964.

Раджабов: Раджабов, С., Г. Манов, *Роль трудящихся в укреплении и охране советского общественного порядка*. Сталинабад, 1960.

Роль: *Роль общественности в борьбе с преступностью*. Воронеж, 1960.

Сборник: *Сборник законов СССР и указов Президиума Верховного Совета СССР 1938-1975*.М., 1975.（典拠に記した数字は順に巻／頁を示す）

Свод: *Свод законов РСФСР*. Том 1, М., 1985.

СГП: *Советское государство и право*.（典拠に記した数字は順に年／号／頁を示す）

СЗ: *Социалистическая законность*.（典拠に記した数字は順に年／号／頁を示す）

Сизов: Сизов, С. Г., *Омск в годы «оттепели»: жизнь города в контексте эпохи (март 1953 – 1964 гг.)*. Омск, 2003.

Собрание: *Собрание постановлений правительства Союза Советских Социалистических Республик*.（典拠に記した数字は順に年／号／頁を示す）

Советы: *Советы депутатов трудящихся*.（典拠に記した数字は順に年 / 号 / 頁を示す）

СОС: *Советская общественность на страже социалистической законности*. М., 1960.

СОУ: *Советская общественность и укрепление правопорядка*. Минск, 1961.

Социализм: *Социализм и народовластие*. М., 1965.

СЮ: *Советская юстиция*.（典拠に記した数字は順に年／号／頁を示す）

Тихомиров: Тихомиров, Ю. А., *Советы и развитие государственного управления в период развернутого строительства коммунизма*. М., 1963.

Филюшкина: Филюшкина, Э., В. Воробьев, *Люди идут в свой совет*. Рига. 1965.

Хрущев: *Никита Сергеевич Хрущев: Два цвета времени: Документы из личного фонда Н. С. Хрущева*. Т. 2, М., 2009.

Черняев: Черняев, А. С., *Шесть лет с Горбачевым. По дневниковым записям*. М., 1993.（邦訳『ゴルバチョフと運命をともにした２０００日』中澤孝之訳、潮出版社、一九九四年。邦訳を参照したが、訳は改めた）

Шестаков: Шестаков, В. А., Политика Н. С. Хрущева в аграрной сфере: преемственность и новации, *Отечественная история*, 2006, № 6.

Яблоков: Яблоков, Н. П., *Народные дружины на страже общественного порядка*. М., 1963.

英語文献

Bittner: Bittner, Stephen V., “Local Soviets, Public Order, and Welfare after Stalin: Appeals from Moscow’s Kiev Raion”, *The Russian Review*, Vol. 62, no. 2, 2003.

Dobson a: Dobson, Miriam, “Contesting the Paradigms of De-Stalinization: Readers’ Responses to *One Day in the Life of Ivan Denisovich*”, *Slavic Review* 64, no. 3, 2005.

Dobson b: Dobson, Miriam, *Khrushchev’s Cold Summer: Gulag returnees, crime, and the fate of reform after Stalin* (Ithaca: Cornell University Press, 2009).

Field a: Field, Deborah A., “Irreconcilable Differences: Divorce and Conceptions of Private Life in the Khrushchev Era”, *The Russian Review*, vol.57, no.4, 1998.

Field b: Field, Deborah A., *Private life and communist morality in Khrushchev’s Russia* (New York: Peter Lang, 2007).

Fitzpatrick: Fitzpatrick, Sheila, *Tear Off the Masks!: Identity and imposture in twentieth-century Russia* (Princeton,

Princeton University Press, 2005).

Hornsby: Hornsby, Robert, *Protest, Reform and Repression in Khrushchev's Soviet Union* (New York, Cambridge University Press, 2013).

Kawamoto: Kawamoto, Kazuko, "Public and Private Matters in Comrades' Courts under Khrushchev", Yasuhiro Matsui ed., *Obshchestvennost' and Civic Agency in Late Imperial and Soviet Russia: Interface between State and Society* (Basingstoke, Palgrave Macmillan, 2015).

Kotkin: Kotkin, Stephen, *Magnetic Mountain. Stalinism as a Civilization* (Berkeley, University of California Press, 1995).

LaPierre: LaPierre, Brian, *Hooligans in Khrushchev's Russia: Defining, Policing, and Producing Deviance during the Thaw* (Wisconsin, The University of Wisconsin Press, 2012)

Livshin: Livshin, Aleksandr, "Bridging the Gap: Government-Society Dialogue via Letters", *Slavonic and East European Review*, Vol. 91, No. 1, 2013.

Matsui: Matsui, Yasuhiro, "*Obshchestvennost*' across Borders: Soviet Dissidents as a Hub of Transnational Agency", Yasuhiro Matsui ed., *Obshchestvennost' and Civic Agency in Late Imperial and Soviet Russia: Interface between State and Society* (Basingstoke, Palgrave Macmillan, 2015).

Matsudo: Matsudo, Kiyohiro, "*Obshchestvennost*' in the Struggle against Crimes: The Case of People's Vigilante Brigades in the Late 1950s and 1960s ", Yasuhiro Matsui ed., *Obshchestvennost' and Civic Agency in Late Imperial and Soviet Russia: Interface between State and Society* (Basingstoke, Palgrave Macmillan, 2015).

Reid: Reid, Susan E., "Cold War in the Kitchen: Gender and the De-Stalinization of Consumer Taste in the Soviet Union under Khrushchev", *Slavic Review* 61, no. 2, 2002.

Shelley: Shelley, Louise I., *Policing Soviet Society: The evolution of State Control* (London: Routledge, 1996).

Yurchak: Yurchak, Alexei, *Everything Was Forever, Until It Was No More: The Last Soviet Generation* (Princeton,

Princeton University Press, 2006).

日本語文献

青木：青木康『議員が選挙区を選ぶ　18世紀イギリスの議会政治』山川出版社、一九九七年。
池田：池田嘉郎「スターリンのモスクワ改造」『年報都市史研究』16、二〇〇九年。
稲子：稲子恒夫『ソビエト国家組織の歴史』日本評論社、一九六四年。
上田：上田寛『ソビエト犯罪学史研究』成文堂、一九八五年。
加藤：加藤榮一『現代資本主義と福祉国家』ミネルヴァ書房、二〇〇六年。
河本a：河本和子「同志裁判所にみるソヴェト国家・社会・個人」『ロシア史研究』八九号、二〇一二年。
河本b：河本和子『ソ連の民主主義と家族　連邦家族基本法制定過程 1948-1968』有信堂、二〇一二年。
キムリッカ：キムリッカ、W.（千葉眞・岡崎晴輝　訳者代表）『新版　現代政治理論』日本経済評論社、二〇〇五年。
塩川：塩川伸明『現存した社会主義　リヴァイアサンの素顔』勁草書房、一九九九年。
渋谷：渋谷望『魂の労働　ネオリベラリズムの権力論』青土社、二〇〇三年。
中山a：中山研一「ソ連の同志裁判所について　一～四」『法学論叢』七〇巻四・五号、七一巻一・三号、一九六一―一九六二年。（典拠に記した数字は順に巻／号／頁を示す）
中山b：中山研一『ソビエト法概論　刑法』有信堂、一九六六年。
ハーバーマス：ハーバーマス、ユルゲン（細谷貞雄・山田正行訳）『〔第2版〕公共性の構造転換　市民社会の一カテゴリーについての探究』未来社、一九九四年。
袴田a：袴田茂樹『ソ連　誤解をとく25の視角』（中公新書）、一九八七年。
袴田b：袴田茂樹『ロシアのジレンマ　深層の社会力学』筑摩書房、一九九三年。
ヒル：ヒル、ロナルド・J.（菊井禮次訳）『ソ連の政治改革』世界思想社、一九八四年。

フェイファー：フェイファー、ジョージ（壁勝弘訳）『ソビエトの法律と市民　―モスクワの裁判―』弘文堂、一九六九年。
藤田：藤田勇「第二〇回党大会と社会主義的適法性路線の展開」『現代社会主義　―その多元的諸相―』東京大学出版会、一九七七年。
ボッファ：ボッファ、G.（坂井信義・大久保昭男訳）『ソ連邦史　第四巻　1947～1964』大月書店、一九八〇年。
松井a：松井康浩「スターリン体制下の公共性とジェンダー　モスクワ住宅協同組合の『文化活動』を手がかりに」『思想』九八七号、二〇〇六年。
松井b：松井康浩『スターリニズムの経験　市民の手紙・日記・回想録から』岩波書店、二〇一四年。
松戸a：松戸清裕『ソ連史』（ちくま新書）、二〇一一年。
松戸b：松戸清裕「『共産主義建設期』のソ連における国家と社会の『協働』　犯罪との闘いに注目して」『ロシア史研究』八八号、二〇一一年。
松戸c：松戸清裕「『共産主義建設期』のソ連における犯罪との闘いと身柄引き受け　国家と社会の『協働』の観点から」『ロシア史研究』九三号、二〇一三年。
松戸d：松戸清裕「一九五〇～六〇年代のソ連　ある自警団員殺害犯の特赦申請をめぐる議論からみえてくるもの」中嶋毅編『新史料で読むロシア史』山川出版社、二〇一三年。
松戸e：松戸清裕「ソ連共産党第二〇回党大会再考　一九五六年七月一六日付中央委員会非公開書簡に注目して」池田嘉郎・草野佳矢子編『国制史は躍動する　ヨーロッパとロシアの対話』刀水書房、二〇一五年。
水島：水島治郎「福祉国家と移民」宮本太郎編『比較福祉政治　制度転換のアクターと戦略』早稲田大学出版部、二〇〇六年。

松戸清裕（まつど・きよひろ）

一九六七年生まれ。東京大学大学院人文社会系研究科博士課程単位取得退学。専攻、ソ連史。現在、北海学園大学法学部教授。著書に『ソ連史』（ちくま新書）、『歴史のなかのソ連』（世界史リブレット、山川出版社）がある。

筑摩選書 0140

ソ連《れん》という実験《じっけん》——国家《こっか》が管理《かんり》する民主主義《みんしゅしゅぎ》は可能《かのう》か

二〇一七年一月一五日　初版第一刷発行

著　者　松戸《まつど》清裕《きよひろ》

発行者　山野浩一

発行所　株式会社筑摩書房

東京都台東区蔵前二-五-三　郵便番号　一一一-八七五五

振替　〇〇一六〇-八-四一二三

装幀者　神田昇和

印刷 製本　中央精版印刷株式会社

乱丁・落丁本の場合は左記宛にご送付ください。

送料小社負担でお取り替えいたします。

ご注文、お問い合わせも左記へお願いいたします。

筑摩書房サービスセンター
さいたま市北区櫛引町二-六〇四　〒三三一-八五〇七　電話　〇四八-六五一-〇〇五三

 Printed in Japan　ISBN978-4-480-01642-3 C0322

筑摩選書
0051
フランス革命の志士たち
革命家とは何者か
安達正勝
理想主義者、日和見、煽動者、実務家、英雄——真に世界を変えるのはどんな人物か。フランス革命の志士の生き様から、混迷と変革の時代をいかに生きるかを考える。

筑摩選書
0062
中国の強国構想
日清戦争後から現代まで
劉傑
日清戦争の敗北とともに湧き起こった中国の強国化への意志。鍵となる考え方を読み解きながら、その国家構想の変遷を追い、中国問題の根底にある論理をあぶり出す。

筑摩選書
0076
民主主義のつくり方
宇野重規
民主主義への不信が募る現代日本。より身近で使い勝手のよいものへと転換するには何が必要なのか。〈プラグマティズム〉型民主主義に可能性を見出す希望の書！

筑摩選書
0103
マルクスを読みなおす
徳川家広
世界的に貧富の差が広がり、再び注目を集める巨人・マルクス。だが実際、その理論に有効性はあるのか。歴史的視座の下、新たに思想家像を描き出す意欲作。

筑摩選書
0130
これからのマルクス経済学入門
松尾　匡
橋本貴彦
マルクスは資本主義経済をどう捉えていたのか？　マルクス経済学の基礎的概念を検討し、「投下労働価値」がその可能性の中心にあることを明確にした画期的な書！

筑摩選書
0135
ドキュメント　北方領土問題の内幕
クレムリン・東京・ワシントン
若宮啓文
外交は武器なき戦いである。米ソの暗闘と国内での権力闘争を背景に、日本の国連加盟と抑留者の帰国を実現した日ソ交渉の全貌を、新資料を駆使して描く。